Kohlhammer

Der Autor

Dr. rer. medic. Dr. theol. Werner Schweidtmann ist Medizinwissenschaftler und Psychoonkologe und arbeitet schwerpunktmäßig in der Begleitung schwerkranker und sterbender Menschen und ihrer Angehörigen im Krankenhaus und in seiner Praxis für Medizinische Psychologie im Facharztzentrum am Ev. Krankenhaus Lippstadt.

Weitere Informationen finden Sie auf der Website:
https://schweidtmann.de

Werner Schweidtmann

Sterben – das Schwierige im Leben

Hilfen und Hinweise für die Begleitung am Lebensende

Verlag W. Kohlhammer

Für meine Tochter Constanze

Dieses Werk einschließlich aller seiner Teile ist urheberrechtlich geschützt. Jede Verwendung außerhalb der engen Grenzen des Urheberrechts ist ohne Zustimmung des Verlags unzulässig und strafbar. Das gilt insbesondere für Vervielfältigungen, Übersetzungen, Mikroverfilmungen und für die Einspeicherung und Verarbeitung in elektronischen Systemen.

Die Wiedergabe von Warenbezeichnungen, Handelsnamen und sonstigen Kennzeichen in diesem Buch berechtigt nicht zu der Annahme, dass diese von jedermann frei benutzt werden dürfen. Vielmehr kann es sich auch dann um eingetragene Warenzeichen oder sonstige geschützte Kennzeichen handeln, wenn sie nicht eigens als solche gekennzeichnet sind.

Dieses Werk enthält Hinweise/Links zu externen Websites Dritter, auf deren Inhalt der Verlag keinen Einfluss hat und die der Haftung der jeweiligen Seitenanbieter oder -betreiber unterliegen. Zum Zeitpunkt der Verlinkung wurden die externen Websites auf mögliche Rechtsverstöße überprüft und dabei keine Rechtsverletzung festgestellt. Ohne konkrete Hinweise auf eine solche Rechtsverletzung ist eine permanente inhaltliche Kontrolle der verlinkten Seiten nicht zumutbar. Sollten jedoch Rechtsverletzungen bekannt werden, werden die betroffenen externen Links soweit möglich unverzüglich entfernt.

1. Auflage 2022

Alle Rechte vorbehalten
© W. Kohlhammer GmbH, Stuttgart
Gesamtherstellung: W. Kohlhammer GmbH, Stuttgart

Print:
ISBN 978-3-17-041797-7

E-Book-Formate:
pdf: ISBN 978-3-17-041798-4
epub: ISBN 978-3-17-041799-1

Inhalt

	Einführung		**9**
1	**Das Ende – eine kritische Anfrage an uns alle**		**17**
	1.1	Sterben – eine persönliche Herausforderung	17
	1.2	Ein integrativer Ansatz	19
	1.3	Sterben in früherer Zeit – Erkenntnisse der historischen Demographie	23
		1.3.1 Beeinflussung des Verhältnisses zum Tod durch die Erhöhung der Lebenserwartung	25
		1.3.2 Die veränderte Lebenserwartung und ihre Auswirkungen auf die Gesellschaft	25
		1.3.3 Der Zusammenbruch eines übergreifenden Sinnzusammenhangs	27
	1.4	Versuch einer neuen Sterbekultur	29
		1.4.1 Sterben als prozesshaftes Geschehen: Die Praxis der Sterbebegleitung nach Elisabeth Kübler-Ross	29
		1.4.2 Vom Hospiz zur Palliative Care	31
	1.5	Entscheidend: Von der Haltung zum Verhalten	36
		1.5.1 Postulate allein genügen nicht	36
		1.5.2 Wie kann das geschehen?	37
2	**Sterben – das Erleben der Betroffenen**		**39**
	2.1	Was bedeutet Sterben?	39
		2.1.1 Sterben als ganzheitliches Geschehen	39
		2.1.2 Sterben im persönlichen Erleben	39
		2.1.3 Schwerwiegende Anpassungsleistungen	42
		2.1.4 Abschiednehmen aus dem aktiven Leben	43
		2.1.5 Erkenntnisse der Humanwissenschaften	45
		2.1.6 Sterben im Krankenhaus	46
		2.1.7 Authentische Nähe hilft	48
		2.1.8 Das Ende	48
		2.1.9 Tod in der ersten Person	50
	2.2	So ereignet sich Sterben	51
		2.2.1 Ich habe Nebel im Kopf	51
		2.2.2 Ich sterbe	53

2.2.3	Sie sah erbärmlich aus, als sie in die Notaufnahme kam	55
2.2.4	Das kann doch nicht wahr sein	58
2.2.5	Einmal möchte ich noch nach Rom – die schmerzliche Erkenntnis des ungelebten Lebens	61
2.2.6	Jeder Tag lohnt sich, gelebt zu werden	63
2.2.7	Du hast mein Leben zerstört	65
2.2.8	Ich habe immer diesen ausgezehrten Körper vor Augen	67
2.2.9	Lebensende im jugendlichen Alter – Es ist doch nicht der Sensenmann	69
2.2.10	Ich will leben für meine Kleine	71

3 Wahrheit – die gefürchtete Annäherung an das Unausweichliche **75**

3.1	Die Abhängigkeit von überindividuellen, gesellschaftlichen Einstellungen	75
3.2	Doch besser eine defensive Haltung?	78
3.3	Plädoyer für einen offenen Umgang	81
3.4	Wahrheit als Entwicklung und Prozess	85
3.5	»Middle Knowledge«	91
3.6	Wahrheit ist kommunikatives Geschehen	92
3.7	Grundlagen des Umgangs mit der Wahrheit – Zusammenfassung	95

4 Wie wird man mit der Krankheit fertig? – der Beitrag der Bewältigungsforschung **97**

4.1	Entwicklung und Erkenntnisfortschritt	97
4.2	Bewältigungsforschung bei Richard S. Lazarus	99
4.3	Das transaktionale Stresskonzept	100
4.4	Bewältigungsfunktionen	104
4.5	Die Relevanz für die Patientenbegleitung	108
4.6	Weitere Konzepte der Bewältigungsforschung	109

5 Wie wir wurden, was wir sind – Grundzüge einer Persönlichkeitspsychologie **113**

5.1	Der Wunsch nach Eigenständigkeit und Abgrenzung: Die schizoide Persönlichkeit	115
5.2	Der Wunsch nach Kontakt und Nähe: Die depressive Persönlichkeit	116
5.3	Das Bedürfnis nach Dauer und Sicherheit: Die zwanghafte Persönlichkeit	119
5.4	Das Bedürfnis nach Wandel, Ablenkung und Veränderung: Die hysterische Persönlichkeit	121
5.5	Zusammenfassung	124

6	**Die Angehörigen – das noch größere Problem?**	**128**
6.1	Auch Angehörige brauchen Hilfe	128
6.2	Rollentausch	132
6.3	»Ich muss bleiben, bis sie 18 ist« – trotz Pankreastumor	134
6.4	Wie umgehen mit der Angst vor dem Ende?	137
6.5	Die Irritation der Professionellen – Gespräch mit der Tochter einer Patientin	140
6.6	Begleitung der Angehörigen nach Eintritt des Todes	144
6.7	Der letzte Weg in den eigenen vier Wänden – Gespräch mit Herrn D.	148
6.8	»Das Hospiz hat uns wieder zusammengebracht« – Gespräch mit Frau St.	155

7	**Gute Sterbebegleitung – was macht sie aus?**	**166**
7.1	Die Bedeutung von Kommunikation und Beziehung	166
7.2	Gespräch auf der Intensivstation	169
7.3	Die Sorge etwas falsch zu machen	171
7.4	Kommunikation kann man lernen	173
7.5	Voraussetzung für eine personenzentrierte Gesprächsführung	176
7.6	Die personenzentrierte Gesprächsführung nach Rogers	177
7.7	Abgrenzung ist wichtig	178
7.8	Selbstfürsorge und Stressprophylaxe	180
7.9	Wesentliche Erkenntnisse für Angehörige, Pflegende, Ärzte, Mitarbeiter in Hospizen oder ambulanten Hospizdiensten	182

Literatur **184**

Einführung

Sterben ist das Schwierige im Leben

Sterben ist das Schwierige im Leben – wie wahr!
Wie damit umgehen – vor allem dann, wenn es ernst wird mit dieser »Wahrheit«, wenn sie mir näherkommt – möglicherweise buchstäblich auf den Leib rückt? Das Ende gehört zum Leben, wie das Geborenwerden am Anfang. Der ist üblicherweise begleitet von freudiger Erwartung, verbunden mit Glücksgefühlen und Begeisterung über einen neuen Erdenbürger.

Ganz anders unsere Wahrnehmung zum Lebensende, sowohl individuell als auch gesellschaftlich. Warum ist das so? Sterben ist das Schwierige, oder sollte man sagen, das Schwierigste im Leben? Und das gilt für beide Seiten: Für die, die als Familie, als Verwandte und Freunde diesen Prozess des Verabschiedens von außen, aber eben doch hautnah erleben, ebenso wie für diejenigen, die es als Person zutiefst persönlich trifft.

»Was meinen Sie, muss ich sterben? Wie lange habe ich noch? Meinen Sie, dass ich wieder gesund werden kann?«

Für alle, die mit Sterbenden zu tun haben – egal ob als Mitarbeiterin oder Mitarbeiter in einem Krankenhaus, Altenheim, in Hospizen oder ambulanten Hospizdiensten, ob als Angehörige oder Freunde[1] –, wird diese Frage früher oder später zu einer Herausforderung, nicht selten auch zu einem Albtraum. Immer wieder wurde ich gefragt, in der Klinik und bei vielen Fortbildungsveranstaltungen: »Was soll ich sagen, wenn ...?« In dieser Frage bündelt sich das ganze Ausmaß an Verunsicherung, wie heute mit Sterben und Tod umzugehen sei.

Warum trifft uns eine solche Diagnose auf beiden Seiten bis ins Mark, erschüttert uns zutiefst, wo wir doch alle »wissen«, zumindest vom Kopf her, dass wir sterblich sind – und nicht erst, wenn und seit eine solche Wahrheit in unser Leben eingebrochen ist. Wir sprechen von der tödlichsten Sicherheit – und realisieren doch selten wirklich, was wir da sagen: Dass es keine tödlichere Sicherheit gibt als die, dass wir irgendwann – früher oder später – diese Erde auch wieder verlassen werden.

Wenn es heißt, jeder solle seinen eigenen Tod sterben können und Sterben in Würde sei das Ziel aller Betreuung und Begleitung, so ist das zwar ein hehres Ziel; wie sich das aber in den Niederungen des Alltags realisieren lässt, wie eine passge-

---

1 Der besseren Lesbarkeit wegen wird hier wie im Folgenden in der Regel, wenn Personengruppen benannt werden, die grammatikalische Form des generischen Maskulinums verwendet. Sie schließt alle Geschlechterformen mit ein. Ist bspw. von »Freunden« oder »Ärzten« die Rede, ist stets ein »(m/w/d)« mitzudenken.

naue, auf diesen speziellen Menschen zugeschnittene Begleitung aussehen kann, das bleibt häufig wenig ausdifferenziert. Zugespitzt und möglicherweise etwas holzschnittartig formuliert könnte das bedeuten: Händchenhalten allein reicht in einer qualifizierten Sterbebegleitung nicht aus. Gut gemeint heißt noch lange nicht: Gut gemacht! Was passiert, wenn mitunter von einem Tag auf den anderen nicht nur ein ganzes Leben, sondern auch das innerste *Erleben* auf den Kopf gestellt wird? Ein Patient hat es mir gegenüber einmal so formuliert: »Gestern hatte ich Gastritis, heute habe ich ein Gallengangskarzinom mit Lebermetastasen.« Wie wird das verarbeitet, wie kann ein solcher Schock bewältigt werden?

Als Hilfe von außen braucht es dazu einerseits eine gute Wahrnehmung für das Gegenüber und gleichzeitig eine professionelle Haltung im besten Sinne des Wortes. Ich kann nie von vornherein wissen, wie mein Gegenüber »tickt«, in welchem Stadium zwischen Offenheit und Widerstand dieser Mensch sich gerade befindet, ob und wie er im Hinblick auf die Akzeptanz seiner »Wahrheit« unterwegs ist, ob eher ein Schritt vor oder zurück dran ist, wieviel »Verdrängung« notwendig, wieviel Offenheit möglich ist.

Immer noch ist Begleitung in schwerer Krankheit und im Sterben primär auf ein medizinisches Behandlungskonzept ausgerichtet, selbst dann, wenn es einem palliativen Ansatz folgt im Sinne von Schmerztherapie und Symptomkontrolle. Das Sterben eines Menschen umfasst aber deutlich mehr: Es ist das Herauslösen aus »seiner Welt«, die für ihn Bedeutung gehabt hat, woran sein oder ihr Herz hängt im Sinne dessen, was emotional bedeutsam war und innerlich als bedeutsam erlebt wird. In diesem Sinne ist Sterbe-Begleitung auch Begleitung durch die verschiedenen Stadien des Bewusstseins und der Emotionen, die dabei erlebt und verarbeitet werden müssen: Die Trauer und der Seelenschmerz genauso wie das Aufbegehren, der Widerstand und der Ärger über das Unabänderliche. Das heißt: Loslassen, Abschied nehmen in vielen Dimensionen, und letztendlich realisieren, was nie mehr sein wird …

Das gilt für alles, was das Leben ausgemacht hat, vor allem natürlich für die Personen, die den Sterbenden innerlich nahestehen. Dieser innere Weg, dieses emotional prozesshafte Geschehen, dieses Herauslösen aus »meiner Welt«, wie sie mir vertraut war, das alles braucht »Raum«, Zeit, Verständnis und Begleitung.

Eine in diesem Sinne ganzheitliche Behandlung folgt einem bio-psycho-sozialen Verständnis, bleibt in der Versorgungsrealität jedoch oftmals eine leere Versprechung, auch wenn häufig genug von einem würdigen Sterben als Postulat gesprochen wird. An genau diesem Defizit möchte dieses Buch ansetzen und möglichst konkrete Hinweise dazu geben, wie Begleitung von »außen« zum Sterben in Würde beitragen kann.

Ich selbst kenne diese Problematik nur allzu gut, weil ich über mehrere Jahrzehnte Menschen in ihrer letzten Lebensphase begleitet habe. Häufig war ich selbst ratlos und »am Ende«. Oftmals war ich aber auch der, der von ihnen an die Hand genommen wurde, mitgenommen bis an die äußerste Grenze des Lebens. Ich habe sehen und erleben dürfen, wie Menschen das machen: Sterben, wie sie es für sich gestalten. Sterbende haben mich teilnehmen lassen, was sie erleben, was sie beschäftigt: An ihren Ängsten, an ihren Sehnsüchten, jedoch auch an ihrer Verzweiflung, ihrem Zerfall und ihrer Hinfälligkeit. Oft war das ein erschütterndes, aber ebenso oft auch ein tröstliches Erleben, besonders dann, wenn Verständigung darüber möglich war, wenn wir uns von Mensch zu Mensch begegnen konnten. Dadurch habe ich lernen können, mit meinen eigenen Ängsten vor dieser Realität umzugehen – zu begreifen, dass Sterben ein Teil des Lebens ist und dass Sterben ein sehr lebendiges Geschehen sein kann. Was das konkret und existenziell bedeutet, möchte ich an der Erfahrung eines Sterbeverlaufes deutlich machen.

Ein Mensch stirbt

Begonnen hatte alles bereits vor sechs Jahren. Er war damals 50 Jahre alt. Wie aus heiterem Himmel kamen die Beschwerden, wie aus heiterem Himmel kam auch die Diagnose: Hypernephrom – bösartiger Nierentumor. Sie wissen, wie das dann geht: Er musste operiert werden – Nachbehandlung – Bestrahlung ... Eine Niere wurde entnommen, aber der Schock saß und blieb. Die Angst hatte sich eingenistet in seinem Innern, festgefressen tief im Inneren seines Bewusstseins. Er wurde sie nie wieder los – bis zum Ende nicht –, sie wurde ihm zum ständigen Begleiter. Besonders zu den halbjährlichen Nachuntersuchungen wurde sie immer wieder hochgeschwemmt. Die Familie erzählte, dass man es schon zwei Wochen vorher merken konnte. Innere Unruhe und Schlaflosigkeit waren die äußeren Symptome dieses inneren Leidens, das Angst hieß – Angst, dass sich doch wieder etwas zeigen könnte. Und gerade in dem Moment, in dem alles gut überstanden schien, nach vier Jahren nämlich, wurde die schlimme Befürchtung zur Gewissheit: Auch die andere Niere ist befallen – auch sie muss zur Hälfte heraus.

Wieder die ganze Prozedur der Nachbehandlung! Aber kaum, dass ein Jahr überstanden ist, zeigen sich Lungenmetastasen. Ich glaube, die innere Panik ist kaum zu benennen und kaum zu beschreiben, die einen vitalen, zupackenden, agilen Mann in den besten Jahren ergreift, wenn er mit einer solchen Wahrheit konfrontiert wird. Die Abgründe der schlaflosen Nächte sind für den kaum nachzuvollziehen, der solches nie erlebt hat. In der Lungenfachklinik in der nordrhein-westfälischen Stadt Hemer wird ein Lungenlappen entfernt. Wider alle Erwartungen erholt er sich schnell und ist bald wieder auf den Beinen. Aber als sei dieser Leidensweg noch nicht ausgeprägt genug – es treten bohrende Kopfschmerzen auf und das, was niemand zu denken wagt, tritt ein. Das CT bringt es an den Tag: Metastasierung im Gehirn. In diesem Stadium erlebe ich ihn zum ersten Mal, als er zur Bestrahlung kommt. Ein wenig geschwächt ist er schon, irgendwie gezeichnet durch den bisherigen Leidensweg, aber er ist doch sehr noch der Alte: Dieser Hüne von Mann, mit breiten Schultern, in seiner freundlichen, entgegenkommenden Art, den warmherzigen Augen ... Er ist mir auf den ersten Blick sympathisch!

Gleich bei der ersten Begegnung bittet er mich um ein persönliches Gespräch. Es wird zu einer regelrechten Lebensbilanz. Er erzählt von dem, was er erreicht hat in seiner wissenschaftlichen Laufbahn, worauf er stolz ist als Professor und was ihm wichtig ist, wofür er gelebt hat, woran sein Herz hängt. Aber er lässt selbstkritisch auch die Stellen nicht aus, wo er meint, gekniffen zu haben, wo er sich ein deutlicheres Wort von sich selbst gewünscht hätte. Eingehend spricht er auch über seine Familie. Er breitet sein Leben wie eine Panoramakarte vor mir aus, durchschreitet noch einmal die Tiefen und die Höhepunkte – verweilt an einzelnen Stellen –, schaut einzelne Menschen noch einmal an. Er ist hochkonzentriert und gleichzeitig tief berührt von dem, was da an gelebtem und ungelebtem Leben an ihm vorüberzieht – und ich bin es auch. Es ist, als wenn er am Ende mit einem tiefen Seufzer sagen möchte: Dies war – dies ist mein Leben.

Und mich brauchte er dabei offenbar als den gleichzeitig emotional engagierten und doch auch außenstehenden Begleiter, der mit ihm sein Leben noch einmal anschaute, durchging und nacherlebte. Und er brauchte mich als den Therapeuten, denn dies war gleichzeitig eine Bilanz seines Lebens, die er mit jemandem teilen wollte.

Einige wenige Szenen mögen das innere Erleben dieses wochen- und monatelangen Sterbens beleuchten:

1. Eines Tages, als er für einige Zeit nach Hause entlassen ist, sitzt er morgens mit seiner Familie beim Kaffee. Er will die Kaffeetasse in die Hand nehmen, aber er kann sie nicht mehr halten. Er versucht es ein zweites Mal, er lässt sich nicht kleinkriegen. Er probiert es ein drittes Mal, aber es geht einfach nicht. Dann haut er die Tasse wütend auf die Untertasse und will angesichts dieses kränkenden Erlebens ernsthaft in den Hungerstreik treten. Und er erlebt bei sich: Die Zeitspannen, in denen er sich konzentrieren kann, werden immer geringer. Zuletzt arbeitet er viertelstundenweise mit vielstündigen Pausen dazwischen. Aber er will die Arbeit zu Ende führen, mit eiserner Energie – als käme alles andere einer Kapitulation gleich. Und dann geht auch das nicht mehr – er kann nicht mehr lesen. Dieser intellektuelle Mann, der sich ein ganzes Leben lang mit »seinen« Büchern beschäftigt hat, kann plötzlich nicht mehr lesen!

2. Er wird von anfallsartigen Krämpfen heimgesucht, die ihn völlig überraschend treffen – am Tage oder auch nachts im Schlaf. Wie von einem furchtbaren Dämon wird er hin- und her geschüttelt, bis er dann in eine tiefe Ohnmacht fällt. Und immer lassen ihn diese Anfälle mit größerer Angst zurück, dass sie sich jeden Augenblick wiederholen könnten. Er verfällt immer mehr, schwankend zwischen tiefer, abgrundtiefer Verzweiflung und immer neuer Hoffnung, dass die Therapie vielleicht doch irgendwann anschlägt und Erfolge zeigt – dass der unaufhaltsame Prozess des Zerfalls gebremst oder sogar aufgehalten werden könnte. Es ist eine Hoffnung, die sich nicht bestätigt.

Mir wurde es manchmal schwer, ihn zu besuchen. Ich spürte meinen Widerstand, diesem unaufhaltsamen Sterben zuzusehen. Die Sympathie, die uns verband, machte es mir schwer, tatenlos zuzuschauen, mitzuerleben – und sie half mir auch gleichzeitig, wenn die Schwelle wieder einmal überwunden war, wenn ich mir ein Herz gefasst hatte und einfach hingegangen war, da zu sein – ihm zu zeigen: Sie sind für mich nicht abgeschrieben, kein hoffnungsloser Fall, sondern ein Mensch, der versucht, die letzte, schlimme Strecke seines Lebens zu bewältigen – äußerlich, und besonders auch innerlich.

Als dann morgens der Anruf kommt, es gehe merklich schlechter, da hatte er schon einige Tage bewusstlos dagelegen – ein Bild des Jammers. Aber ich sah doch nicht nur das bevorstehende Sterben in seinem hinfälligen, ausgezehrten Körper, sondern auch das behütete Leben. Es ist, als wenn die Liebe und Barmherzigkeit, die er zu geben fähig gewesen war, gerade in dieser Schwachheit zu ihm zurückfließen –

von seiner Frau und seinen Kindern, die Tag und Nacht um ihn sind, und ebenso vom Pflegepersonal. Und so behütet stirbt er auch. Als ich ihm die Hand halte, da tut er ruhig und wie selbstverständlich seinen letzten Atemzug. Und lässt uns alle tief bewegt und betroffen und zugleich friedlich und getröstet zurück. Im Tod findet er doch noch jenen Frieden, um den er die ganzen Jahre gerungen und gekämpft hatte.

Was ich von Sterbenden lernen kann

Wieder einmal spüre ich, wie wenig ich mich innerlich heraushalten kann, wenn ich dem Sterben anderer Menschen begegne. Es ist, als berührten sie mit ihrem Sterben auch mein eigenes Leben, meine Befindlichkeit als Mensch.

1. Sie konfrontieren mich mit meiner eigenen Sterblichkeit, mit meiner eigenen Endlichkeit. Ich erlebe an ihnen, dass auch ich nicht unendlich Zeit habe für mein Leben, dass ich nicht leben kann unter dem Vorzeichen: In hundert Jahren sind wir alle tot, wir alle, nur ich nicht! Sie zwingen mich zu der Wahrheit, die ich in ihrem Sterben erlebe und die auch mein Leben prägt: Mein Leben ist begrenzt und gerade durch die Begrenzung wird das wichtig, was geschieht, was jetzt ist. Ich kenne die Gefahr, in meiner Vorstellung, in meiner Fantasie das Eigentliche in die Zukunft zu verlegen. Das Wesentliche kommt noch – die Gefahr, auf bessere Zeiten zu warten und zu hoffen. Das ist trügerisch! »Wenn erst mal die Kinder groß sind, wenn ich das Examen bestanden habe, wenn ich erst mal diesen Posten erreicht habe, dann …«

Ich erlebe es tragisch in den Aussagen von Angehörigen: »Das ganze Leben haben wir uns nichts gegönnt, wir haben nichts gekannt als Arbeiten und Schaffen und wollten uns einen schönen Lebensabend machen – und jetzt?« Ja, jetzt ist alles zunichte! Ich kann nicht mein Leben auf die Zukunft verschieben, irgendwann demnächst. Dies ist mein Leben, hier und jetzt! So wie es auf einer Sonnenuhr zu lesen ist: »Vielleicht gibt es bessere Zeiten, doch dies ist unsere!«

Diese Wahrheit habe ich mühsam und schmerzlich und gegen viele Widerstände in mir von den Sterbenden gelernt. Sie wirft ein kritisches Licht auf all das, was an unerledigten Geschäften vor mir liegt – was ich an Entscheidungen vor mir herschiebe. Daran wird so deutlich, wie kostbar, wie einmalig jeder Augenblick ist – auch der jetzt. Wir könnten uns noch viele Male treffen am gleichen Ort, in der gleichen Zusammensetzung, und doch wäre es nie wie jetzt. Auch dieser Augenblick ist einmalig!

2. Das Miterleben von Sterben macht mir deutlich, wie sehr ich auch im Sterben der bin, der ich im Leben war: Im Sterben spiegelt sich das Leben, oft wie unter einem Brennglas gebündelt. Was ich mir im Leben nicht erworben habe, das steht mir auch im Sterben nicht zur Verfügung. Wenn Eheleute zum Beispiel nicht gelernt haben, sich gegenseitig nahe zu sein, Gefühle zu leben und zuzulassen, auch die negativen und die quälenden, wenn sie immer versucht haben, sich gegenseitig etwas vorzuspielen und den anderen zu schonen, wie sollen dann im Sterben, in dieser dramatischen Situation, plötzlich andere Haltungen zur Hand sein? Wie kann dann eine Offenheit da sein, die nie gewachsen ist, eine Nähe entstehen, die auch die schmerzlichen Seiten des Lebens nicht ausspart, sondern zu integrieren fähig ist – also letztlich die einzige Nähe, die dann wirklich tragen kann?

3. Eigentlich geschieht »Sterben« immer wieder mitten im Leben. Wir spüren es, wenn wir Geburtstag, besonders einen runden Geburtstag feiern. Wenn plötzlich eine andere Zahl vor der Null erscheint, wird uns bewusst: Auch mein Leben schreitet voran, auch ich lebe nicht endlos, auch meine Uhr tickt. Die bereits gelebte Zeit kommt nie wieder, ist Geschichte, in nichts wiederholbar. Dieses Jahr ist endgültig und ein für alle Mal vorbei!

Auch das ist Erleben von Endgültigkeit, von Endlichkeit. Auch das hat etwas von »Sterben« im Kleinen. Selbst wenn wir es nicht allzu bewusst wahrnehmen oder wahrnehmen wollen. Das geschieht immer wieder, wenn Lebensabschnitte zu Ende gehen oder auch Beziehungen. Es sind die kleineren Herausforderungen im Erleben von Endlichkeit, bevor der große Abschied auf uns wartet.

4. Zudem wird mir wieder einmal deutlich, wie wenig Sterben nur ein zu Ende gehen von Organfunktionen ist. Das ist natürlich zunächst grundlegend: Die Nieren arbeiten nicht mehr gut, das Herz macht Probleme ... Diesem Ausschnitt von zu Ende gehendem Leben wenden wir unendlich viel Aufmerksamkeit zu – aber dem anderen Bereich, dem damit einhergehenden Erleben von Menschen und der notwendigen Begleitung durch die letzte Lebensphase, stehen wir meist ausgesprochen hilflos gegenüber. Und doch wird das Sterben ja nicht selten zu der großen Lebenskrise, die allein zu bewältigen kaum jemand in der Lage ist.

Denn Sterben ist, um es noch einmal deutlich zu sagen, nicht nur das zu Ende gehen von Organfunktionen, sondern der Zusammenbruch meiner Welt, meiner Welt von Bezügen und Beziehungen, die mich ausgemacht, die mich getragen, die mir Halt und Stabilität gegeben haben. Das bin ich – daraus habe ich Lebenskraft und Sinn bezogen – das ist meine Identität: Was ich für Andere bin, was ich kann, was ich darstelle.

In dem Beispiel, von dem ich eben berichtet habe, ist dies so deutlich: Nach und nach ging ihm alles, was ihn ausmachte, verloren – wurde das, was er war und konnte, brüchig: Der langsame, unaufhaltsame Zusammenbruch seiner Welt. Alles, was er aufgebaut hatte, äußerlich und auch innerlich an Wissen, an Beziehungen zu Menschen, zu Dingen, zu Ideen und Theorien, alles, woran sein Herz hing, wohinein er Kraft und Energie gesteckt hatte, das musste er loslassen und immer mehr zurücknehmen. Oder wenn ein Paar zwanzig, dreißig oder mehr Jahre verheiratet ist. Was ist da entstanden an Beziehung und Bindung – wieviel Kraft ist da hineingeflossen? Wie sehr kann einen Menschen das niederwerfen und aus dem Gleis bringen, wenn er sich daraus wieder lösen muss!

Von daher ist das Wort wohl sehr berechtigt, mit dem die Psychologen dieses Phänomen belegen: »Trauerarbeit« sagen sie, und es ist vielleicht das härteste Stück Arbeit, das überhaupt auf uns zukommt. Genau am Anfang dieses Weges sammeln sich die Ängste. Die Angst, wenn ich das nicht mehr kann oder nicht mehr habe, dann bin ich nichts mehr, dann zähle ich nicht mehr, dann gehöre ich nicht mehr dazu und werde abgeschrieben. Ein Leben lang habe ich darum gekämpft, nicht tot zu sein: Nicht im sozialen, nicht im seelischen, nicht im körperlichen Sinn. Und nun fürchte ich: Genau das kommt auf mich zu! Ist es nicht normal und verständlich, dass ich mich dagegen wehre, dass ich Angst habe, dass ich abblocke?

Das Sterben anderer berührt mein Leben

Ich habe im Laufe der Jahre gelernt: Es ist das Wichtigste in der Begleitung kranker und sterbender Menschen, zunächst das zu akzeptieren, was ist. Und dazu gehört auch die Angst und das Vermeidungsverhalten. Es gibt in jedem ein empfindliches seelisches Gleichgewicht – das hat im Leben dieses Menschen seinen Grund. Ich habe nicht das Recht, ein vielleicht lebenslang eingeübtes subtiles Vermeidungsverhalten in der letzten Lebensphase zu verändern oder zu durchbrechen. Viel wichtiger ist es herauszufinden, was diesem Menschen möglich ist und was auch nicht: Noch anzugehen, noch zu verarbeiten, noch auszusprechen. Alles andere würde mich und die Beteiligten hoffnungslos überfordern. Ich möchte den Anderen so nehmen, wie er/sie jetzt ist – so wie auch ich angenommen sein möchte – und das heißt eben auch mit meinem Schutzbedürfnis und mit meinem Vermeidungsverhalten (Kakari 2020).

Das hört sich so leicht und spielerisch an und ist doch so schwer zu realisieren. Wir meinen immer, wir müssten etwas tun, etwas machen – und haben so wenig Vertrauen, dass es schon viel ist, einfach da zu sein. Darin kann schon unendlich viel an Verwandlung geschehen, wenn wir dabeibleiben, wenn wir mit aushalten und einfach akzeptieren: Die offenen und die verborgenen Gefühle, den Widerstand gegen die neue Herausforderung.

Es ist immer wieder die Angst, das, was ist, kann ich nicht ertragen, das bringt mich um. Wenn ich das an mich heranlasse, was ist, dann würde ich das nicht durchstehen können, dann würde ich mich selbst aufgeben, eben innerlich sterben, bevor ich es äußerlich tue. Im Vorhinein meine ich, das ist das Ende – im Verlauf spüre ich: Nicht ich bin gestorben, sondern nur dieser Teil in mir, der nicht leben wollte oder konnte mit dem, was jetzt die Wirklichkeit und die Wahrheit meines Lebens ist.

Zum Aufbau des Buches

Nach einigen grundsätzlichen Überlegungen und einem kurzen historischen Rückblick auf den Umgang früherer Generationen mit diesem Thema möchte ich im 2. Kapitel zunächst betroffene Menschen zu Wort kommen lassen. Sie sind es, an denen wir uns zu orientieren haben. Wo sie äußerlich und medizinisch, vor allem auch innerlich und gefühlsmäßig stehen, ist die Grundlage jeder realistischen Intervention. Auf diese Weise kann verhindert werden, dass wir zu wissen glauben, was der Andere braucht oder was für ihn hilfreich ist. Genau deshalb reicht persönlich gut gemeintes Engagement nicht aus. Genau deshalb braucht es Ausbildung, Schulung, Supervision. Denn für diese sehr spezielle Form der sensiblen Kommunikation gilt nicht: Man hat sie oder man hat sie nicht. Man kann, ja man muss sie lernen. Das ist u. a. eine der Voraussetzungen jeder angemessen, hilfreichen Intervention bei der Problematik, um die es im 3. Kapitel geht: Die Annäherung an beziehungsweise die Bewältigung der »Wahrheit«.

Wissen und Hilfestellungen für angemessenes Reagieren auf die jeweilige individuelle Persönlichkeit, auf ihre biographischen Wurzeln und lebensgeschichtlichen

Prägungen wollen die nächsten Kapitel beisteuern, in denen es um die Erkenntnisse der Bewältigungsforschung geht und um Hinweise aus der Persönlichkeitspsychologie.

Kapitel 6 beschäftigt sich mit den Angehörigen, von denen Seminarteilnehmer immer wieder berichten, der Umgang mit ihnen gestalte sich oft schwieriger als mit den Patienten oder Bewohnern selbst.

Das letzte Kapitel 7 befasst sich damit, was Menschen in ihrer letzten Lebensphase brauchen und wie wir für sie als Außenstehende, als »Professionelle« hilfreich sein können im besten Sinne des Wortes: Im direkten. Kontakt, in unserem Verhalten.

In diesem Sinne möchte ich einen Beitrag dazu leisten, den Umgang mit Menschen am Lebensende zugewandter, angstfreier und gelassener zu gestalten.

1 Das Ende – eine kritische Anfrage an uns alle

1.1 Sterben – eine persönliche Herausforderung

Wir Menschen sind die einzige Spezies auf dieser Welt, die mit der Bewusstheit über das tot-sichere Ende der eigenen Existenz leben müssen. »Dabei ist der Tod im Leben der Lebenden die vielleicht größte Herausforderung« (Thieme 2016, S. 11). Wie damit leben, wie damit umgehen – vor allem, wenn es ernst wird mit dieser »Wahrheit«, wenn sie mir immer näher kommt? Und das gilt für beide Seiten: Einerseits die direkt und ganz persönlich betroffenen Menschen am Lebensende, andererseits die vielen, die von außen »betroffen« sind im doppelten Sinne dieses Wortes, weil ein vielleicht über Jahrzehnte liebgewordener Mensch droht, aus dem Leben zu gehen.

Wir müssen lassen, los-lassen auf beiden Seiten. Als solches bezeichne ich den inneren Weg der Annäherung an diese Wahrheit, die uns das Leben schwermacht, es aus den Angeln hebt und uns in so heftige innere emotionale Turbulenzen versetzt. Es scheint, als würde uns der Boden unter den Füßen weggezogen.

> **Infobox: Definition Sterben**
>
> - Zuendegehen der Organfunktion
> - Zusammenbruch meiner vertrauten Welt
>   – von Bezügen
>   – von Beziehungen
>   – von Identität

Je enger die emotionale Bindung ist oder war, desto heftiger ist dieser Weg des Abschiednehmens, des Hergebens eines für mich bedeutsamen Menschen. Insofern ist Sterben eben nicht nur eine letzte Phase des gelebten Lebens, sondern ein ungeheuer dichter, intensiver Weg des Abschiednehmens und des Loslassens. Das können äußere Dinge sein, die mir lieb und teuer (gewesen) sind – jedenfalls dann, wenn es sich um einen längeren Weg handelt bis zum Tod und nicht so sehr um ein plötzliches Sterben durch Unfall oder Sekundenherztod. In diesem Sinne bedeutet Sterben nicht nur das zu Ende gehen von Organfunktionen im rein medizinischen Sinn – das sicher auch, wenn etwa aufgrund einer onkologischen Erkrankung ein Weiterleben nicht mehr möglich ist. Sterben bedeutet drüber hinaus den Zusammenbruch meiner eigenen Welt mit all seinen Bezügen, den »Rollen«, die ich im

Leben gespielt habe, den persönlich bedeutsamen Beziehungen und damit der eigenen Identität. Das betrifft alles, was ich mir an Wissen, Kompetenzen und Status erworben und häufig durch viel persönlichen Einsatz aufgebaut habe. Wer ich war, beruflich wie persönlich, all das muss ich lassen.

Deshalb gibt es bei vielen sterbenden Menschen noch einmal diesen Blick zurück, den wir häufig als »Lebensbilanz« bezeichnen. Noch einmal das eigene Leben durchschreiten, anschauen und bewerten, mit einem Blick von oben: Was war mir bedeutsam, was ist mir gelungen und was weniger, was habe ich geleistet, worauf bin ich stolz? Eine ältere Dame hat mir gegenüber das einmal so ausgedrückt: »Ich habe fünf Kinder und alle sind sie was geworden!« Das ist ihre Lebensleistung, das hat ihrem Leben Sinn gegeben und weil sie alle »etwas geworden sind«, auf einem guten Weg sind. Deshalb kann sie zufrieden auf ihr gelebtes Leben zurückschauen und sich innerlich ausgesöhnt dem Sterben überlassen. Sie kann sich in Ruhe verabschieden, auch wenn sie so gerne noch erlebt hätte, wie sich ihre Urenkel entwickeln.

> **Infobox: Emotionales Erleben**
>
> - Abschied von allem, woran mein Herz hängt
> - Trauer ist der Preis für Beziehung und Liebe
> - Trauern ist der Prozess des inneren Loslassens

Dieser innere Prozess, den wir mit dem Wort Trauer bezeichnen, beschreibt genau diese Ambivalenz: Einerseits stehe ich noch mitten im Leben mit allem, was für mich in meinem Leben emotionale Bedeutung hatte. Andererseits beginne ich zunehmend zu realisieren, dass genau das im Sterben zu Ende geht, zu einem hoffentlich guten und ausgesöhnten Ende kommt. Dass sich eine solche grundlegende Wende des Bewusstseins und der emotionalen Ausrichtung nicht auf Knopfdruck herbeiführen lässt, dürfte mehr als nachvollziehbar sein. Dieser Prozess wird häufig subsumiert unter dem Begriff eines »guten Sterbens« oder auch eines »eigenen Sterbens«, das zu dieser spezifischen Person und ihrer Lebensgeschichte passt.

Was aber bedeutet wirklich, gut zu sterben?

Schon den österreichischen Lyriker Rainer Maria Rilke (1875–1926) beschäftigte Anfang des 20. Jahrhunderts diese Frage, der er mit folgender »Definition« und dem darin enthaltenen Wunsch Ausdruck verleiht:

> O Herr, gib jedem seinen eigenen Tod.
> Das Sterben, das aus jenem Leben geht,
> darin er Liebe hatte, Sinn und Not.
> (Rilke 1966, S. 713)

Ihn bewegte ganz offenbar die damals geläufige Praxis, dass mehr oder weniger anonym in großen »Gesundheitsfabriken«, wenig betreut und behütet und nicht selten in abgetrennten, isolierten Kammern oder großen Krankensälen, massenhaft gestorben wurde. Deshalb der Wunsch nach dem »eigenen« Tod, der persönlich sein sollte, dieser einmaligen Persönlichkeit angemessen und das möglichst nach einem erfüllten Leben, das neben der häufig anzutreffenden Not auch sinnstiftende Elemente hatte und vor allem eingebettet war in liebevolle, tragfähige Beziehungen. Es geht ihm offenbar um ein Sterben, in dem die Lebensgeschichte dieser unverwechselbaren Person zu einem guten und versöhnlichen Abschluss kommt.

Damit hat Rilke zentrale Aspekte eines »guten Sterbens« benannt. Es geht darum, dass im Sterben das Leben noch einmal gewürdigt wird, Lebenskontext und individuelle Lebensgeschichte Berücksichtigung finden und es zu einer inneren Akzeptanz dessen kommt, was unausweichlich geworden ist, dass es kein Zurück ins Leben mehr geben wird.

Aus einer ganzheitlichen, bio-psycho-sozialen Sichtweise ergeben sich unterschiedliche Schwerpunkte und Sichtweisen auf den Sterbeprozess. Ich will versuchen, sie kurz einzeln zu beleuchten, um sie dann in einem Gesamtbild zu integrieren.

1.2 Ein integrativer Ansatz

Biologisch-medizinisch gesehen stehen primär im Fokus die Fragen, die sich mit dem physischen Sterben beschäftigen und dem Tod des Körpers. Dabei existieren durchaus unterschiedliche Definitionen, je nachdem, ob es sich z. B. um ein plötzliches Geschehen handelt (Unfall/Sekundenherztod), wobei ein Sterbeprozess komplett fehlt und der primär den Zustand der Agonie beschreibt (Draguhn 2012) oder um eine gelebte oder erlebte letzte Phase des Lebens, wie ihn die Bundesärztekammer im Rahmen ihrer Grundsätze zur ärztlichen Sterbebegleitung beschreibt (Bundesärztekammer 2011). Sie benennt einen Sterbenden als »Kranken oder Verletzten mit irreversiblem Versagen einer oder mehrerer vitaler Funktionen, bei dem der Eintritt des Todes in kurzer Zeit zu erwarten ist.« Das sollte dann allerdings auch Konsequenzen haben für den Umgang und die Behandlung, wie sie hier im Folgenden beschrieben werden.

Grundsätze der Bundesärztekammer zur ärztlichen Sterbebegleitung (2011):

1. Es gibt Situationen, in denen sonst angemessene Diagnostik- und Therapieverfahren nicht mehr angezeigt und Begrenzungen geboten sind.
2. Art und Ausmaß der Behandlung sind vom Arzt zu verantworten, er muss dabei den Willen des Patienten achten und sollte in seiner Entscheidungsfindung mit ärztlichen und pflegerischen Mitarbeitern einen Konsens finden.
3. Ein offensichtlicher Sterbevorgang soll nicht durch lebenserhaltende Therapien in die Länge gezogen werden.
4. Bei Sterbenden kann die Linderung des Leidens so im Vordergrund stehen, dass eine möglicherweise dadurch bedingte Lebensverkürzung hingenommen werden muss.
5. Die Unterrichtung des Sterbenden über seinen Zustand und mögliche Maßnahmen muss wahrheitsgemäß sein.

6. Der Arzt soll Angehörige und andere nahestehende Personen informieren, soweit dies nicht dem Willen des Patienten widerspricht.
7. Bei Patienten, die sich zwar noch nicht im Sterben befinden, aber nach ärztlicher Kenntnis aller Voraussicht nach in absehbarer Zeit versterben werden, ist eine Änderung des Behandlungsziels geboten, wenn lebensverlängernde Maßnahmen Leiden nur verlängern oder die Änderung des Behandlungsziels dem Willen des Patienten entspricht. An diese Stelle tritt dann die palliativmedizinische Versorgung.

Auf eine zeitliche Dauer dieses Prozesses legt sich diese Definition bewusst nicht fest. Denn es ist durchaus umstritten, inwieweit ein Sterbender der Mensch ist, der umgangssprachlich ausgedrückt unmittelbar »im Sterben liegt« (terminale Phase). Andererseits gelten häufig auch die Patienten als sterbend, die eine irreversibel zum Tode führende Krankheit diagnostiziert bekommen, die sich nicht selten über Monate oder jedenfalls einen längeren Zeitraum hinziehen kann.

Gemeinsam ist diesen Sichtweisen die primär rein medizinisch-naturwissenschaftliche Zuschreibung, wobei offen bleibt, ob der Schwerpunkt der Behandlung jeweils primär kurativ oder palliativ geführt wird.

Mir dagegen ist wichtig, dass wir in der Sterbebegleitung von einem ganzheitlichen Ansatz ausgehen. Das sollte zunehmend Bedeutung haben für die Medizin als Ganze und besonders in der Begleitung von Menschen mit einer terminalen Erkrankung Geltung haben. Hier spielt, noch mehr als sonst, die Krankheit in der ganzen Dimension ihres Erlebens, also auch in ihren psychischen und sozialen Aspekten eine entscheidende Rolle. Das geschieht immer dann, wenn die Bedrohung durch die Krankheit zunimmt, Emotionen sich mit Wucht Bahn brechen und die sozialen Kontakte noch einmal eine ganz besondere Bedeutung bekommen. Gerade dann braucht es das Postulat eines *ganzheitlichen* Ansatzes für Behandlung und Begleitung.

> »Wenn Sie als Arzt ganzheitlich denken, dann werden Sie nicht nur die ›biologische‹ Störung von Organen und Organfunktionen betrachten, sondern ihre Patienten als Kranke in einer bestimmten Verfassung mit ihrer persönlichen Geschichte und vor ihrem individuellen Lebenshintergrund sehen, der durch die Erkrankung Veränderungen und Gefahren ausgesetzt sein kann. Bio-psycho-sozial bedeutet, dass Sie sich [...] nicht darauf beschränken, [...] das Karzinom zu behandeln, sondern den kranken Menschen, der mit Hoffnungen und Erwartungen, Sorgen und Ängsten zu ihnen kommt und gleichsam seine ganze Biographie und seinen Lebenshintergrund mitbringt« (Egle et al. 2020, 43 f.; Ermann et al. 2006, S. 8).

Das beinhaltet eine Ergänzung des bio-medizinischen Pathogenese-Konzeptes um eine psychologische und eine soziologische Dimension.

Die psychologische Perspektive fragt danach, wie ein Mensch mit dem Wissen der Begrenztheit seiner Lebenszeit umgeht, wieviel Verdrängung notwendig, wieviel Offenheit möglich ist und nicht zuletzt, welche inneren Strategien er einsetzt, um mit diesem Wissen fertig zu werden (Coping). Die Form der Bewältigung, die jemand wählt, ist sehr spezifisch und im hohen Maße individuell, letztlich immer auch in der Lebensgeschichte und der Lebensanschauung dieses Menschen begründet (intrapsychische Faktoren bzw. Personen-Ebene). Deshalb gibt es aus psychologischer Sicht auch keine »Patentrezepte« für den Umgang. So individuell die

Persönlichkeit, so spezifisch sollte auch die Begleitung gestaltet sein. Trotzdem gibt es inzwischen aus Forschung und Therapie Handlungsanleitungen, die hilfreich sein können für den Umgang und das Verhalten am Krankenbett. Dazu wird unter anderem in ▶ Kap. 4 und ▶ Kap. 5 ausführlich Stellung genommen.

Letztlich geht es immer wieder darum, wie diese letzte große Lebenskrise, die eben nicht nur biologisch-physiologische, sondern auch emotionale und bewusstseinsmäßige Aspekte beinhaltet, durch äußere Unterstützung besser bewältigt werden kann (Riedel 2017). In diesem Zusammenhang spielt ein psychologischer Gesichtspunkt eine entscheidende Rolle. Hoher emotionaler Stress entsteht für alle Beteiligten dadurch, dass jedes Sterben eine Kränkung darstellt gegenüber dem eigenen Anspruch, zu helfen oder das Leiden zu heilen. Das Sterben eines Menschen konfrontiert dagegen alle Beteiligten mit der Vergeblichkeit ihrer Bemühungen. Wenn diese Ohnmachtserfahrungen nicht bewusst angenommen und verarbeitet werden, ist die Wahrscheinlichkeit sehr groß, dass sie zum inneren und/oder äußeren Rückzug führen.

Aus *soziologischer Sichtweise* kommen noch weitere Aspekte hinzu, denn Sterben und Tod sind nicht nur individuelle Vorgänge und Erlebnisweisen. Sie betreffen zutiefst auch die Gesellschaft als Ganze. Dabei geht es z. B. darum, an welchen Krankheiten Menschen sterben und wie alt sie im Durchschnitt werden. Wir erleben nach einer inzwischen relativ gesicherten hohen Lebenserwartung, wie erschüttert die Gesellschaft auf den Tod eines Kindes oder eines jungen Erwachsenen reagiert.

Darin zeigen sich gesellschaftlich geprägte Muster, wie wir den Tod erleben und bewerten. All das folgt kulturell und damit gesellschaftlich geprägten Normen und Mustern. Und die haben sich im Laufe der Jahrhunderte deutlich verändert: Ob das Sterben massenhaft und immer wieder direkt im Rahmen des eigenen familiären Umfeldes stattfand oder wie heute üblich ausgegliedert wird in Institutionen wie Krankenhäuser, Alten-Pflegeheime oder Hospize. Dass es dadurch weitgehend dem direkten persönlichen Erleben entzogen wird, macht einen, für die Beziehung unserer Gesellschaft ausgerichteten, erheblichen Unterschied.

Das wiederum spiegelt sich u. a. auch wider im Umgang mit den Sterbenden und dem Tod – auch in den Formen, wie er aufgenommen und gestaltet wird, oder eben nicht.

> »Entfremdet und tabuisiert ist der Tod da, wo er aus dem Blick geraten ist. Das ist in der modernen, arbeitsteiligen Gesellschaft oft der Fall, weil andere – das professionelle Gewerbe […] und die kommunale Bürokratie – sich der Sterbenden und der Toten annehmen und den Tod für die Hinterbliebenen unsichtbar machen. Religiöse Erlösungsversprechungen sind entwertet, weil verzichtbar geworden« (Thieme 2019, S. 5).

Allein in dieser Schilderung wird deutlich, wie grundlegend gesellschaftliche Rahmenbedingungen sich gewandelt haben – u. a. auch durch die Wirkung der Philosophie der Aufklärung. Noch ein letzter, nicht weniger bedeutsamer Aspekt, der Aufmerksamkeit erweckt, sollte thematisiert werden: Die Rolle des Sterbenden.

Soziologisch beschreibt das Konzept der Sterberolle jene Zuschreibung, dass dieser Mensch nicht mehr zurückkehrt in den Kreis der Gesunden »und seine Mitmenschen deshalb keine gemeinsamen Anstrengungen unternehmen, damit er seine einstige soziale Rolle eines Tages wieder ausfüllen kann. Im Gegenteil zielen die Bemühungen darauf, den Sterbenden geordnet aus der Gesellschaft auszugliedern und die gemeinsame Wirklichkeit neu, nämlich ohne denjenigen, zu definieren« (Streeck 2020, S. 41).

Das Eintreten in die Rolle als Sterbender hängt keineswegs nur von der Umgebung ab (Krankenhauspersonal/Pflegende/Angehörige), sondern primär von den Patienten selbst, die mit sehr unterschiedlicher Offenheit mit dieser Beschreibung umgehen. Ich erlebe immer wieder Patienten, die mit unerschrockener Deutlichkeit ihren Zustand als »auf dem Weg heraus aus dieser Welt« beschreiben. Häufig besprechen sie mit ihren Angehörigen letzte wichtige Dinge und organisieren nicht selten ihre eigene Beerdigung. Andere dagegen tun sich schwer mit dieser Rolle und willigen erst dann in sie ein, wenn sie ihren körperlichen Abbauprozess wirklich nicht mehr verleugnen können. Wiederum andere verweigern sich dieser Rolle bis zuletzt (▶ Kap. 3). Die Betrachtung dieser drei Dimensionen von Sterben und Sterbenden legt nahe, dass nur ein integrativer, aber gleichwohl differenzierter Ansatz dieser sensiblen Wirklichkeit angemessen ist.

So ist die fachlich-medizinische Sichtweise wichtig, um das aktuelle Befinden des Patienten richtig einzuschätzen. Denn darauf beruhen u. a. psychologische Interventionen, die eine völlig falsche Richtung nehmen können, wenn Diagnose und Prognose nicht wichtige Basisinformationen liefern. Nur mit diesem »Wissen« kann man den Menschen angemessen begegnen und sie behutsam mit den eigenen »Realitäten« in Verbindung bringen.

Insgesamt gilt für alle drei Dimensionen gleichwohl, dass sie wichtige und hilfreiche Informationen liefern, damit die Patienten diesen mentalen und hochemotionalen inneren Weg hin zum Sterben begleitet gehen können. Aber wie kann eine solche Wende gelingen, was steht ihr im Weg, in welch unterschiedlicher Weise gestaltet sich dieser individuelle Prozess? Was braucht es an Begleitung und Hilfestellung, damit er gelingt? Was sollten die Angehörigen und alle Professionellen wissen über die unterschiedlichen Etappen bei den jeweils verschiedenen Persönlichkeiten, die diesen Weg gehen und gestalten? Wie und womit kann ich hilfreich sein und was blockiert eher diesen Prozess?

Genau auf diesen »mentalen und hochemotionalen inneren Weg« möchte ich im Folgenden den Schwerpunkt meiner Ausführungen legen: Was braucht es an Begleitung und Hilfestellung, damit er gelingt?

Es hat sich sehr vieles positiv entwickelt, seit die schweizerisch-amerikanische Psychiaterin und Sterbensforscherin Elisabeth Kübler-Ross (1926–2004) 1969 ihr erstes Buch veröffentlichte: »On Death and Dying«, das 1971 auch auf Deutsch erschien unter dem Titel »Interviews mit Sterbenden«. Es war der Auftakt zu einer ganzen Flut von Publikationen zum Thema, die sich in den letzten Jahren noch einmal deutlich intensiviert hat, vor dem Hintergrund persönlich erlebter Betroffenheit, unter dem Aspekt des Wissenszuwachses (Borasio 2017; Borasio 2020) sowie unter dem Vorzeichen ethischer Fragestellungen: Darf die Medizin, was sie kann? (Jox 2014; Maio 2014a; Maio 2014b; van Loenen 2015; Welsh et al. 2017; Putz und Gloor 2011).

Ich versuche in diesem Buch langjährige Erfahrung in der Begleitung von Schwerkranken und Sterbenden zu verknüpfen mit Erkenntnissen aus den Humanwissenschaften, der Copingforschung, auch wenn diese schon früher angesetzt hat, und der Persönlichkeitspsychologie. Mir scheint, hier klafft eine Lücke, in der ein Wissenstransfer noch nicht wirklich gelungen ist.

1.3 Sterben in früherer Zeit – Erkenntnisse der historischen Demographie

Zahlen sind nicht selten nüchtern und abstrakt. Oft können sie aber helfen, Wirklichkeiten zu erfassen und Entwicklungen angemessen einzuschätzen. Dazu verhelfen in unserem Fall demographische Daten zu den Themen »Sterblichkeit,« »Lebensdauer« und »durchschnittliche Lebenserwartung«. Besonders der Berliner Sozialhistoriker A. E. Imhof hat durch seine Forschungen auf dem Gebiet der historischen Demographie eine erstaunliche Fülle von Daten bereitgestellt (Imhof 1981). Eindrucksvoll hat er Einblick in das Alltagsleben früherer Generationen vermittelt, in die Bedrohungen, Herausforderungen und die Art und Weise, wie Menschen damals mit ihnen umgegangen sind (Imhof 1984). Aufschlussreich ist besonders die beachtliche Veränderung im Bereich der allgemeinen Lebenserwartung gegenüber früheren Jahrhunderten und die durch sie ausgelösten durchgreifenden Veränderungen für fast alle Bereiche unseres menschlichen Lebens.

Im Fall der Untersuchung von A. E. Imhof wurden die Kirchenbücher der Berliner Kirchengemeinde Dorotheenstadt mit Hilfe des Computers ausgewertet. Die Forschungsergebnisse haben gezeigt, dass damals nicht mit einem relativ konstant zu erwartenden Lebensalter zu rechnen war. So ergibt die willkürlich herausgegriffene Seite 79 aus dem Sterbebuch des Jahres 1719 in ▶ Abb. 1.1, die zehn Verstorbene registriert, ein Durchschnittsalter von 25,67 Jahren. »Zehn Menschenleben, die insgesamt 256,75 Jahre auf Erden verbrachten. Heute schaffen das vier, wenn nicht schon drei Menschenleben!« (Imhof 1986, S. 299).

Wie groß die physische Unsicherheit angesichts eines jederzeit möglichen Todes und wie anders die damit verbundenen Lebensverhältnisse gegenüber unserer Zeit waren, können wir uns heute kaum mehr vorstellen. Es ist ein großer Unterschied, ob wir heute ziemlich fest mit 75 oder über 80 Erdenjahren rechnen können oder ob – wie im Beispiel Berlin-Dorotheenstadt – der eine ein Jahr alt wurde, der andere 65, der dritte 5 und der vierte 32. »Mitten im Leben wir sind vom Tod umfangen« (ev. Kirchenlied) – damals ja, heute gefühlt eher nein!

»… Wir haben schon den Theologen und Kirchenlieddichter Paul Gerhardt erwähnt: Wenn man sich dessen Lebensgeschichte anschaut, 1607 bis 1676, hat man da einen Mann, der für die damalige Zeit spät heiratet, nämlich mit 48 Jahren. Das Paar bekommt fünf Kinder. Von diesen Kindern lebt, als Gerhardt sechzig wird, noch ein einziger Sohn. Ein Jahr später stirbt seine Frau. Und um ihn herum sterben die Menschen im Kontext schwerer Krankheiten immerzu. Für ihn als begleitenden Geistlichen Alltag. Das war eine völlig andere Auseinandersetzung mit der eigenen Endlichkeit, als wir sie heute haben.« (Büdenbender/Nagel 2022, S. 46 f.)

1 Das Ende – eine kritische Anfrage an uns alle

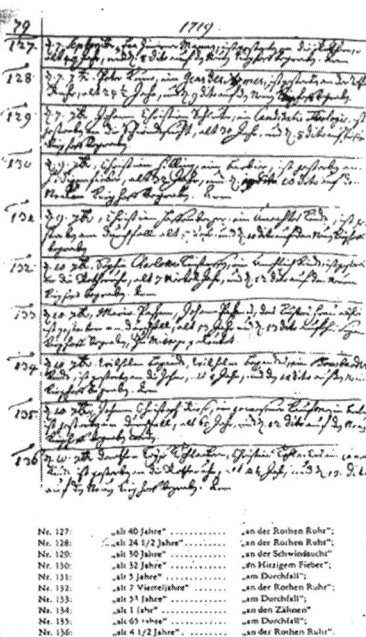

Abb. 1.1: Eine Seite aus einem Sterberegister der Evangelischen Kirchengemeinde Dorotheenstadt Berlin 1719 (Imhof 1986, S. 297–298)

Heute lohnt es sich, von Anfang an in das biologisch inzwischen ziemlich gesicherte Leben zu investieren, in das eigene und in das Leben unserer Kinder: finanziell, emotional, oder auch ausbildungsmäßig. Unsere Vorfahren mussten sich angesichts der großen physischen Unsicherheit des Daseins schon mehr einfallen lassen, um ihrem Leben ein Ziel, Sinn und damit Stabilität zu geben.

Die Gesamtauswertung der Untersuchung aus der Kirchengemeinde Dorotheenstadt in Berlin, die alle Verstorbenen zwischen 1715 und 1875 umfasst, fördert denn auch erstaunliche Erkenntnisse zutage und lässt die ganze Problematik früherer Generationen angesichts des jederzeit möglichen Todes, besonders im Säuglings- und Kindesalter, erst richtig hervortreten:

> »Von den insgesamt 39 251 zu Grabe Getragenen waren nicht weniger als 12 193 Säuglinge unter einem Jahr, das heißt ein knappes Drittel (31,1 Prozent). Rechnet man die Kleinkinder bis zu acht Jahren hinzu, hat man bereits die Hälfte der Sterbefälle erfasst (50,6 Prozent). Der ganze Rest verteilt sich anschließend etwa gleichmäßig auf alle übrigen Alter zwischen 9 und 90 Jahre« (Imhof 1981, S. 203).

Anzahl Gestorbener nach ihrem Alter in der Berliner Kirchengemeinde Dorotheenstadt von 1715–1875:
Sterbefälle insgesamt: 39.251 (= 100 %)
davon:
im Alter von 0–1 Jahr: 12.193 (= 31,1 %)
im Alter von 1–8 Jahre: 7.664 (= 19,5 %)
im Alter von 0–8 Jahre: 19.857 (= 50,6 %)

(Untersuchungen aufgrund der Sterbebücher der Kirchengemeinde zu Dorotheenstadt in Berlin; Evangelisches Zentralarchiv und Friedrich-Meinecke-Institut der Freien Universität Berlin).

1.3.1 Beeinflussung des Verhältnisses zum Tod durch die Erhöhung der Lebenserwartung

Hatte in der vormodernen Gesellschaft ein Mensch das 35. Lebensjahr erreicht, so hatte er in der Regel mehrere Seuchen überlebt, seine Eltern, eine Reihe von Geschwistern und viele Verwandte, Freunde, Bekannte und Altersgenossen sterben gesehen. Menschen, an denen man hing, waren ihm entrissen worden, und man musste sich jederzeit auf den eigenen Tod und den der Angehörigen einstellen. Gegen den Tod gab es so gut wie keine Sicherheit. Man konnte immer von ihm betroffen werden; er war ein Ereignis, mit dem man praktisch in jedem Augenblick seines Lebens zu rechnen hatte und das man durchschnittlich auch immer wieder erlebte (Hahn 1968).

> »Über Jahrhunderte waren Geburt und Tod schicksalhafte Ereignisse, die vom Menschen kaum beeinflusst werden konnten. Der natürliche Verlauf eines Lebens und vor allem dessen Anfang und Ende waren oftmals belastend und quälend, nicht zuletzt, weil die Möglichkeiten medizinischer Intervention begrenzt waren.
> Geburt, Siechtum, Pflege, Sterben und Tod fanden als Teil der Lebenswelt zu Hause statt, nicht in Institutionen wie Krankenhäusern und Pflegeheimen.
> Der Tod ereilte häufig auch junge Menschen, wie die hohe Sterblichkeit nach der Geburt, im Kindesalter und nach Infektionserkrankungen belegt, die breite Teile der Bevölkerung betraf. Die Lebenserwartung war deutlich geringer, hohes Alter eine seltene Ausnahme« (Vollmann 2019, S. 66).

Heutzutage stellt sich das Bild genau umgekehrt dar: Es wird nicht mehr am Anfang des Lebens massenhaft gestorben, sondern am Ende, mit 70, 80 oder gar 90 Jahren. Man kann also sagen: Mit den Todesursachen hat sich auch die Lebenserwartung verändert. Diese Entwicklung wurde möglich durch die forcierte Intensivierung der Landwirtschaft, die verbesserten hygienischen Bedingungen, die kontinuierliche Sicherstellung der Lebensmittelversorgung, die industrielle Entwicklung, die mehr Menschen ein gesichertes Auskommen ermöglichte, und durch die verbesserte medizinische Versorgung. Es ist erstaunlich zu sehen, für wie viele Bereiche diese veränderte Lebenserwartung Bedeutung gewinnt. Uns interessiert vor allem die Frage: Was bedeuten diese Veränderungen für die Einstellung des Einzelnen zu seinem Tod und zum Tod anderer, inwieweit können uns diese Daten helfen, unsere heutigen Verhältnisse und unser heutiges Lebensgefühl im Vergleich zu den früheren Generationen besser zu verstehen?

1.3.2 Die veränderte Lebenserwartung und ihre Auswirkungen auf die Gesellschaft

Innerhalb der Familie haben wohl die tiefgreifendsten Veränderungen gegenüber früheren Zeiten stattgefunden. Eltern sind heute noch auf dem Höhepunkt der

1 Das Ende – eine kritische Anfrage an uns alle

Lebenskräfte, wenn die Folgegeneration sich selbständig macht. Diese Entwicklung verläuft – unabhängig vom Kulturkreis – für alle Industrienationen ähnlich.

Auch sind die Familien gegenüber früheren Zeiten kleiner geworden: Es gibt weniger Kinder, und die Großeltern leben gewöhnlich für sich. Die Folge davon ist, dass ein Todesfall in der Familie viel seltener direkt miterlebt wird. Man kann davon ausgehen, dass dies in der Kernfamilie nur noch alle zehn bis 15 Jahre vorkommt, wobei die Generation der Großeltern der Kinder miteinbezogen ist, deren Sterben sich aber nicht mehr unbedingt als ein dramatisches Ereignis darstellt, das die eigene Existenz erschüttert. Hautnah erlebtes Sterben ist in den Kleinfamilien zur Ausnahme geworden.

Der Ort des Sterbens hat sich verschoben. Immer mehr werden die existentiellen Lebensereignisse – Geburt und Tod – aus dem Bereich der Familie in die Institutionen Krankenhaus und Altenheim verlagert. Dieser Trend zum Sterben in den Institutionen setzt sich kontinuierlich fort. Das entspricht nur noch umgekehrt dem Wunschort der Deutschen für ihr Sterben. Hier ergibt sich ein komplett anderes Bild. Nach folgender Rangliste der Bertelsmann Stiftung in ▶ Abb. 1.2 und ▶ Abb. 1.3 ergibt sich ein ganz anderer Schwerpunkt.

Auf eine affektive Neutralität stößt schon zu Beginn des vorherigen Jahrhunderts (1912) Rainer Maria Rilke, wenn er sich mit dem zunehmend unpersönlicher und anonymer werdenden Sterben im Krankenhaus auseinandersetzt:

> »Dieses ausgezeichnete Hotel ist sehr alt, schon zu König Chlodwigs Zeiten starb man darin in einigen Betten. Jetzt wird in 559 Betten gestorben. Natürlich fabrikmäßig. Bei so enormer Produktion ist der einzelne Tod nicht so gut ausgeführt, aber darauf kommt es auch nicht an. Die Masse macht es. Wer gibt heute noch etwas für einen gut ausgearbeiteten Tod? Niemand. Sogar die Reichen, die es sich doch leisten könnten, ausführlich zu sterben, fangen an, nachlässig und gleichgültig zu werden: der Wunsch, einen eigenen Tod zu haben, wird immer seltener [...]. Man stirbt, wie es gerade kommt: Man stirbt den Tod, der zu der Krankheit gehört, die man hat, denn seit man alle Krankheiten kennt, weiß man auch, dass die verschiedenen letalen Abschlüsse zu den Krankheiten gehören und nicht zu den Menschen; und der Kranke hat sozusagen nichts zu tun« (Rilke Archiv 1966).

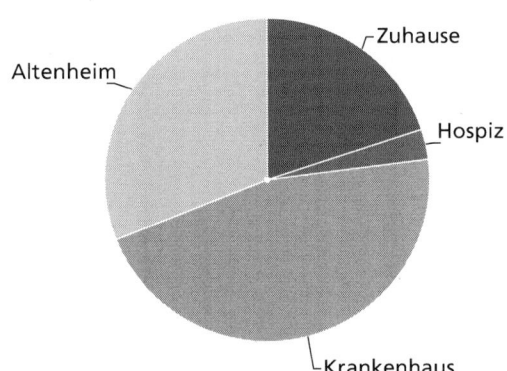

Abb. 1.3: Sterbeorte der deutschen Bevölkerung: Realität (nach Grote-Westrick und Volbracht 2015)

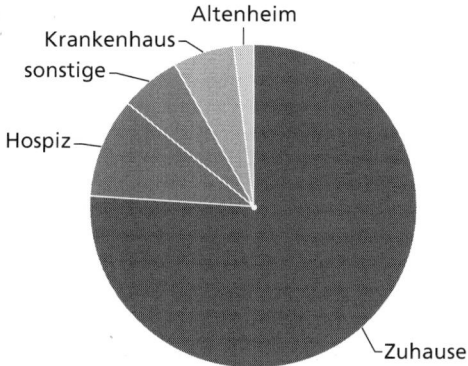

Abb. 1.2: Sterbeorte der deutschen Bevölkerung: Wunsch (nach Grote-Westrick und Volbracht 2015)

1.3.3 Der Zusammenbruch eines übergreifenden Sinnzusammenhangs

Ein weiterer, meines Erachtens sehr wesentlicher Punkt für die gravierenden gesellschaftlichen Veränderungen beim Umgang mit Krankheit und Tod ist der Zusammenbruch eines übergreifenden, unangefochtenen Sinnzusammenhangs, den die Religion als Antwort auf die Frage nach dem »Danach« bereitgestellt hatte. Wir können uns kaum noch vorstellen, wie selbstverständlich der Glaube an die Auferstehung früher allgemein verbindlich Geltung hatte. Selbst für die, die auch heute noch fest daran glauben, ist die Voraussetzung eine andere geworden. Ein solcher Glaube trägt in anderer Weise, wenn er von den Menschen der eigenen Umgebung geteilt wird, als wenn man sich mit seinem Glauben nicht nur den Anfechtungen durch wissenschaftliche Erkenntnisse und Anfragen, sondern auch durch ganz konkrete Menschen ausgesetzt sieht. Es war die Selbstverständlichkeit der Glaubensüberzeugung, die tragfähig war für die Generationen früherer Jahrhunderte.

> »Nicht das Sterben, sondern den Tod haben viele Menschen in christlich geprägten Kulturen gefürchtet. Es galt, sich während des irdischen Lebens auf das göttliche Gericht nach dem Tod vorzubereiten und sich Rechenschaft zu geben: Finde ich trotz meiner irdischen Sünden einen barmherzigen Gott? Erwarten mich Paradies, Fegefeuer oder Hölle? Das Ende des Lebens wurde mehr von der Religion als von der Medizin geprägt. Am Sterbebett befand sich zumeist statt eines Arztes ein Geistlicher, von dem sich die Menschen Hilfe und Begleitung erhofften« (Vollmann 2019, S. 66 f.).

Diese »Welt-Anschauung«, der Glaube daran, dass das Leben in eine kurze irdische und eine ewige himmlische Spanne aufgeteilt war, dass das Eigentliche erst nach Eintritt des Todes kam, zieht sich wie ein roter Faden durch die Jahrhunderte und blieb trotz aller politischen, sozialen und gesellschaftlichen Veränderungen die große Konstante, die Sicherheit, die das Leben trotz vieler Unsicherheiten bestimmte. Diese Gewissheit begleitete die Sterbenden buchstäblich bis zum letzten Atemzug. Ein Zeuge am Ende des 18. Jahrhunderts verdeutlicht diese Haltung: Am

4. April 1787, drei Jahre vor seinem Tod, schrieb Wolfgang Amadeus Mozart an seinen Vater:

> »Da der Tod (genau zu nehmen) der wahre Endzweck unseres Lebens ist, so habe ich mich seit ein paar Jahren mit diesem wahren, besten Freunde des Menschen so bekannt gemacht, dass sein Bild nicht allein nichts Schreckendes mehr für mich hat, sondern recht viel Beruhigendes und Tröstendes. Und ich danke meinem Gott, dass er mir das Glück gegönnt hat, [...] den Tod als Schlüssel zu unserer wahren Glückseligkeit kennen zu lernen [...] und wünsche diese Glückseligkeit von Herzen jedem meiner Mitmenschen.«

Mozart war 32 Jahre alt, als er diese Zeilen schrieb. Beides hängt offenbar eng miteinander zusammen: Die relative Gelassenheit dem Tod gegenüber und das sichere Wissen um ein Weiterleben nach dem Tod.

Das bedeutet aber keineswegs, dass der Mensch früherer Jahrhunderte nicht an den Dingen, die er besaß, oder an den Menschen, die ihm nahestanden, gehangen hätte. Das heißt auch nicht, dass die Menschen im Angesicht des Todes nicht traurig gewesen wären oder geweint hätten. Aber der auch damals nicht leichte Rückblick auf das Leben ging weitgehend ohne Widerspruch mit der Hinnahme des nahen Todes einher. Die Todesvertrautheit war umfassend. So war es denn auch selbstverständlich, dass dieser vertraute Umgang nicht nur mit den Sterbenden, sondern ebenso selbstverständlich mit den Toten gepflegt wurde. Kein Toter, gleich, ob einfacher Bürger oder bedeutende Persönlichkeit, verschwand einfach spurlos.

Wie sich heutzutage in der Verlagerung des Sterbens in Krankenhaus und Pflegeheim oder Hospiz eine veränderte innere Einstellung dem Tod gegenüber ausdrückt, so im letzten Drittel des 18. und zu Beginn des 19. Jahrhunderts in der Verlegung der Friedhöfe. Das war der erste einschneidende Bruch und damit die Ausbürgerung des Todes aus dem Leben. Der Tod wurde immer weniger etwas »Soziales und Öffentliches«. Damit wurde eine Wende eingeleitet, die im Laufe des 20. Jahrhunderts in den urbanisierten und technisierten Bereichen der westlichen Welt eine gänzlich neue Art und Weise vom Erleben des Todes hervorgebracht hat. Der französische Historiker Philippe Ariès (1914–1984) schreibt in diesem Zusammenhang:

> »Die Gesellschaft hat den Tod ausgebürgert, ausgenommen den Tod großer Staatsmänner. Nichts zeigt in den modernen Städten mehr an, dass etwas passiert ist; der schwarzsilberne Leichenwagen von einst ist zur unscheinbaren grauen Limousine geworden, die im Stadtverkehr kaum noch auffällt. Die Gesellschaft legt keine Pause mehr ein. Das Verschwinden eines Einzelnen unterbricht nicht mehr ihren kontinuierlichen Gang. Das Leben der Großstadt wirkt so, als ob niemand mehr stürbe« (Ariés 1982, S. 716).

In diesem Dilemma bewegen wir uns heute: Auf der einen Seite haben wir die Sitten unserer Vorfahren (leichtfertig?) aufgegeben, weil wir meinten, wir hätten sie nicht länger nötig – und das von den einfachsten Traditionen und Normen bis hin zu den kompliziertesten generationsüberdauernden Stabilitätsstrategien. Auf der anderen Seite stellen wir unser eigenes Ego ins Zentrum, mit dem dann aber auch alles zu Ende ist. Wir brauchen jedoch – wie frühere Generationen auch – ein gerütteltes Maß an Sicherheit, um angesichts dieser existentiellen Situation der »certa moriendi conditio«, der Sicherheit, dass wir alle sterblich sind, nicht in einem Übermaß von Angst zu versinken. Denn individuell sind Angst vor dem Sterben und die Frage, was nach dem Tod mit dem Menschen geschieht, durchaus weiter existent.

Die Aufgabe, die durch die gesellschaftlichen Veränderungen entstanden ist, beschreibt Imhof eindringlich:

> »Aber wir sollten nicht im jetzigen Zustand der Leere verharren und ziellos im gehetzten Tempo durch die besten Jahre unseres verlängerten irdischen Lebens hasten und uns vom verwelkenden Körper eines Tages vor das Nichts stellen lassen. Wir haben die Veränderungen herbeigeführt, und die meisten von uns akzeptieren diese ja auch, zumindest auf Zeit. Weshalb nun also nicht ebenso entschieden den zweiten Schritt tun und versuchen, wieder eine funktionierende und auch die schwersten Dinge integrierende Weltanschauung zu gewinnen? [...] Es ist schwer, ohne Weltanschauung zu leben, und noch schwerer zu sterben. Solange wir aber keine haben, werden wir uns mit dem einen wie dem anderen schwertun« (Imhof 1984, S. 25 f.).

Die Frage ist, wie wir aus dem Zustand innerer Leere und Ambivalenz dem Leben und dem Sterben gegenüber herauskommen. Wie wir Schritte zu einer Welt-Anschauung tun können, in der unsere Möglichkeiten und Grenzen als Menschen ihren Platz haben, in der wir uns nicht aus Größenwahn überschätzen, uns aber auch nicht resignierend zurückziehen oder verzweifeln angesichts einer Wirklichkeit, die wir nicht überwinden werden und die Menschen heute wie früher bewältigen müssen. Wie diese unausweichliche »Wahrheit« bestanden wird beziehungsweise bestanden werden kann und wie wichtig dabei die Rolle des Beistands ist, soll im Folgenden aufgezeigt werden.

1.4 Versuch einer neuen Sterbekultur

1.4.1 Sterben als prozesshaftes Geschehen: Die Praxis der Sterbebegleitung nach Elisabeth Kübler-Ross

Diesen gesellschaftlichen Umdenkungsprozess, der das Sterben und die Sterbenden wieder in das Bewusstsein breiter Bevölkerungsschichten zurückholen sollte, intendierte Elisabeth Kübler-Ross. Mit Hilfe von über 200 Interviews mit Sterbenden und zahlreichen weiteren Veröffentlichungen versuchte sie vor rund 50 Jahren, die gesellschaftliche und medizinische Sichtweise auf den Sterbeprozess und die Sterbebegleitung zu verändern (Corr 1993; Kübler-Ross 1973). Durch ihre Arbeit wurden das Sterben und der Tod wieder als natürliche Lebensvorgänge enttabuisiert und in das Bewusstsein der Menschen gerückt.

Die Forderungen, Sterbenden aktiv zuzuhören, sie als noch lebende Menschen mit unerfüllten Wünschen und Bedürfnissen zu betrachten und durch sie auch etwas über die eigene Sterblichkeit und Belastbarkeit zu lernen, standen im Kontrast zu dem bisherigen Umgang mit Sterben und dem Tod. Durch die verständliche und übersichtliche Darstellung des psychischen Prozesses, den ein Sterbender durchlebt, konnte Kübler-Ross für medizinisches Personal und Angehörige manch schwer verständliche Reaktionen von sterbenden Patienten einordbar machen, wodurch die

Fremdheit, Angst und Verunsicherung im Umgang mit dem Tod reduziert werden konnten.

Neben dem Respekt vor ihren Verdiensten wurden in den vergangenen Jahrzehnten auch kritische Stimmen laut: So wird das Sterbemodell unter anderem von manchen Ärzten als »inadäquat, oberflächlich und missverständlich« (Corr 1993) beschrieben. Kastenbaum (1986) nennt mehrere grundlegende Probleme des Modells. Es gebe keine wissenschaftliche Evidenz für das Vorhandensein der Phasen. Durch die Generalisierung des Sterbens werde die Individualität eines Sterbenden missachtet. Die Autorin gehe nicht auf die Einschränkungen der Methodik ihrer Arbeit ein und die individuellen Eigenschaften des Umfeldes würden nicht berücksichtigt. Eine normative Vorstellung von einem so fundamentalen Prozess wie das Sterben sei nicht richtig. Das Phasenmodell berge die Gefahr der irrigen Annahme, es gebe ein »richtiges« Sterben.

> »Wäre dies der Fall, könnte der individuelle Sterbeprozess eines Menschen in ein Schema gepresst werden, das dem Pflegepersonal zwar eine Hilfe zu bieten mag, das den Kranken aber der Individualität seines Sterbens beraubt« (Wittkowski 1978, S. 51).

Auch wenn Elisabeth Kübler-Ross selbst darauf hinweist, dass die Phasenabfolge kein Muss und die Wahrscheinlichkeit groß ist, dass Patienten aus späteren Phasen auch wieder in frühere zurückgehen, so bleibt diese Gefahr dennoch bestehen. Der Sterbeprozess ist ein so vielfältiger und individueller Vorgang, dass ein Stufenmodell diesen nicht adäquat beschreiben könne (Corr 1993).

Eine deutliche Kritik am Phasenmodell, die dieses insgesamt in Frage stellt, formulierte der amerikanische Psychologe und Sterbensforscher Edwin S. Shneidman (1918–2009), der sich generell gegen eine Klassifizierung in Phasen wendet. Shneidman geht aufgrund seiner Erfahrungen mit Sterbenden davon aus, dass im Prozess des Sterbens das »gesamte Spektrum menschlicher Gefühle in mannigfaltigsten Anordnungen, Umordnungen und Arrangements durchlebt werden muss« (Shneidman 1984, S. 238). Dabei verdeutlicht er seinen Standpunkt am Beispiel der Verleugnung. »Aber unsere Abneigung gegen die Vorstellung einiger feststehender Sterbephasen sollte uns nicht zu dem Irrtum verleiten, die Bedeutung des psychischen Mechanismus der Verleugnung zu vernachlässigen. Verleugnung ist keine Phase des Sterbens; sie ist vielmehr ein allgegenwärtiger Aspekt des Sterbeprozesses.«

Ein letzter kritischer Punkt am Phasenmodell von Kübler-Ross sei angeführt. Das Modell scheint meines Erachtens auch deshalb zu wenig differenziert, weil es keinen Raum für die eigenen Persönlichkeitsmerkmale des jeweiligen Kranken enthält und so der Individualität des einzelnen Sterbenden wenig Rechnung trägt. Das heißt, dass persönlichkeitsspezifische Gesichtspunkte im »Phasenmodell« wenig bzw. gar keine Berücksichtigung finden.

Vorschläge zur Erweiterung des »Phasenmodells«

Der amerikanische Psychiater Avery D. Weisman (1913–2017) und der niederländische Theologe Paul Sporken (1927–1992) sind mit der Art dieser Einteilung in Phasen deshalb nicht einverstanden, weil ihnen diese zu ungenau erscheinen

(Weisman 1972; Sporken 1981a). Sporken geht davon aus, dass Patienten häufig längst von ihrem Zustand wissen, bevor ihnen die Diagnose mitgeteilt wird, z. B. an den Veränderungen im Verhalten der Umgebung. Deshalb möchte er noch vier Etappen vor die erste Phase von Kübler-Ross schalten (Sporken 1981b, S. 102):

1. Unwissenheit (nur der Arzt und einige andere wissen Bescheid)
2. Unsicherheit (stärker werdende Unruhe)
3. Unbewusste Leugnung (Widerstand gegen die deutlicher werdenden Anzeichen)
4. Entdeckung (und Besprechung der schon vermuteten Wahrheiten)

Das Konzept von Weisman erscheint noch einmal differenzierter und sollte viel mehr zur Ergänzung des Modells von Kübler-Ross herangezogen werden. An einem Beispiel ist das leicht zu verdeutlichen. Weisman versteht Verleugnung, ähnlich wie Shneidman und nicht wie Kübler-Ross, als ein Durchgangsstadium, als eine Verarbeitungsform, die im Verlauf des Sterbens immer wieder vorkommt. Er hat verschiedene Grade der Leugnung an den Inhalten festgemacht, auf die sie sich beziehen (Weisman 1972, S. 67):

- Ablehnung ersten Grades: Kranksein oder Diagnose werden verneint;
- Ablehnung zweiten Grades: Auswirkungen oder Hintergründe der Erkrankung werden verneint (z. B. eine notwendige Operation abgelehnt);
- Ablehnung dritten Grades: die Aussichtslosigkeit der Erkrankung wird verneint.

Die zum Ausdruck gebrachte Verneinung kann von Person zu Person variieren, je nachdem, wie die soziale Beziehung beschaffen ist. So kann es gegenüber dem Arzt andere Äußerungen geben als gegenüber dem Ehepartner. Die zugehörige Bewusstseinslage nennt Weisman »middle-knowledge«.

»Zwischen dem offenen Bekenntnis zum Tod und seiner völligen Ablehnung liegt ein Bereich ungewisser Gewissheit, der als Halbwissen bezeichnet wird.« (Weisman 1972, S. 65, Übersetzung des Autors).

1.4.2 Vom Hospiz zur Palliative Care

Die frühen Wurzeln der Hospizbewegung

Die Ursprünge der Hospizbewegung liegen geschichtlich betrachtet weit zurück und fußen im christlichen Gedanken der tätigen Nächstenliebe. Der Begriff Hospiz leitet sich ab vom lateinischen »hospitium«, am ehesten zu übersetzen mit Herberge und Gastfreundschaft. In Österreich und der Schweiz werden unter der Bezeichnung Hospiz noch immer Beherbergungseinrichtungen – vor allem an Alpenpässen – geführt, z. T. auch noch von Mönchen. Solche Hospize boten und bieten Reisenden Unterkunft und Schutz vor schlechtem Wetter und sie sind seit je her ein Ort der Begegnung. Später geht die Bezeichnung Hospiz auf den Begriff über, der sich zum heutigen Spital bzw. Krankenhaus gewandelt hat. Hier stand im Mittelpunkt der Gedanke, alten und kranken Menschen beizustehen und sie in einem gesicherten Rahmen zu pflegen und zu versorgen.

Bereits im frühen Mittelalter ab dem 6. Jahrhundert gibt es Klöster und Ordensgemeinschaften, die sich in Hospizen und Hospitälern um hilfsbedürftige Menschen kümmern. Diese Häuser sind häufig Stiftungen, wie das Heiligen-Geist-Hospital in Lübeck, das bereits im 13. Jahrhundert von reichen Kaufleuten errichtet wurde.

Die Idee, Häuser einzurichten, die sich im Sinne unserer heutigen Hospize als Begleitung für Menschen im Sterben verstehen, ist dagegen noch nicht alt. 1842 gründete die Französin Jeanne Garnier in León ein Haus für Sterbende. Dort sollten Menschen begleitet werden auf ihrem letzten Lebensweg. Von ihr soll auch der Begriff Hospiz zum ersten Mal gebraucht worden sein im Zusammenhang mit Sterbebegleitung.

Ähnliche Einrichtungen entstehen 1879 durch die Sisters of Charity in Dublin, 1899 in New York mit der Eröffnung des »Calvary Hospital« oder 1893 das St. Luke's Home for the Dying in London.

Die moderne Hospizbewegung entsteht deutlich später nach dem II. Weltkrieg im Rahmen einer Entwicklung, die dazu führte, dass mit den Fortschritten der Medizin sich das Sterben aus dem Familienverbund mehr und mehr in die Krankenhäuser verlagerte. Dort wurde es jedoch weniger wahrgenommen als letzte Phase des gelebten Lebens, sondern eher verstanden als Bekämpfung der Begleiterscheinungen von schweren Krankheiten, was einen tiefgreifenden Paradigmenwechsel nach sich zog. Man starb ärztlich versorgt im Krankenhaus, denn nur dort wird das dafür notwendige Behandlungsprogramm vorgehalten und nur hier können bis zuletzt alle Möglichkeiten der Lebenserhaltung ausgeschöpft werden. Zunehmend jedoch entwickelte sich gesellschaftliche Kritik, denn die Folge war häufig ein anonymes und einsames Sterben in der Institution, wenn von ihr jemand als Sterbender deklariert wurde und medizinischerseits »nichts mehr zu machen war«.

Eine neue Grundhaltung – Cicely Saunders

Das Problem bestand darin, dass die medizinische Orientierung primär kurativ ausgerichtet war und eher Lebensverlängerung im Blick hatte als Begleitung auf dem letzten Lebensweg. Auch den Wünschen nach Austausch über das gelebte Leben, nach Trauerarbeit oder seelischer Unterstützung konnte nicht entsprochen werden, weil diese Themen gar nicht im Fokus einer rein medizinischen Ausrichtung gegeben waren.

Quasi als Gegenbewegung entstand – zunächst nur ambulant ausgerichtet – eine von Bürgern getragene Initiative, in der sich Menschen freiwillig um die Belange sterbender Menschen kümmerten. Die englische Krankenschwester, Sozialarbeiterin und Ärztin Cicely Saunders (1918–2005) prägte dafür den Begriff »Hospice Care« in Anlehnung an den alten Begriff des Hospitium, wo Menschen unabhängig von Herkunft oder religiöser Zugehörigkeit Aufnahme, Zuwendung und Schutz gewährt wurde. Genau diese umfassende Zuwendung sollte im Sinne ihrer Initiative den Sterbenden entgegengebracht werden. Vor dem Hintergrund dieser Grundhaltung entstand 1967 in Sydenham/London die erste stationäre Einrichtung, das St. Christopher's Hospice. Es war komplett auf die Hilfe und das Engagement von Bürgern angewiesen. Das nationale Gesundheitssystem stellte keine finanzielle oder personelle Hilfe zur Verfügung.

Neben vielen freiwilligen ehrenamtlichen Helfern baute St. Christopher's durchaus auch auf die fachliche Kompetenz von hauptamtlichen Mitarbeitern aus den Bereichen Pflege, Seelsorge oder Sozialarbeit.

Die Säkularisierung des Todes

Die Hospizbewegung wäre ohne die gesellschaftlichen Entwicklungen und ohne die medizinischen Fortschritte nach dem II. Weltkrieg gar nicht denkbar gewesen.

Starb ein Patient oder eine Patientin, erschien das mehr oder weniger als Scheitern der medizinischen Bemühungen. Ariés spricht in diesem Zusammenhang vom »heimlichen Tod im Krankenhaus« (Ariés 1982, S. 716).

In früheren Jahrhunderten hatte der Tod einen fast selbstverständlich öffentlichen Charakter. Gestorben wurde in Anwesenheit der Familie, von Angehörigen, Nachbarn und Freunden. Im Mittelalter gab es sogar eine Zeit, in der sich viele Menschen in Sterbezimmern drängten, denn je mehr Menschen für den Sterbenden Fürbitte hielten und beteten, desto besser konnte die Seele vor Gottes Richterstuhl bestehen.

Streeck (2020) weist darauf hin, dass neben dem medizinischen Fortschritt der schwindende Zusammenhalt funktioneller Gemeinschaften und der Rückgang religiösen Glaubens dazu beitrugen, dass Tod und Sterben aus der Öffentlichkeit verschwanden und die Todkranken in den Spitälern regelrecht versteckt wurden. Während noch zu Beginn des 20. Jahrhunderts ein breites Repertoire an Ritualen und Bräuchen rund um den Tod eines Menschen zur Verfügung standen, erinnerte nun nicht einmal ein auffälliger Leichenwagen oder die Unterbrechung des Alltags an den Verstorbenen (Ariés 1982).

Ich erinnere mich, dass nach dem Tod meines Großvaters sein Leichnam im Büro seines Hauses im offenen Sarg aufgebahrt wurde, den er als Schreinermeister eigens schon Jahre zuvor für sich selbst angefertigt und gestaltet hatte. Er war flankiert rechts und links von jeweils drei Buchsbäumen und 3 Kerzenhaltern. Jeder, der zum Kondolieren ins Haus kam, konnte an seinem aufgebahrten Leichnam innehalten, während rundherum reges Leben war und die Beerdigung vorbereitet wurde. Jeden Abend traf sich die Familie am offenen Sarg zum Rosenkranzgebet. So war er auch als Toter immer noch präsent, ehe sich am Beerdigungstag die Trauergemeinde von seinem Haus aus in Bewegung setzte und dem Totenwagen durch die Straßen folgte, der von zwei schwarz bemantelten Pferden gezogen wurde. In der Kirche wurde der Sarg vor dem Altar aufgebahrt, ehe man sich nach der Messfeier zum Friedhof begab, um den Verstorbenen auf seinem letzten Weg zu begleiten.

In meiner Heimat in Westfalen gab es eine genaue Staffelung für den ersten, zweiten oder dritten Nachbarn und jeder wusste genau, was er oder sie im Falle eines Todesfalles zu tun hatte: Die Sargträger zu bestellen, der Familie beim Schreiben der Todesanzeigen zu helfen, die abendlichen Gebetsrunden vorzubereiten etc. Diese

Gewohnheiten und Rituale hatten letztlich die Funktion, in der Krise von Sterben und Tod Sicherheit, auch Handlungssicherheit zu geben. Mit dem Verschwinden dieser Traditionen haben wir genau die Hilfen für den Umgang mit diesen Lebensereignissen aus der Hand gegeben. Übriggeblieben ist häufig ein Stammeln am offenen Grab mit den Worten »Herzliches Beileid«. Einige persönliche Worte und damit die eigene Betroffenheit gegenüber den Angehörigen zum Ausdruck zu bringen, erscheint häufig schon als komplette Überforderung.

Die Selbstverständlichkeit des Umgangs mit Sterben und Tod ist in großem Umfang verloren gegangen. Man versuchte, diese verunsichernde und angsteinflößende Erlebnissphäre möglichst zu umgehen, anstatt mit ihr umzugehen. Über das Lebensende sprach man nicht mehr offen und belegte den Tod mit einem Tabu, dem »new death taboo« (O'Mahony 2016).

Durch das neue Paradigma, das auf Gesundung und Heilung ausgerichtet war und die Begrenztheit des menschlichen Lebens möglichst ausgrenzte, konnte auch mit den Patienten nicht offen über Diagnose oder Prognose gesprochen werden. So starben viele Patienten durch den distanzierten Umgang von Ärzten, Pflegenden und auch Angehörigen häufig den sozialen Tod, bevor sie wirklich gestorben waren.

Die Begründung der modernen Hospizbewegung

Eine Trendwende deutete sich allerdings bereits in den 1950er-Jahren an, als Wissenschaftler begannen, sich neben ärztlichen auch mit psychologischen und seelsorglichen Aspekten der Betreuung Sterbender zu befassen. Das zeigen zahlreiche Publikationen, die schon bald ihren Weg in angesehene Zeitschriften fanden, wie etwa das »British Medical Journal« oder »Lancet« (Stolberg 2013).

Markante Stichworte waren Lebensqualität, Lebenssinn oder auch Würde, die in die Diskussion beim Umgang mit Patienten in der letzten Lebensphase eingeführt wurden und das alleinige Paradigma einer kurativ ausgerichteten Haltung in der Medizin in Frage stellten. In diesem Sinne begann auch Cicely Saunders ihre neuen Sichtweisen mit Sterbenden einzubringen. Sie entwickelte dort ihr Konzept des totalen Schmerzes im Londoner Hospice St. Joseph's, das sie in verschiedenen wissenschaftlichen Untersuchungen voranbrachte und publizierte, ebenso wie zu einem ganzheitlichen Konzept der Sterbebegleitung, das medizinische, emotionale, soziale und spirituelle Aspekte enthielt (Trachsel 2019; Saunders et al. 1999). Nach ihrer Erfahrung komprimiert sich das Leben eines Menschen im Sterben wie unter einem Brennglas gebündelt und beinhaltet die gesamte Identität und biographische Geschichte mitsamt der Lebenserfahrung im weitesten Sinne des Wortes. Eine in dieser Hinsicht umfassende Sterbebegleitung bedeutet für Saunders, dass Menschen bewusst und gemäß ihren eigenen Wünschen weitgehend schmerzfrei ihre letzte Lebensphase menschenwürdig umsorgt, geborgen und mit einer bestmöglichen pflegerischen und (palliativ-medizinischen) Versorgung leben können.

1967 war es endlich so weit. Cicely Saunders gründete mit dem St. Christopher's Hospice eine Einrichtung, in der diese Haltung in konkretes Verhalten umgesetzt wurde (Clark 2002; Clark 2007). End of Life Care verstand sich nicht nur als Angebot für Patienten in der finalen Phase, sondern auch für Menschen mit schwerer, unheilbarer Krankheit.

Die Entwicklung der Hospizidee in Deutschland

Sterbende in speziellen Häusern bis zum Lebensende zu pflegen, stieß in Deutschland zunächst auf erhebliche Skepsis. Vor allem die Krankenhausgesellschaft, die Wohlfahrtsverbände und auch die Kirchen reagierten mit offenem Widerstand. Sie befürchteten durch die Errichtung von Einrichtungen speziell für die Betreuung Sterbender, dass diese ausgegrenzt und abgeschoben werden könnten. Möglicherweise würden diese Menschen im Rahmen der zunehmenden gesellschaftlichen Tabuisierung des Todes in eigens dafür bereitgestellte Ghettos verbracht, mit der Folge, dass sie dort den Rest von Hoffnung und Würde verlieren könnten. Unterstützt wurden solche Befürchtungen durch die Benutzung des Begriffs »Sterbekliniken«.

Eine Stellungnahme der oben genannten Verbände auf eine Anfrage des Bundesministeriums für Jugend, Familie und Gesundheit aus dem Jahr 1985 nach dem Bedarf solcher Einrichtungen nach englischem Vorbild für Deutschland wurde unisono abgelehnt (Heller und Pleschberger 2015). »Sterbende, so lauteten die Bedenken, würden in Hospize gebracht, dort schlecht versorgt und verfrüht als hoffnungslose Fälle abgeschoben« (Streeck 2020, S. 229).

Erst langsam veränderte sich das gesellschaftliche Klima. Immer öfter gab es auch öffentliche Debatten zum Thema Umgang mit Sterben und Tod. Das Unbehagen wuchs über die oft wenig menschenwürdigen Rahmenbedingungen in den Krankenhäusern, die eher auf Gesundung denn auf fürsorgliche Begleitung auf dem letzten Lebensweg ausgerichtet waren.

So entstanden in Deutschland zunächst ambulante Hospizdienste, die meist getragen wurden vom bürgerschaftlichen, ehrenamtlichen Engagement und nicht von offiziellen Organisationen und die Sterbenden und ihren Angehörigen in den eigenen vier Wänden Betreuung und Begleitung anboten.

Das christliche Grundverständnis, dass das von Ordensgemeinschaften getragene Grundverständnis moderner Hospize prägte, verlor sich allerdings mehr und mehr. Stattdessen traten Begriffe wie Lebensqualität am Lebensende, Sterben in Würde und eine Abkehr vom vorher global geltenden Paradigma der Lebensverlängerung (um jeden Preis) in den Vordergrund. Man begriff den Tod wieder als Tatsache, die es zu akzeptieren galt und nicht mehr als Versagen der Medizin (Randall und Downie 2014).

1.5 Entscheidend: Von der Haltung zum Verhalten

1.5.1 Postulate allein genügen nicht

Wenn das Postulat heißt, jeder solle seinen eigenen Tod sterben können und Sterben in Würde sei das Ziel aller Betreuung und Begleitung, so ist das zwar ein hehres Ziel. Wie sich das im Alltag realisieren lässt, bleibt jedoch häufig eher vage. Genauso, wie eine Chemotherapie für diesen speziellen Menschen vor dem Hintergrund einer für seinen Zelltyp gewonnenen Histologie zusammengestellt wird, genauso passgenau sollte seine Begleitung sein – passgenau zu dieser einzigartigen Persönlichkeit, ihrer eigenen Biographie, ihren speziellen Erfahrungen, Prägungen, Werten und Wünschen.

Dazu braucht es neben der inneren Bereitschaft, sich auf solche Begegnungen einzulassen, auch Erfahrung und Wissen im Sinne eines umfassenderen Hintergrundes, was diesen speziellen Menschen ausmacht und was er oder sie an Hilfestellung, Verständnis und Verständigung braucht. Sie sollen sich verstanden wissen vor allem auch in dem, was gefühlsmäßig in ihnen vor sich geht. Ermann et al. nennen das »Krankheit in ihrer Erlebnisdimension« (Ermann et al. 2006, S. 7). Die wird ausgelöst durch Erschütterungen und Verunsicherungen des körperlichen Zustandes, häufig auch durch den damit verbundenen Kontrollverlust und das dazugehörige innere Erleben. Zu erfahren, dass einem der eigene Körper nicht mehr gehorcht, wie man das ein Leben lang gewohnt war, die Angst, die mit dem Erleben verbunden ist, dass ich nicht mehr »Herr im eigenen Hause« bin und möglicherweise auch nie mehr sein werde, zu erleben, dass ich behandelt und gepflegt werde, dass ich abhängig und angewiesen bin, das ist eine kaum nachvollziehbare Krise und Herausforderung.

In dieser Situation wäre ein betuliches Schulterklopfen mit dem Hinweis: »Das wird schon, wir werden Sie schon wieder auf die Beine kriegen«, eine denkbar schlechte und doch häufig ausgesprochene Reaktion, die letztlich die eigene Hilflosigkeit der Helfer mehr als deutlich macht. Wenn wir in Seminaren oder bei Supervisionsveranstaltungen Gesprächsprotokolle analysieren, also die verschriftlichte Version von Gesprächen, die durch Mitarbeiter aus der eigenen Praxiserfahrung aufgeschrieben wurden und die nur suboptimal gelaufen sind, dann gibt es regelmäßig die Reaktion: Wir sehen jetzt in der Fallanalyse genau, was und an welcher Stelle in der Kommunikation falsch gelaufen ist. Aber wenn wir ehrlich sind: Solche oder ähnliche Reaktionen sind uns auch schon passiert. Im Spiegel der Fallanalysen, der Gesprächsprotokolle wird plötzlich das eigene Verhalten bewusst, das häufig weniger aus Nachlässigkeit, sondern eher aus einer gewissen Hilflosigkeit den Patienten und der speziellen Situation gegenüber zu erklären ist. Man weiß einfach nicht, was man sagen, wie man sich ausdrücken und wie man angemessen reagieren soll.

1.5.2 Wie kann das geschehen?

Wie schwierig der Umgang mit Menschen in der letzten Lebensphase sein kann, erlebte eine Krankenschwester, die von einer chirurgischen auf eine onkologische Station wechselte. Sie war immer gut angekommen, sowohl bei anderen Pflegenden als auch bei den Patientinnen und Patienten. Sie hatte langjährige Berufserfahrung, das Herz am rechten Fleck und immer einen lockeren Spruch auf den Lippen. Mit eben dieser Haltung begann sie auch in ihrem neuen Arbeitsfeld. Da sie eine erfahrene Krankenschwester war, kam auch niemand auf die Idee, sie noch einmal speziell einzuarbeiten. Sie bekam ihren Teil der Station zugeteilt und los ging's.

Von Patienten kamen erste Klagen, Rückmeldungen, die alle den gleichen Tenor hatten: Der Ton sei rau, sie zeige wenig Empathie, man fühle sich bei ihr nicht wirklich aufgehoben. Diese Rückmeldungen erreichten auch die Stationsleitung und ihre Stellvertretung, die zunächst mit ihr ein Gespräch führten, das aber keinen großen Effekt zeigte. Da die Beschwerden weiter bestanden, wurde ein weiteres Gespräch vereinbart, in dem ihr noch einmal deutlich gemacht wurde, dass sich ihr Ton mäßigen müsse und sie sich mehr Zurückhaltung auferlegen solle. Außerdem wurde ihr nahegelegt, sich bei mir um eine Supervision zu bemühen.

In unserem ersten Kontakt zeigte sie sich ziemlich verunsichert, irritiert, ja regelrecht zerknirscht. So etwas war ihr in ihrer langen Berufstätigkeit noch nie attestiert worden. Sie zweifelte plötzlich an ihrer Kompetenz und überlegte, ob sie wirklich noch richtig sei in ihrem Beruf, den sie doch immer mit Herzblut gelebt hatte.

Sie erzählte zunächst von ihren Erfahrungen auf der früheren Station und mit welcher Begeisterung sie ihren Beruf ausgeübt hatte: »Natürlich habe ich auch mal einen flotten Spruch rausgehauen, aber das ist in der Chirurgie immer gut angekommen. Da hat sich nie jemand beschwert, ganz im Gegenteil. Und da habe ich auch das Krankenhaus immer mit einem guten Gefühl verlassen und nie über bestimmte Situationen nachgegrübelt.« »Und wie ist das jetzt bei ihnen?«, habe ich sie gefragt. Es entstand eine kurze Pause und dann traten ihr Tränen in die Augen. »Ganz oft nehme ich bestimmte Patienten mit nach Hause und manche Gespräche werde ich einfach nicht los. Das belastet mich total. So etwas habe ich früher nie erlebt. Wenn ich nach Hause ging, war die Arbeit abgehakt.«

In diesem Augenblick wurde ihr bewusst, dass sie in der neuen Situation und auf der neuen Station ganz selbstverständlich mit ihren alten Reaktionsmustern weitergemacht hatte. Sie war damit immer gut gefahren und kam gut damit an. Auf der onkologischen Station begegnete sie aber ganz anderen Patienten mit völlig unterschiedlichen Krankheitsbildern. Hier wirkte ihr Ton offenbar häufig unpassend, einfach zu »flapsig«. Und was in den folgenden Gesprächen immer deutlicher wurde: Der raue Ton hatte offensichtlich die Funktion, sie selbst zu schützen. Das Schicksal einzelner Patienten, ihr oft »erbärmlicher körperlicher Zustand,« ihre »Leidensgeschichte« kamen ihr so nahe und gingen ihr so unter die Haut, dass sie damit nur schlecht zurechtkam. Das verunsicherte sie und machte ihr buchstäblich Angst. So wurde ihr bewusst, dass der raue Ton nicht nur die Fortführung eines altbekannten Verhaltensmusters war, sondern auch die Funktion hatte, sich bestimmte Erfahrungen und Begegnungen innerlich auf Distanz zu halten. Sie bemerkte in der Reflektion ihrer neu gemachten Erfahrungen, dass es der Versuch war, die eigene Verunsicherung in Grenzen zu halten und sich »irgendwie zu retten«. Sie konnte in der nachgehenden Reflektion erkennen, dass es ihre »Strategie« war, die innere Unsicherheit zu überspielen, womit es ihr gleichwohl nicht gut ging. Es war offenbar keine optimale Bewältigungsstrategie, die eigene Balance aufrecht zu halten und »irgendwie mit der neuen Herausforderung klarzukommen«.

Diese »Selbsterkenntnis« erleichterte sie eher, als dass sie sie belastete. Endlich war es mal heraus, was sie in all den Wochen beschäftigt und belastet hatte. Diese Selbsterkenntnis wirkte buchstäblich befreiend. »Aber jetzt brauche ich auch noch etwas Hilfe dafür, wie ich mich angemessener verhalten und was ich in bestimmten brisanten Situationen sagen kann, ohne auszuweichen, ohne zu banalisieren oder zu bagatellisieren.« Damit war der Weg frei für einen Lernprozess, der die Möglichkeit beinhalten würde, die neuen Rahmenbedingungen realistisch wahrzunehmen und diesen das eigene Verhalten in angemessener Weise anzupassen. Erst das Bewusstwerden des inneren Konfliktes bot die Möglichkeit, die unbewussten Abwehrstrategien zu durchschauen und dann auch zu einem veränderten Verhalten zu kommen. Erst diese bewusste Erkenntnis bot die Möglichkeit, zu einer neuen Haltung und zu verändertem Verhalten zu kommen mit einem Benefit für sie selbst, aber eben auch für die Patientinnen und Patienten, denen sie begegnet.

Als ich sie einige Monate später noch einmal ausdrücklich auf dieses Thema ansprach und sie fragte, wie es ihr gehe, antwortete sie ausgesprochen deutlich mit: »Gut«. »Meine Beschäftigung mit diesem Thema hat viel in mir in Gang gebracht. Mir geht es wirklich gut. Ich bin viel dankbarer geworden für alles, was es an Positivem gibt in meinem Leben. Ich nehme es weniger selbstverständlich.

Und ich bin wesentlich sensibler geworden den Patienten gegenüber. Aber das gilt auch für meine Kolleginnen und Kollegen. Meine Wahrnehmung hat sich verbessert. Ich kann anders zuhören und schaue auch genauer hin. Ich nehme auch nicht mehr so viel mit nach Hause wie am Anfang. Ich trenne besser zwischen meiner Arbeit und meinem Privatleben. Das tut mir gut. Ich habe durch den Kontakt mit den Patientinnen und Patienten viel gelernt über mich und über das Leben. Und wie gesagt: Ich bin sehr dankbar dafür.«

Um das Erleben und die Bewältigungsanstrengungen betroffener Menschen angemessen darzustellen, um zu zeigen, wie unterschiedlich und individuell sich letzte Lebenswege gestalten, werden im nächsten Kapitel ausgewählte Beispiele mit unterschiedlichen Problemkonstellationen und Verläufen berichtet.

2 Sterben – das Erleben der Betroffenen

2.1 Was bedeutet Sterben?

2.1.1 Sterben als ganzheitliches Geschehen

Dank der fortschreitenden Erkenntnisse und Erfolge der Medizin wächst die Gruppe der Patienten, die nicht eigentlich als »Sterbende« im Sinne der vorliegenden Definition anzusehen sind, sondern sich eher im Vorfeld des Sterbeprozesses befinden. Dies sind zum Beispiel Patienten, bei denen der Ausgang intensivmedizinischer Maßnahmen ungewiss ist. Es sind auch Menschen mit chronischen kardiologischen oder chronisch-progredienten Erkrankungen wie etwa Leukämie, Lymphogranulomatose (Lymphdrüsenkrebs) oder anderen onkologischen Erkrankungen. Früher wären solche Patienten relativ schnell gestorben. Heute ist es möglich, den Krankheitsverlauf so zu verlangsamen, dass der Tod unter Umständen erst sehr viel später eintritt. Während dieser Zeit stehen die Patienten jedoch – unbewusst oder mehrheitlich auch bewusst – unter der schweren inneren Konfrontation mit ihrer Krankheit, die möglicherweise oder auch gewiss zum Tode führt. Diese »Zwischenzustände« – Leben, das noch erhalten wird, und der Tod, der jederzeit eintreten kann – gibt es heute durch entsprechende medizinische Behandlungsmöglichkeiten immer häufiger. Dass solche »Zwischenräume« mit einem Höchstmaß an seelischer Belastung verbunden sind, dürfte unmittelbar einsichtig sein; am ehesten können sie mit dem Begriff »Dauerkrise« bezeichnet werden.

2.1.2 Sterben im persönlichen Erleben

Der Anruf kam mittags. »Wenn es geht, kommen Sie bitte bald auf die Station. Wir haben einen Patienten, der eben eine heftige Diagnose mitgeteilt bekommen hat.« Ich klopfe an seinem Zimmer. Er liegt angezogen auf seinem Bett. »Sollen wir uns vielleicht in die Besucherecke setzen, da sind wir ungestört?« Als wir uns gegenübersitzen, schaut er mich mit großen Augen eindringlich an. »Mögen Sie mir vielleicht berichten, was Sie eben erfahren haben?«

»Gestern um diese Zeit hatte ich Gastritis, jetzt habe ich ein Gallengangskarzinom mit Lebermetastasen.« Danach war Stille. »Und das bedeutet für Sie?« Er erzählt dann von seinen noch jungen Zwillingen, von seiner Frau, seiner beruflichen Tätigkeit, … Er ist einer, der mit beiden Beinen auf dem Boden steht und das Herz am rechten Fleck hat. Und er ist ebenso einer, der – wie ich im Laufe der kommenden Wochen erlebe – keinen Hehl aus dem machen wird, was er innerlich erlebt und der auch den Mut aufbringen wird, all das öffentlich zu machen: Auf Facebook und in regelmäßigen Kolumnen in der Tageszeitungzeitung »Der Patriot.«

Er beschreibt schonungslos, was er durchmacht, was ihn umtreibt, körperlich und emotional. Unter den Artikeln steht jeweils sein Bild und daneben als Text: »Mit diesem Tagebuch möchte B.G. (49) Mut machen für mehr Offenheit im Umgang mit den Tabuthemen Krebs und Tod.« Ende Juni ereilte ihn die Diagnose Gallengangskrebs. Heilungschance: 0,0 %. Lebenserwartung: 6–9 Monate. Warum er trotzdem weiterkämpft, schreibt er für den Patriot fortlaufend in loser Reihenfolge unter dem Titel »Trotz. Todesangst«. Einzelne Abschnitte aus diesen Kolumnen werden im Folgenden mit Datum zitiert.

Die Tragweite dessen, was Sterben für einen Menschen bedeutet, können Außenstehende und Nichtbetroffene kaum nachvollziehen. Trotzdem muss dies bewusst gemacht werden, damit die, die als Begleitende mit Sterbenden zu tun haben, wenigstens eine annähernde Vorstellung von dem bekommen, womit der oder die Betreffende sich auseinandersetzen muss, was ihm/ihr nicht nur an körperlichen, sondern auch an seelischen Herausforderungen zugemutet wird. Es geht darum, Verständnis für die tiefgreifenden Veränderungen zu wecken, die ein Schwerstkranker zu bewältigen hat und damit das Verständnis für Menschen, die ihr Sterben buchstäblich »hautnah« und am »eigenen Leibe« erleben.

19. August

Ich persönlich denke, dass es fast unmöglich ist, sich in meine Lage zu versetzen, wenn man gesund ist und das Leben noch vor sich hat. Was ich an erster Stelle empfinde, ist Trauer. Das ist so eine tiefgehende und allumfassende Traurigkeit. Weil ich täglich damit konfrontiert werde, was alles so »zum letzten Mal« geschieht. Wen ich zum »letzten Mal« sehe und spreche. Es macht mich so traurig, wenn es kein »im nächsten Jahr« und kein »das mache ich irgendwann mal in ein paar Monaten« mehr gibt für mich. Der letzte Urlaub, der letzte Wunsch oder einmal noch in der Adria planschen. Da zeigt sich täglich nichts anderes als Verlust. Mir schmeckt kein Bier mehr, mein Leibgericht kriege ich nicht durch den Hals und ein Spaziergang wird schnell zur Qual. Dinge, die ich bereits jetzt schon verloren habe, offenbaren sich Tag für Tag. Der Verlust von Ressourcen tut weh. Ich laufe anders, gebückter. Wie ein gebrochener Mann, sagt meine Frau. Die ganze Körperhaltung hat sich verändert und man beginnt mir die Krankheit anzusehen. Meine Nieren arbeiten nicht mehr so, wie sie sollen und so reiht sich ein neues unschönes Phänomen an das nächste. Das macht mich sehr traurig und bei allem Kampfeswillen gegen den Krebs kann ich nicht aus meiner Haut. Ein wenig resignativ ist das durchaus. Ich kämpfe gegen diese tiefe Form der Depression an und will mich dieser Traurigkeit nicht beugen. Das gelingt mir oft, aber nicht immer, leider.

Die Tiefenpsychologie weist darauf hin, dass früheste Erfahrungen des Menschen Erfahrungen mit seinem Leib sind (zum Beispiel Hunger und Durst, Wärme und Kälte). Über lange Jahre bleibt das Selbstbewusstsein des Kindes an seine leibliche

Identität gebunden. Aber auch für den erwachsenen oder älteren Menschen bleibt es eine große Herausforderung, wenn sein »Körperschema«, das innere Bild seiner selbst, bedroht ist oder zerstört wird, das heißt, wenn er die ursprüngliche Gewissheit verliert, mit den körperlichen Vorgängen eins zu sein beziehungsweise sie steuern oder beeinflussen zu können.

26. August

Die Ärzte teilen mir mit, dass ich schnell meine Sachen regeln soll, da ich nur noch wenig Zeit habe und bald sterben werde. Das muss ich alles erst einmal verdauen. Das geht so schnell auf einmal, ich komme da kaum mit. Ich habe mich entschlossen, meinen Weg in Würde zu Ende zu gehen und es dem Gevatter nicht leicht zu machen. Ich fürchte, mehr bleibt mir nicht mehr zu tun.

Durch solche Veränderungen ist aber nicht nur die körperliche, sondern in der Folge ebenso die personale und die soziale Identität des kranken Menschen in Frage gestellt. Von all dem, was er war oder was er hatte, woran sein Herz hing, davon muss er nun Abschied nehmen. Dass dies tiefgreifende innere Erschütterungen auslöst, ist unmittelbar einsichtig und gipfelt häufig in den Fragen nach dem Sinn des noch verbleibenden Lebens: Wer bin ich noch, wenn ich das alles nicht mehr kann, wenn mir so viel, fast alles aus den Händen gleitet? Eine riesige Kränkung für das eigene Selbstwertgefühl!

26. August

Neulich bekam ich Post von der Behindertenstelle des Kreises. Darin teilte man mir in bürokratischem Deutsch mit, dass ich aufgrund meiner Erkrankung einen Grad der Behinderung von 100 habe. Das war für mich ein fürchterlicher Moment. Vorneweg stellte sich mir die Frage, welche Behinderung ich denn so habe. Die Antwort ist klar: Der nahende und unabwendbare Tod ist meine Behinderung. Und das Schreiben teilt mir mit, dass ich sozusagen ausgemustert bin. Abgeschrieben. Kein voll verpflichtetes Mitglied der Gesellschaft mehr. [...] Daran kann und will ich mich nicht gewöhnen. 100 Punkte bedeutet, dass es schlimmer kaum geht. Das ist ein Gefühl, als würde einem Wochen nach der Gerichtsverhandlung das Urteil schriftlich zugestellt, in meinem Fall das Todesurteil. Mit dem Vermerk »unbefristet«. Wäre dem mal so. Irgendwie habe ich es durch dieses amtliche Schreiben erst zur Gänze realisiert. Realisiert, dass ich sterben werde und die Gesellschaft bereits begonnen hat, mich abzuwickeln, meine Existenz von der der Gesunden zu entkoppeln. Mich hat das leider in ein seelisches Tief befördert und ich knabbere ganz heftig dran. Das hat auch mit Würde zu tun. Bis vor anderthalb Jahren war ich gesund, keine Symptome, voll einsatzbereit, geradezu unkaputtbar. Nie krank, der Traum aller Arbeitgeber. [...] Und nun teilt mir die Gesellschaft, deren Teil ich ja auch bin, mit, dass ich raus bin aus dem Geschäft.

2.1.3 Schwerwiegende Anpassungsleistungen

Üblicherweise sind wir gewohnt, »Herr im eigenen Hause zu sein« und wir entscheiden, was wir tun oder auch lassen. Wir sind gewohnt, aktiv zu sein, etwas zu unternehmen. Stehen wir noch im Arbeitsprozess, gibt es allein von daher klare Vorgaben und eine gewohnte Struktur. Auch wenn man nicht mehr im aktiven Arbeitsleben steht, bleiben wir doch tätig, vom Einkaufen bis hin zu sportlichen Aktivitäten, wir treffen Freunde oder gehen auf Reisen.

Die Mitteilung einer infausten Diagnose ändert daran viel, möglicherweise alles.

> »Mit der Wahrnehmung des nahenden Todes wird die Alltagsroutine unterbrochen. Das vertraute Lebensmittel Aktivität und Handlungsfähigkeit funktioniert zwar noch eine Weile. Es werden unterschiedliche Ärzte konsultiert, die Möglichkeit alternativer Therapien ausgelotet, an der persönlichen Chance zur Heilung oder zu mindestens Besserung festgehalten. […] Zu irgendeinem Zeitpunkt aber wird deutlich: Das Sterben hat begonnen. Der Tod ist unausweichlich geworden. Alles Tun bringt nicht weiter« (Riedel 2017, S. 20).

28. Oktober

Verlust. In aller erster Linie sind es Verluste, die meinen Weg als Sterbenskranker kennzeichnen. Ich mag gar nicht beginnen, sie aufzuzählen. Als mir der Arzt die Diagnose gab und ich auf dem Weg nach Hause war, verlor ich als erstes meine Fassung. Ich weiß noch, wie ich wie ein Irrer immer wieder gegen das Lenkrad schlug, aus vollem Halse »Scheiße, Scheiße« brüllend. Als Nächstes ging dann meine Souveränität dahin, als ich allen nahestehenden Personen zu erklären hatte, dass ich bald sterben müsse und mein Krebs unheilbar und denkbar aggressiv ist. Der Mythos vom »unkaputtbaren Macher« verlor sich auf gleiche Weise. Schon in der Krankenhauslobby legte ich das Amt des normalen Menschen ab und es wurde ersetzt um den Status »Krebspatient«. Ich verlor meine berufliche Zukunft mit der sehr raschen Bekanntgabe meines Schwerbehindertengrades von 100. […] Körperlich baute ich täglich mehr und mehr ab und ich musste diesem Verfall tatenlos mit ansehen. Je länger ich mit der Krankheit lebte, umso mehr schrumpfte meine Zukunft, minderte sich die Zeit, in der ich noch leben würde. Etliche Pläne und Wünsche wanderten auf den Müll … zu wenig Zeit. Mehr und mehr verlor ich Teile meiner Würde, die Gesellschaft schien mich abzuschreiben. Freunde meldeten sich, wenn überhaupt, dann seltener. Offenbar wussten sie mit mir nicht mehr umzugehen. […]

Die zunehmend reduzierten Kräfte im Fortgang des Krankheitsprozesses erfordern mehr Pausen. Bestimmte Aktivitäten müssen aufgegeben werden. Häufig wird der Rollator, dann der Rollstuhl zum ständigen Begleiter, bis man es am Ende kaum oder gar nicht mehr aus dem Bett schafft. Der Lebenskreis schränkt sich zunehmend ein, die Möglichkeit, sich abzulenken, etwas zu er-leben, also in dieser Hinsicht mitten im Leben zu stehen, wird zunehmend durch die Rolle der Hilflosigkeit abgelöst. Diese Veränderung des Lebensrahmens, diese Einschränkung der Teilhabe am Leben, geht natürlich an der Persönlichkeit nicht spurlos vorüber. Auch das Erleben von Kraftlosigkeit und körperlicher Erschöpfung bleiben nicht unbemerkt.

Da wir gewohnt sind, dass unsere »Wertigkeit« mit Tätig-sein und Aktivität verbunden ist, führt diese Erfahrung notwendigerweise zu einer tiefgreifenden Selbstwertkrise: Wer bin ich noch, wenn ich kaum noch etwas tun und bewirken kann?

Vielleicht habe ich ein Leben lang für andere gesorgt, für die Familie, die Kinder, den Ehemann oder die Ehefrau ... All das geht plötzlich nicht mehr. Damit gerät eine das ganze Leben eingependelte innere Balance aus dem Gleichgewicht. In diesem Sinne ist zweifellos nachvollziehbar, dass es eben nicht nur um ein medizinisches Krankheitsgeschehen geht, sondern um ein Vielfaches mehr. Der Sterbeprozess wird nicht selten noch einmal zu einer echten »Lebenskrise« und damit zu einer heftigen persönlichen Herausforderung.

Eine Patientin, die den nahenden Tod sehr bewusst wahrgenommen hatte und sich ihm auch persönlich stellen wollte, drückte das mir gegenüber so aus: »Ich sehe meine Aufgabe nun darin, mit mir Frieden zu schließen und mich mit mir auszusöhnen.« Sie meinte damit ihre Aufgabe, in einer Art Lebensbilanz das eigene Leben noch einmal abzurunden und sich dann von ihm zu verabschieden. Darin versuchte sie, ihr Leben, als das es sich ihr darstellte, annehmen zu können und dann im inneren Frieden mit sich aus dieser Welt und aus ihrem gelebten Leben gehen zu können.

Das bedeutet, ihr Leben als Ganzes zu über-schauen, die gelebten Anteile durchaus im Sinne dieser Bilanz noch einmal zu bewerten mit den gelungenen und auch den fehlerhaften Anteilen, mit dem, was sie schuldig geblieben ist, aber auch, worin sie erfolgreich und zufrieden war. Und es beinhaltet ebenso den Aspekt, in die – vermutlich kurze – Zukunft zu schauen, wenn sie jetzt entlassen wird aus dem Krankenhaus nach zufriedenstellender Schmerzeinstellung: Was ist an Leben in der verbleibenden Zeit noch möglich? »Insgesamt ist es ein letzter Versuch, über das nun endende Leben als Ganzes Klarheit zu gewinnen. In diesem Punkt wird die Würde des Sterbenden auch die Würde der Wahrhaftigkeit einschließen.« (Bieri 2013, S. 349).

2.1.4 Abschiednehmen aus dem aktiven Leben

Christoph Riedel macht in diesem Zusammenhang auf einen Aspekt aufmerksam, den ich im Rahmen dieses Abschiednehmens aus dem aktiven Leben sehr hilfreich finde und der eine Ahnung davon gibt, wie dieser Bewältigungsprozess, unterschiedlich erfolgreich, verlaufen kann – warum häufig Hilfestellung von außen sinnvoll und notwendig ist.

Riedel berichtet von einem Hospizgast, der die zunehmende Abhängigkeit von den Pflegenden beklagte. Er beschreibt seinen Zustand mit dem Begriff der »Hilflosigkeit«, der ihm innerlich schwer zu schaffen macht im Sinne von: Das ist doch kein Leben mehr – ich bin für alle nur noch eine Last, nutzlos eben. Hier wird ein Perspektivwechsel von außen vorgeschlagen, indem das Wort »hilflos« durch »hilfsbedürftig« ersetzt wird, was einen erheblichen Unterschied macht.

»Wie wäre es, wenn er selbst den Bedarf von Hilfe als ein wahrhaftiges Bedürfnis versteht? Als etwas, das er sich gönnt, um die letzte Zeit des Lebens erleichtert, unterstützt und geborgen verbringen zu können? Und ist es so selbstverständlich, dass er diese Zeit an einem Ort lebt, an dem die Menschen liebevolles Verständnis für seine Bedürfnisse, eben auch seine Hilfsbedürftigkeit haben?« (Riedel 2017, S. 27).

Dieser Perspektivwechsel, wenn er denn gelingt, macht einen erheblichen Unterschied in der Selbstwahrnehmung: Von »ich bin nutzlos und nur noch eine Last« zu »ich kann und darf die Hilfe annehmen derer ich in meiner jetzigen Situation bedarf«.

Den entscheidenden Unterschied macht der Schritt von der Selbst-Entwertung zur Selbst-Akzeptanz und zur Annahme der eigenen Hilfsbedürftigkeit. Das Problem dabei war, dass der Patient seine aktuelle Lage nicht mehr in Verbindung bringen konnte mit dem Bild, das er von sich hatte: Nur in der Aktivität bin ich wertvoll!

In dem Sinne ist er dann nicht mehr hilf-los, weil ihm die Hilfe, die er braucht, gewährt und bereitgestellt wird. Die wiederum annehmen zu können, verändert seine innere Situation und die Selbstakzeptanz grundlegend und ermöglicht, seine aktuelle Lage ohne Groll annehmen zu können.

Diese Anpassungsleistung ist einer der wesentlichen Bausteine auf dem Weg zu einem ausgesöhnten Sterben oder wie die Patientin das ausgedrückt hat, die Aufgabe, »mit mir Frieden zu schließen«.

Das Leben mutet uns immer und immer wieder zu, uns an veränderte Rahmenbedingungen anzupassen, so auch hier: Wobei dies vielleicht die größte Herausforderung ist, die von uns als einzelnem Menschen verlangt wird: Die Unausweichlichkeit des Endes unserer irdischen Existenz zu akzeptieren und das Sterben als Weg daraufhin mit all seinen Facetten zu akzeptieren. Wobei das fast immer mit einem erheblichen Kontrollverlust verbunden ist. Die Erschütterung der eigenen Existenz trifft uns auch deshalb so heftig, weil im Rahmen der Krankheit unser »Körperschema« bedroht ist und damit das vertraute, innere Bild von uns selbst.

Vor allem dann, wenn Patienten von einem Tag auf den anderen aus ihrer vertrauten Lebenswirklichkeit herausgerissen werden, erlebe ich regelmäßig, dass sie diese Erkrankung gar nicht mit ihrem bisher gängigen Lebensgefühl in Verbindung bringen können. Das darf jetzt nicht wahr sein! Ich war doch immer fit, habe mich gesund und »tat-kräftig« gefühlt, sagen mir auch ältere Patienten. Und nun soll von einem Tag auf den anderen alles anders sein? Das kann doch nicht wahr sein!

Die ursprüngliche Gewissheit, die uns Sicherheit gibt und selbstverständlich ist: mit den leiblichen Vorgängen eins zu sein, sie steuern und beeinflussen zu können, wird untergraben oder ganz zerstört. Eine Neuausrichtung der Identität wird notwendig, wenn ich plötzlich vom Aktiven, Selbstbestimmten zum »Patienten« werde, aus dem Griechischen übersetzt: zum »Leidenden«. Der Verlust des bisher Gewohnten und Selbstverständlichen muss bewältigt und betrauert werden. Je größer die Ich-Stärke eines Menschen, je stabiler er im Psychischen ist, desto eher wird ihm das möglich sein. Trotzdem werden die Wenigsten es ohne ein verlässliches »Hilfs-Ich« schaffen, Menschen eben, die da sind und die Trauer und Klage über den Verlust ernst nehmen, mit aushalten und seelische Stütze und Stabilität bieten.

28. Oktober

Je deutlicher sich die Krankheit äußerte, umso unsouveräner wurde ich. Körperliche Defizite forderten ihren Tribut und zwangen mich in eine deutlich langsamere Gangart. Und wenn man nicht mal mehr alleine pinkeln kann und fünf Schritte zur Qual werden, dann schlägt das mächtig auf das Gemüt. Einsehen zu müssen, dass ich vieles einfach nicht mehr kann und auf Hilfe angewiesen bin, ist für mich bitter. Natürlich habe ich Hilfe und nutze sie auch. Aber das geht oft nur, indem ich meine Scham ablege. Selbstständige Entscheidungen werden seltener, denn vieles bedarf der Unterstützung von anderen. Dann merke ich die Abhängigkeit von anderen. [...] Der Verlust der Souveränität wiegt für mich am Schwersten. Deswegen ringe ich um jede Ressource. Und deswegen trage ich im engeren Kreis der Menschen um mich herum den Titel »oller Sturkopp.« Wohl zu Recht.

Das ist das Ziel aller Bemühungen um die Sterbenden: Dass sie die letzte Phase des Lebens nicht nur im »Defizitmodus« (Riedel) erleben und aus der Spirale der Selbstentwertung herausfinden, die nicht selten mit Gefühlen von Depression, innerem Rückzug, Antriebslosigkeit, quälenden Selbstvorwürfen oder aggressiven, nicht selten auch autoaggressiven Impulsen verbunden ist. Genau diese innere Einstellungsänderung ist eine wichtige Voraussetzung für ein friedvolles Sterben und einen guten, würdevollen Tod.

2.1.5 Erkenntnisse der Humanwissenschaften

Die sozialen Beziehungen und Befindlichkeiten beruhen auf einer Reihe vorbewusster kognitiver Konstruktionen, die aber für den schwerkranken Patienten nicht mehr gegeben sind. Er wird zunehmend von der Teilhabe an der Alltagswelt ausgeschlossen, und auch die Selbstverständlichkeit, mit der der Mensch Zukunft voraussetzt (bspw. »bis nächste Woche« als Abschiedsgruß), besteht für ihn nicht mehr. Dass tiefgreifende innere Spannungen und nicht selten auch affektive Reaktionen auf diese Verunsicherung folgen, ist nicht pathologisch, sondern zunächst völlig normal. Deshalb sind Halt gebende Bindungen als Gegengewicht zu den geschilderten Irritationen so grundlegend wichtig.

22. November

Um ehrlich zu sein, mir geht langsam die Puste aus. Die ewigen Probleme mit den künstlichen Ausgängen, die ewigen Schmerzen in unterschiedlichster Intensität und die Pumpen, die ich permanent mit mir herumschleppen muss. Mahlzeiten gibt es kaum noch, einige kleine Portionen heruntergewürgt, alles schmeckt gleich. Meistens zu salzig. Die künstliche Ernährung hemmt auch gleichzeitig den natürlichen Appetit und vom genussvollen Essen wie einst wird nie wieder die Rede sein. Die Nächte sind oft unterbrochen von Phasen klarster Wachheit, die ich dann aussitze, um irgendwann wieder einzuschlafen. Dann schleicht sich ein ums andere Mal die Frage in den Sinn, warum ich das alles durchstehe und durchlebe Tag für Tag. Denn am Ende steht nicht die Genesung und die Rückkehr ins normale Leben, sondern schlicht und ergreifend der Tod.

2.1.6 Sterben im Krankenhaus

Wir sehen uns heute mit einer Entwicklung innerhalb der Medizin konfrontiert, die bereits Anfang des 19. Jahrhunderts ihren Ausgangspunkt nahm und mit deren Folgewirkungen wir uns zunehmend auseinanderzusetzen haben. Das Krankenhaus ist ausgerichtet auf die Wiederherstellung von Gesundheit. Den Bedürfnissen von Sterbenden und deren Angehörigen fühlt es sich üblicherweise weniger verpflichtet.

Auch heute sehen wir grundsätzlich eher in der vertrauten Umgebung zu Hause den geeigneten Ort des Sterbens. Die meisten Menschen haben den Wunsch, hier zu sterben. Realistischerweise wird man aber zugestehen müssen, dass Sterbende häufig einer so intensiven Pflege und einer so aufwändigen fachgerechten Behandlung bedürfen wie oben angedeutet, dass eine Verlegung – häufig immer wieder – in ein Krankenhaus unausweichlich wird. Ehrlicherweise müssen wir uns aber heute wieder nach den Prioritäten fragen lassen: Ob wir nicht des »Guten« zu viel tun, wenn wir eine optimale medizinische Versorgung primär an die erste Stelle der Rangskala für Schwerkranke und Sterbende setzen.

Die Erschütterungen seelischer Art sind für die unmittelbar Betroffenen enorm groß. So ist die Forderung zu verstehen, die psychosozialen und vor allem auch die psychologischen Gegebenheiten, mehr als dies bisher der Fall ist, nicht nur im organisatorischen Rahmen des Krankenhauses, sondern bereits grundsätzlicher in das bestehende Bild von Medizin zu integrieren. Das dargestellte Defizit ist primär darauf zurückzuführen, dass der heutigen klinischen Medizin in zu ausschließlicher, oft geradezu dogmatischer Weise die naturwissenschaftliche Betrachtungsweise zugrunde liegt. Solange in der Medizin einseitig nur diese Sicht zur Anwendung kommt, das wissenschaftliche Bild vom Menschen konsequenterweise nur ein Biologisches sein kann, solange müssen psychologische oder auch soziologische Gesichtspunkte aus der Praxis der wissenschaftlichen Medizin ausgeklammert bleiben. Das jedoch reicht in der Behandlung und Begleitung onkologischer, vor allem aber terminal erkrankter Patienten bei weitem nicht aus. Hier bedarf es auch einer veränderten Rolle des Arztes, die den »interpersonalen Anteil« mit integriert.

> »Die Erweiterung der Informationsgewinnung um die psychosoziale Dimension, d. h. die individuellen Kontextfaktoren und das emotionale Erleben des Patienten vor dem Hintergrund seiner biographischen Prägungen, verändern auch die Rolle des distanzierten Beobachters: Affektive Faktoren nehmen Einfluss auf die Beziehung, subjektives Erleben ist in das ärztliche Rollenverhalten zu integrieren – und idealerweise für Diagnostik und Therapie zu nutzen. Dieser »patientenzentrierte« Ansatz führt im Vergleich zum »krankheitszentrierten« des bio-medizinischen Modells auch zu einer erheblichen Verringerung der Asymetrie in der Arzt-Patienten-Beziehung« (Egle et al. 2020, S. 44).

Oft genug sind es auf der anderen Seite die Angehörigen, die aus lauter Sorge, es könnte nicht alles für den Patienten getan werden, den Verbleib im Krankenhaus wünschen. Nicht selten sind es eigene Ängste, überfordert zu sein und nicht mit den

Problemen zu Hause fertig zu werden. Dann stimmen Angehörige erleichtert dem Verbleib im Krankenhaus zu und nehmen dafür nicht selten eine Art Isolierung der Sterbenden in der Klinik in Kauf: Die Isolierung, wenn jemand zu einem Sterbenden erklärt wird und zugleich nicht weniger der Verlust der vertrauten Umgebung gegenüber dem vertrauten häuslichen Umgang mit den nahestehenden Menschen. Neben der Angst vor Schmerzen dürfte dies für Sterbende das Schlimmste sein: die Sorge vor Einsamkeit und Isolierung. Die Patienten sind jedoch gerade jetzt darauf angewiesen, Gemeinschaft zu erfahren, um dem Sterben und der drohenden Auflösung der eigenen Existenz etwas entgegensetzen zu können. Vielleicht ist dies eine der schwierigsten Herausforderungen im Sterben: von der tragenden Nähe der Menschen, die ihn begleiten, zunehmend Abschied zu nehmen und einen Weg zu gehen, auf dem ihn letztlich niemand mehr begleiten kann.

22. November

Nur manchmal, wenn diese Depression kommt, der ich nichts entgegenzusetzen habe, dann wünsche ich mir nur, dass es aufhört. Dass endlich Ruhe einkehrt. [...] Aber ich kann die Welt nicht abschalten, sie dreht sich weiter und überhaupt geht alles seinen normalen Gang. Die Welt schert sich nicht um mich Sterbenden. Sie hakt mich ab. Behindertengrad 100, Pflegegrad 4 und gute Reise.

Dieser Zusammenhang von erlebter Ausgrenzung ist allerdings nicht der einzige Grund für die innere Kränkung. Ein weiterer Gesichtspunkt spielt sicher eine ebenso große Rolle: Hoher emotionaler Stress entsteht für alle Beteiligten dadurch, dass jedes Sterben und jeder Sterbende eine Kränkung bedeutet für den eigenen Anspruch, auch den Anspruch der Medizin, den Patienten zu helfen, beziehungsweise das Leiden zu heilen. Das Sterben eines Menschen jedoch konfrontiert alle Beteiligten mit der Vergeblichkeit ihrer Bemühungen. Wenn diese Ohnmachtserfahrungen nicht akzeptiert und bewältigt werden, ist die Gefahr zum inneren Rückzug sehr wahrscheinlich.

So besteht leicht die Gefahr einer »Manipulierung« aus Absicherungszwecken – mit welchen Mitteln auch immer. Dies ist der Punkt, an dem die gesamte Sterbebegleitung am meisten krankt: Dass sich viele Bezugspersonen des Sterbenden, sowohl aus dem professionellen als auch aus dem privaten Bereich, *aus Angst absichern oder innerlich zurückziehen*, wie unser Patient es erfahren hat. Persönlich erlebte, authentische Nähe dagegen ist das, was in dieser Lage hilfreich und notwendig ist, im wahrsten Sinne des Wortes Not-wendend wirken kann.

22. November

Was bleibt sind die, die mir ganz nahe sind. Meine Frau, die Tag und Nacht bei mir ist, selbst im Krankenhaus als Begleitperson an meiner Seite ist. Einige Freunde, die sporadisch nach mir fragen. Die meisten setzen nur noch ein »Like« unter meine Facebook Beiträge. Und so geht alles seinen Gang. Da gibt es kein Kämpfen und Hoffen mehr, wie noch am Anfang. Jetzt geht es nur noch darum, das alles, so gut es geht, zu überstehen, bis es endlich vorbei ist und der Tod mich holt. Danach wird sich die Welt weiterdrehen und alles wird seinen Gang gehen, so wie es immer war. Trotzdem halte ich noch dagegen. Ich gebe nicht ganz auf und lege mich hin, um auf den Tod zu warten.

2.1.7 Authentische Nähe hilft

Gerade in der vielleicht größten Krise des Lebens im Sterben, wo nicht nur die äußere, sondern auch die innere Existenz sich aufzulösen und zusammenzubrechen droht, ist umso mehr die Nähe aus tragfähigen, menschlichen Beziehungen vonnöten. Ein Sterben, zu dem man reif wird, ist abhängig von der Anwesenheit anderer: Denn es ist die Erfahrung der absoluten Verlassenheit, die alles Sterben zu dem furchtbaren Vorgang macht, schreibt der Schweizer Theologe R. Leuenberger.

> »Wir vermögen dagegen nichts zu tun außer dem Einen, dass wir im Leben einander die Liebe bezeugen. die den anderen begleitet bis an den Rand des Dunkels heran« (Leuenberger 1971, S. 133).

Diese »Liebe« im Sinne von persönlich erlebter Zuwendung und Fürsorge zu ermöglichen und weiterzugeben, erfahrbar werden zu lassen in der personalen Begegnung, darin liegt letztlich der Auftrag im Kontakt mit Sterbenden. Diese Verheißung kann nur zu einer Hoffnung werden, wenn die Nähe von Menschen spürbar und erlebbar wird. Dann ist sie nicht eine banale Vertröstung, sondern Trost, der leben hilft in der letzten Phase. Die »Liebe« zu leben im Angesicht des Todes, das ist ein großes Wort, das sich in der Banalität des alltäglichen Umgangs bewähren muss. Konkret heißt das zum Beispiel: Hingehen und Kontakt halten. Wie groß ist oft die Schwellenangst! Was erwartet uns, welche Gerüche, welcher Blick, welche Hoffnungslosigkeit? Was soll man sagen? ... Und dann lassen wir es oft lieber bleiben. Der Andere bleibt allein und die Angst bestimmt das Verhalten. Nicht selten befördert die Angst der Beteiligten die sowieso schon große Angst der betroffenen Patienten. Sie spüren mehr unbewusst, häufig aber auch ganz bewusst, was um sie herum erlebt und gefühlt wird.

2.1.8 Das Ende

30. Dezember

Ich bin nun tot. Jetzt, da Sie diese Zeilen lesen, liegt mein erkalteter und lebloser Körper in einer Holzkiste, vermutlich in der Totenhalle des Friedhofs ... Bald wird die Beerdigung sein. Ich weiß nicht genau, wann es passiert ist, und wie es war. Gestorben bin ich an einem Gallengangkarzinom, so wie es in meinem Totenschein steht. Mein Leben ist zu Ende, mein Geist hat den Körper verlassen, B.G. gibt es hier nicht mehr. [...]

Ihr müsst noch da unten bleiben, bei den Menschen und ihren lächerlichen Problemen. Ihr müsst noch diese Spielchen spielen, arbeiten gehen und euch über die Fehler anderer unterhalten und die bewerten. Ihr müsst noch eure Zeit verplempern, aus dem Fenster werfen, sie verschleudern. Ihr müsst euch nach wie vor ganz wichtig nehmen und das allen zeigen. Leider verletzt ihr auch und lasst euch verletzen, obwohl es dazu nicht den geringsten Grund gibt, genauso wenig wie es Gründe für Neid und Missgunst, Raffsucht und falschen Ehrgeiz gibt. Nase rümpfen über andere Menschen, andere Kulturen und Ansichten nicht [zu] vergessen. Gehört scheinbar bei euch Lebenden dazu, ich erinnere mich. Und vergesst nicht, anderen so oft es geht eure Meinung aufzuzwingen. Das schadet denen zwar, macht euch aber ein scheinbar gutes, allerdings falsches Gefühl. Wegsehen und sich nicht um die Belange anderer scheren ist ja auch gute Sitte bei den Lebenden. Meckern statt ändern. Aufgeben statt durchhalten, reden statt machen, Unfairness und Standesdünkel. Die größte Katastrophe ist der Kratzer im Lack eures Autos oder die Fünf eurer Kinder in Mathe. Wenn ich jetzt so darüber nachdenke, bin ich froh, hier zu sein. Hier darf ich nämlich zu hundert Prozent so sein, wie ich bin und wie ich sein will. Das Wort »MUSS« gibt es hier nicht. Viel Freude, Liebe und Glück für euch da unten.

Euer B. G.

Für manche mögen diese letzten Sätze, die er vor seinem Tod geschrieben hat, sarkastisch oder bitter klingen, als würde er auf uns spöttisch herabschauen, die »hier unten weiterleben müssen«. Aber letztlich sind sie doch so etwas wie ein Impuls von einem, der natürlich viel zu früh gehen und sich buchstäblich durchkämpfen musste durch einen Weg, der ihm nicht nur viel, sondern alles abverlangt hat, körperlich und emotional.

Dadurch hat er uns viele Erfahrungen voraus, manches erlebt, daraus »gelernt«, und gibt uns Lebenden noch so etwas wie einen Weckruf mit auf den Weg: Nutzt die Zeit, die ihr habt und vergeudet sie nicht mit Banalitäten, wie einer Aufregung über einen Kratzer am Auto oder einer Fünf eurer Kinder in Mathematik! Schaut auf das, was wirklich zählt! Werdet zu dem, was und wer ihr im Innersten seid und unterscheidet endlich das Wichtige vom Unwichtigen!

Das, was letztlich zählt, sind die Beziehungen, die Bindungen, die Liebe der Menschen, die uns wichtig sind. Dahinein investiert, aber nicht in die nutzlosen Nichtigkeiten!

Gleichzeitig ist es zweifellos auch ein Weckruf an uns, die in der Begleitung von Schwerkranken und Sterbenden arbeiten – genau das erlebbar und spürbar zu machen: Du darfst der sein, auch im Sterben, der du bist. Wir nehmen dich als diese einmalige Persönlichkeit, auch mit Ecken und Kanten. Das nicht nur zu deklamieren, sondern im Kontakt Wirklichkeit werden zu lassen, das ist unsere Aufgabe.

Genau das ist es auch, was eine junge Frau, die sich in einer ähnlichen Situation befindet, für sich erbittet, fast eindringlich flehend einfordert. Sie ist selbst Krankenschwester und in der Pflegeausbildung tätig. Sie hat eine Krebsbehandlung hinter sich und muss mit einer schlechten Prognose leben. Sie spürt förmlich die Angst ihrer Kolleginnen, die sie pflegerisch perfekt versorgen, aber wann immer es geht, nach einer Tätigkeit schnellstens aus dem Zimmer flüchten. Deren Angst verstärkt die eigene. Die Folge ist: Sie bleibt allein mit allem, was sie umtreibt und innerlich beschäftigt. Sie stirbt quasi den sozialen, lange vor dem eigentlichen Tod.

Einfach grausam! Genau das müssen wir vermeiden und mit unseren kommunikativen Möglichkeiten in der Begleitung verhindern.

2.1.9 Tod in der ersten Person

Ich bin eine Lehrschwester. Ich sterbe. Ich schreibe dies für Euch, die Ihr Schwestern seid oder werdet, in der Hoffnung, dass dadurch, dass ich meine Gefühle mit Euch teile, Ihr eines Tages besser befähigt seid, jenen zu helfen, die in derselben Situation sind wie ich. Ich bin jetzt aus dem Krankenhaus heraus – vielleicht für einen Monat, für sechs Monate, vielleicht für ein Jahr. Aber niemand mag über solche Sachen sprechen. Tatsächlich mag niemand überhaupt viel reden. Die Pflege durch die Schwestern soll rasch vonstattengehen, aber ich wünschte, es ginge noch viel schneller. Man hat uns beigebracht, in dieser Situation nicht oberflächlich fröhlich zu sein, die Routine des »Alles-in-Ordnung« zu vermeiden, und wir schaffen das auch sehr schön. Aber nun steht man verlassen in einer einsamen, schweigenden Leere. Wenn das fürsorgliche »gut, gut« vorbei ist, bleibt dem Pflegestab nur die eigene Verletzlichkeit und Furcht. Im sterbenden Patienten wird nicht mehr eine Person gesehen, und daher kann mit ihm auch keine Kommunikation aufgenommen werden. Er ist ein Symbol für das, was jeder Mensch fürchtet und von dem jeder weiß, zumindest akademisch, dass er es eines Tages erfahren wird. Was hat man bei der Ausbildung in Krankenpflege nicht alles über das Zusammentreffen von Gemütsbewegungen zum Schaden von Patienten und Schwester erzählt! Und viel wurde davon geredet, dass man die eigenen Empfindungen kennen müsse, bevor man einem anderen bei den seinen helfen könne.

Wie wahr! Aber für mich gilt, heute habe ich Furcht und jetzt muss ich sterben. Ihr betretet mein Zimmer und verlasst es wieder, gebt mir Medikamente und prüft meinen Blutdruck. Liegt es daran, dass ich selbst eine Lehrschwester bin oder einfach nur ein Mensch, dass ich Eure Furcht empfinde? Und Eure Furcht beflügelt meine eigene. Warum habt Ihr Angst? Ich bin es doch, die stirbt!

Ich weiß, Ihr fühlt Euch unsicher. Ihr wisst nicht, was Ihr sagen oder was Ihr tun sollt. Aber glaubt mir bitte, wenn Ihr Euch sorgt, dann könnt Ihr gar keinen Fehler machen. Gebt einfach zu, dass Ihr Euch Sorgen macht. Das ist es in Wirklichkeit, wonach wir suchen. Es mag sein, dass wir Fragen stellen nach dem Warum und Wozu, aber wir erwarten nicht eigentlich Antwort. Lauft nicht weg, wartet! Alles, was ich wissen will, ist, dass da jemand sein wird, um meine Hand zu halten, wenn ich das nötig habe. Ich habe Angst. Der Tod mag für Euch eine Routine werden, aber er ist neu für mich. Vielleicht seht Ihr in mir nichts Einzigartiges, aber ich bin noch nie zuvor gestorben. Für mich ist einmal ziemlich einzigartig! – Ihr flüstert über meine Jugend, aber wenn jemand stirbt, ist er dann wirklich noch so jung? Ich habe eine Fülle von Dingen, über die ich gerne reden würde. Es würde wirklich nicht viel von Eurer Zeit beanspruchen, denn Ihr seid ohnehin oft in meinem Zimmer.

Wenn wir nur ehrlich sein könnten, wenn wir nur beide unsere Angst zugeben und einander berühren könnten. Wenn Ihr Euch wirklich Sorgen macht, würdet Ihr dann wirklich so viel von Eurer wertvollen Professionalität verlieren, wenn Ihr sogar mit mir weintet? Einfach von Person zu Person? Vielleicht wäre es dann nicht so hart zu sterben – in einem Krankenhaus mit Menschen zur Seite.

2.2 So ereignet sich Sterben

Die wesentlichen Aspekte dieses Kapitels lauten: Wie erleben Menschen ihre Situationen am Lebensende, wie gehen sie mit ihnen um und wie werden solche letzten Lebensphasen bewältigt und bestanden? Am Anfang soll die Realität des Sterbens anhand einiger konkreter Beispiele aus dem alltäglichen Erleben in einer Klinik dargestellt werden, an denen nicht nur deutlich wird, wie unterschiedlich Menschen ihr Leben beenden. An ihnen kann auch gezeigt werden, dass Sterben immer sowohl mit der Situation (äußere Umgebung, familiärer Hintergrund, Auswirkungen der Erkrankung) als auch mit der betroffenen Person selbst zu tun hat. Erst wenn beide Komponenten angemessen berücksichtigt werden, vor allem auch in ihrem Zusammenspiel, wird man zu einer angemessenen Einschätzung dessen kommen, was Sterben im Erleben des Einzelnen bedeutet, was es ist als prozesshaftes Geschehen. Das darf freilich nicht zu einer vordergründigen Vereinfachung führen, wie sie immer wieder vertreten wird, z. B. in Phasenmodellen, wie das von Kübler-Ross.

> »So wertvoll solche kondensierten klinischen Beobachtungen sein können, so bergen sie doch die Gefahr in sich, von Patienten solche Entwicklungen (in der entsprechenden Reihenfolge) zu erwarten. Erwartungen solcher regelhaften Abläufe können jedoch einem Menschen kaum gerecht werden, da wir in einer Sterbesituation, mehr noch als sonst, versuchen müssen, ihn in seinen Entwicklungen zu begleiten und Kontakt auf der Ebene der tatsächlichen, u. U. wechselnden Verarbeitungsbemühungen und emotionalen Zustände zu halten« (Muthny 2001, S. 172).

2.2.1 Ich habe Nebel im Kopf

Frau B. hatte vor drei Jahren ein Ovarial-Karzinom, das operiert und mit Chemotherapie behandelt werden musste. Jetzt wurde sie mit Dyspnoe und Unterbauchbeschwerden eingeliefert. Sie hatte ausgeprägten Aszites, Flüssigkeitsansammlungen im Bauchbereich, der mehrmals punktiert wurde, um sie von dem Druck zu entlasten. Aber die Flüssigkeit lief immer wieder nach.

Frau B. ist eine ausgesprochen sympathische und gepflegte Dame von 74 Jahren. Unsere Gespräche drehten sich hauptsächlich um ihren Gesundheitszustand und die jeweiligen Beschwerden. Sie erzählte jedoch auch von ihrer Familie, ihrem fürsorglichen Mann, der liebevollen Tochter und den geliebten Enkelkindern, zu denen sie eine innige Verbindung pflegt.

Dieser Besuch aber ist anders. Ich sitze am Bett ihrer Nachbarin. Als ich aufstehen will, verabschiedet sich gerade auch ihre Familie. Dann zu mir gewandt:

»Können Sie bitte noch einmal zu mir kommen?« Die Zeit hatte ich noch.
»Ich weiß gar nicht, wie ich beginnen soll. Ich habe Nebel im Kopf.«
»Der Nebel, Frau B., hat doch sicher einen Grund?«
»Er hat mir gesagt, dass mir nicht mehr zu helfen ist. Dass die Chemo keinen Sinn mehr macht.«
»Wie genau hat er (der Chefarzt) es denn formuliert?«
»Dass es sich allenfalls noch um kurze Zeit verschieben lässt, aber dass der Krebs nicht mehr zu bremsen ist.«
Tiefgründiges Schweigen bei weiterhin intensivem Augenkontakt.
»Außerdem würde mein Körper das nicht mehr verkraften.«
»Das heißt, die Chemo würde Ihre Lebensqualität massiv einschränken, ohne Ihnen noch wirklich helfen zu können?«
»Genauso ist das. Und dann macht eine solche Therapie wohl nach seiner Einschätzung keinen Sinn mehr. Weil sie mehr schaden als nützen würde. Ich weiß ja, was auf mich zukommt. Ich habe das ja schließlich auch schon damals nach der Operation durchgemacht.«
»Und wenn Sie dann nur noch überleben, aber eigentlich kein Leben mehr haben, dann macht eine weitere Behandlung wohl keinen Sinn mehr ...« (nachdenklich) ...
»Ja, so ist das wohl.« Dann plötzlich sehr pointiert: »Herr Doktor, warum muss es ausgerechnet mich treffen? Ich habe immer gesund gelebt, habe regelmäßig Sport getrieben, mich gesund ernährt, nicht geraucht ...?«
Ich erkläre ihr, dass die Gefahr für eine Krebserkrankung mit zunehmendem Alter steigt und sie sicherlich nicht »ausgesucht« wurde für diese Erkrankung.
»Aber vielleicht verbirgt sich hinter Ihrer Frage ja etwas ganz anderes?«
Sie sieht mich fast ein bisschen verschmitzt an, als fühle sie sich ertappt und antwortet: »Sie liegen schon ganz richtig. Ich möchte noch nicht gehen!« Und bei diesen Worten laufen ihr Tränen über die Wangen.
»Wir haben ein so gutes Familienleben, ich habe so einen tollen Mann, eine so liebevolle Tochter. Und ich möchte doch sehen, wie es weitergeht mit meinen Enkelkindern.«
Jetzt ist es endlich heraus. Genau darauf bezog sich ihre anfängliche Frage und dabei ging es nicht um Sport, Ernährung und Rauchen, sondern um die Tatsache: Wenn nicht mehr weiter aktiv behandelt wird, ist meine Zeit auf dieser Welt wohl mehr als begrenzt. Das bedeutet dann eben auch, dass ich mich von meinen Lieben werde verabschieden müssen.
Das ist es eigentlich immer wieder, worum sich am Ende alles dreht: Ich muss loslassen, hergeben, der schmerzlichen Tatsache ins Auge sehen, dass mein Leben zu Ende geht und damit der Kontakt zu den mir lieb gewordenen Menschen ...
»Frau B., das ist wohl so, das ist die Wahrheit hinter allem: Je intensiver die Bindung an meine Lieben, umso schmerzlicher fällt der Abschied und die Trennung.«
»Wissen Sie: Das macht mir echt zu schaffen – das ist mir schon richtig auf den Magen geschlagen ...« Wieder Stille. Sie schaut vor sich hin, als müsse sie das erst einmal sacken lassen, um mich dann wieder anzuschauen mit den Worten: »Soll ich denen das sagen?«

»Wenn Ihre Beziehung so ist, wie Sie mir erzählt haben, wenn Sie schon immer alles miteinander besprochen und geteilt haben, dann müssen Sie ihnen das wohl mitteilen. Sonst könnte Ihre Familie Sie gar nicht angemessen begleiten. Sie wüsste gar nicht, was Sie im Innersten beschäftigt. Die Wahrheit wäre dann wie ein Tabu, das zwischen Ihnen steht. Und außerdem muss Ihre Familie ja von der anderen Seite her genauso mit der neuen Tatsache leben und sich auseinandersetzen. Auch die müssen sich innerlich einstellen auf das, was kommen wird.«

Nach einer kurzen Pause, sehr fest: »Ja! Sie haben Recht. Das muss ich tun, auch wenn es mir so unendlich schwerfällt. Ich möchte sie so gerne schützen, aber das ist gerade jetzt wohl keine gute Idee.«

Dann schaut sie mich an und sagt: »Danke, dass Sie da waren. Das war ganz wichtig für mich. Das muss ich jetzt erst einmal sacken lassen …«

»Nehmen Sie sich ausreichend Zeit dafür. Das geht nicht so nebenbei. Dazu geht es um viel zu viel … Danke für Ihr Vertrauen und auf Wiedersehen.«

2.2.2 Ich sterbe

Nach der stationären Entlassung waren Frau B. einige Tage in der häuslichen Umgebung vergönnt. Wegen der Verschlechterung des Allgemeinzustandes und massiver Brechattacken, die auch schon auf minimale Nahrungsaufnahme folgten, wurde Frau B. wieder stationär aufgenommen. Die Nasensonde wurde nicht gut toleriert, so dass ein chirurgischer Eingriff zum Ablauf der Magenflüssigkeit geplant wurde.

Noch am Vortag wirkte die Patientin regelrecht »aufgeräumt«, war guter Dinge und sehr hoffnungsvoll. Am Tag danach jedoch wirkte sie erschöpft und mitgenommen, körperlich ebenso wie stimmungsmäßig. Darauf angesprochen antwortete sie: »Das sind die Nachwehen der Narkose und der Operation.«

Die Realität stellte sich allerdings anders dar: Der Chefarzt der Chirurgie war zweimal bei ihr: Am Abend der OP und am Morgen darauf und hatte ihr alles detailliert erklärt. Sie hatten nichts mehr für sie tun können. Der ganze Bauch war eine einzige Tumormasse, so dass auch keine Ablaufsonde gelegt werden konnte. Aber die Verschlechterung ihres Zustandes war nur »die Folge von Narkose und Operation«. Das blieb so noch zwei weitere Tage.

Dann, freitagsmorgens, hatte die Oberärztin den Ehemann bestellt. Sie wollte mit ihm und ihr das weitere Vorgehen besprechen.

»Wann kann ich denn wieder ein Steak essen, Frau Doktor?« begann sie das Gespräch.

»Frau B., Sie werden gar kein Steak mehr essen können.«

»Nie wieder?«

»Nein, leider, nie wieder.« Danach Schweigen.

»Aber ich muss doch wieder zu Kräften kommen.«

»Frau B., sie merken vermutlich selbst, dass Sie schwächer werden und Ihr Körper kaum mehr Kraft hat.« Wieder Schweigen …

»Ja, Sie haben Recht, das merke ich deutlich. Aber kann ich nicht wenigstens diese großen weißen Beutel bekommen?« (Smofkabiven, Ernährungssonde)

»Wenn Sie das möchten, können wir das natürlich versuchen. Und jetzt würde ich gerne das weitere Vorgehen mit Ihnen besprechen, wie wir uns im Falle des Falles verhalten sollen.«

»Ist es denn schon so weit?«

»Frau B., keiner von uns weiß, wieviel Zeit Ihnen noch bleibt. Aber wir müssen wissen, was Sie möchten – ob Sie z. B. reanimiert werden möchten. Das müssen die Schwestern wissen und wir Ärzte natürlich auch.« Wieder kurzes Schweigen und dann klar und deutlich:

»Reanimiert werden möchte ich auf keinen Fall.«

Von da an gab sie klar und deutlich ihren Willen kund, als die Oberärztin den Bogen mit ihr durchging und zum Schluss den DNR-Button in die Kurve klebte (keine Reanimation).

Kurz danach betrat ich ihr Zimmer. Sie lag erschöpft und mit halbgeschlossenen Augen in ihrem Bett. Auf meine Frage, ob ich mich zu ihr setzen könne, kam ein klares, deutliches »Ja«.

Auf meine Frage: »Wie fühlen Sie sich, Frau B.?« richtete sie sich auf, schaute mich an und antwortete mit fester Stimme:

»Ich sterbe!«

Darauf folgte eine längere Pause, weil mich ihre Antwort sehr überraschend traf. Das hatte ich nicht erwartet. So klar und schnörkellos dieses »Ich sterbe. Ich weiß nur noch nicht wann.«

»Frau B., damit haben Sie mich jetzt sehr überrascht. Bisher hatten Sie immer erklärt, wie wichtig es Ihnen sei, noch Zeit zu haben, um bei Ihrer Familie zu bleiben, bei Ihrem Mann, Ihrer Tochter und dass Ihnen so viel daran liegt, die Enkelkinder zu begleiten.«

»Aber jetzt ist es anders.«

»Sie spüren, dass Sie keine Kraft mehr haben, die Sie, wie sonst immer, aktivieren könnten. Sie spüren, mein Körper gibt das nicht mehr her?«

»Ich habe immer gekämpft und ich wusste auch wofür …, aber das geht jetzt so nicht mehr.«

»Sie sind müde und erschöpft?«

»Ja, genau …. einfach nur noch erschöpft.«

Sie schließt die Augen und ich sitze eine ganze Zeit still an ihrem Bett. Es ist keineswegs eine peinliche Stille. Im Gegenteil. Es ist eine Stille, die gefüllt ist mit dem neuen Erleben, mit der Wahrheit, die jetzt sein durfte, die ausgedrückt und benannt werden konnte nach einer so langen Zeit des Kämpfens und des Widerstandes. Jetzt war es heraus! Sie musste nicht mehr dagegen angehen. Es war wie eine Erlösung. Es war plötzlich ein entspanntes Schweigen.

Die Wahrheit durfte sein, ohne dass sie verdrängt, vermieden oder tabuisiert werden musste. Jetzt trat Ruhe ein, eine fast entspannte Gelassenheit.

Dann – nach einer Weile – habe ich mich verabschiedet. Sie brauchte jetzt Zeit für sich und ich brauchte sie auch. Es war fast atemberaubend, wie sie sich nach einer so langen Zeit des Hoffens und Kämpfens aussöhnen konnte mit der Wahrheit über ihren Zustand: »Ja, so ist es und jetzt darf es auch so sein.«

2.2.3 Sie sah erbärmlich aus, als sie in die Notaufnahme kam

Eine Kollegin hatte sie ins Krankenhaus gefahren, nachdem sie morgens fast zusammengebrochen war. Sie hatte ein Mamma-Karzinom, das, wie der diensthabende Gynäkologe sagte, aussah wie ein Blumenkohl: »So etwas habe ich noch nie in meiner Praxis gesehen.«

Die ersten Kontakte mit ihr gestalteten sich eher schwierig. Sie sprach zurückhaltend, der Blick ging fortwährend zum Boden. Sie antwortete leise, mit großen Pausen dazwischen. Sie hatte offenbar Angst vor uns, Angst, dass wir sie verurteilen würden, weil sie in einem so grauslichen Zustand ins Krankenhaus gekommen war. Sie wirkte wie ein scheues Reh. Erst langsam konnte sie sich öffnen, verstanden wir die Hintergründe dieses dramatischen Zustandes.

Ursprünglich kam sie aus Polen, allein, weil sie sich getrennt hatte, geflohen war aus einer pathologischen Beziehung. Erst später kam ihre 18-jährige Tochter dazu. Sie arbeitete in der Altenhilfe. Als sie den Knoten in der Brust entdeckte, machte der ihr furchtbare Angst. Sie wollte nicht, dass jemand Kenntnis davon bekam. Schon gar nicht sollte ihr Arbeitgeber davon erfahren. Sie fürchtete, im Krankheitsfall gekündigt zu werden. Das hätte – so ihre Vorstellung – eine dramatische Kettenreaktion nach sich gezogen: Kündigung, kein Geld mehr für den Lebensunterhalt, daraufhin auch der Verlust der Wohnung, die sie nicht mehr bezahlen könnte. Sie und ihre Tochter würden auf der Straße stehen.

Deshalb musste sie weitermachen, jeden Morgen mit dem Fahrrad mehrere Kilometer zur Arbeit fahren bei Wind und Wetter, im Sommer und im Winter.

Natürlich hatte sie das Tumorwachstum gesehen und gespürt, aber die Angst vor dem Zusammenbruch war stärker als alles andere. So machte sie weiter, biss die Zähne zusammen, wurde schwächer, aber machte trotzdem weiter, bis zu dem Morgen, als nichts mehr ging und eine Kollegin sie in die Notaufnahme bringen musste.

Erst langsam konnte sie sich öffnen, erzählte sie von ihrer Angst, die sich bis zur Panik gesteigert hatte. Irgendwann schien der Befund so massiv zu sein, dass sie sich auch nicht mehr traute, damit zum Arzt zu gehen. Erst langsam konnte sie uns berichten von der Angst, den furchtbaren Schmerzen und der Aussichtslosigkeit, weil der Tumor schon in die Thoraxwand eingewachsen war.

Sie konnte uns zunehmend teilhaben lassen an der inneren Dramatik, die die Katastrophenfantasien in ihr ausgelöst hatten. Doch nun folgte weder – wie befürchtet – eine Verurteilung ihrer Person und ihres Verhaltens, noch brach ihre ganze Lebensführung zusammen, weil ihr nicht gekündigt wurde und auch das Krankengeld reichte, die laufenden Kosten zu decken.

Danach aber meldete sich massive Todesangst, nachdem sie mit dem katastrophalen Befund konfrontiert werden musste. Die Chemotherapie hatte sie sehr geschwächt, aber tapfer wie sie war, hielt sie durch. Schlimmer als vorher konnte es ja gar nicht mehr kommen. Langsam fasste sie wieder Mut in der Hoffnung, dass ihr doch noch einmal geholfen werden könne.

Dann aber kam doch der Tag der Wahrheit. Bei der Visite eröffnete ihr der Chefarzt, dass er die Chemotherapie absetzen müsse. Die Werte seien so schlecht, ihr Allgemeinzustand so heruntergefahren, dass er die bittere Konsequenz mitteilte:

»Wenn wir weitermachen mit der Chemo, werden sie daran sterben. Deshalb können wir sie nicht mehr fortsetzen.«

Ich wurde gebeten, zu ihr zu gehen, um die bittere Realität mit ihr zu teilen und sie nicht allein zu lassen mit dieser niederschmetternden Nachricht. Sie weinte bitterlich, denn sie hatte verstanden, was das für sie bedeutete.

Aber zwei Tage später kam sie mit einer neuen Version: »Ich gehe jetzt erst einmal nach Hause, um mich etwas zu erholen. Und wenn ich nicht mehr ganz so geschwächt bin, ist vielleicht doch noch die eine oder andere Chemotherapie möglich. Ich gebe noch nicht auf!«

Wieder die so oft erlebte gefühlsmäßige Ambivalenz: Es gibt keine Perspektive mehr, aber vielleicht gibt es ja doch noch die Wende zum Besseren. In diesem Falle hatte die verzweifelte Hoffnung einen sehr nachvollziehbaren Hintergrund: Das Schicksal ihrer Tochter, um die sie sich Sorgen machte. »Allein und auf sich gestellt ist sie überfordert. Das wird sie nicht schaffen.« Eine weiterführende Schule wollte sie nicht, Bewerbungen auf Praktikumsstellen wurden entweder gar nicht beantwortet oder negativ beschieden. Und dann meldete sich ein Hotel und wollte ihr eine Chance geben. Aber nach drei Tagen wurde sie wieder nach Hause geschickt. »Was soll nur aus ihr werden. Ich mache mir solche Sorgen!«

Die Zeit im Krankenhaus ging zu Ende. Die Kollegin vom Sozialdienst hatte sich um alle notwendigen Details gekümmert, damit sie mit Hilfe eines Pflegedienstes zu Hause einigermaßen zurechtkommen würde.

Und dann kamen diese Bilder: Bilder einer überglücklichen Patientin (▶ Abb. 2.1 und ▶ Abb. 2.2). Ihr war ein Lebenstraum erfüllt worden. »Ich war noch nie am Meer – da wollte ich doch immer einmal hin – aber bisher hat sich das einfach nicht ergeben …« Gesagt, getan. Unsere onkologische Fachschwester hatte sich kundig gemacht und eine Organisation gefunden, die sich zur Aufgabe machte, todkranken Patienten einen letzten Wunsch zu erfüllen. Eine völlig begeisterte Frau K. schickte mir diese Bilder aufs Handy. Sie war an die See gefahren worden in einem Krankenwagen mit Team und mit allem bestückt, was sie brauchte, z. B. mit Sauerstoff und einem Rollstuhl, mit dem sie an den Strand gefahren wurde. Und dann diese zutiefst glücklich machende Erfahrung: Mit den Füßen im Wasser – das Meer nicht nur sehen, sondern spüren und das mit allen Sinnen.

Einige Zeit später dann musste sie wieder aufgenommen werden: Verschlechterung des Allgemeinzustandes. Aber die alte Hoffnung beflügelte sie immer noch. Sie mochte noch so erbärmlich dran sein, mitgenommen und ausgezehrt in ihren Kissen liegen: Die Hoffnung auf ein Wunder, dass es doch noch einmal eine Wende geben könnte, wollte sie jedoch immer noch nicht aufgeben. »Was nur wird aus meiner Tochter?«

Und manchmal zeigten sich Tränen, indem sie ihren Weg zurückverfolgte: »Wenn ich damals gewusst hätte, was ich heute weiß, dass alles gar nicht so schrecklich enden würde, wie ich es befürchtet habe, wenn ich gewusst hätte, dass ich Hilfe bekommen kann sozial und medizinisch, wenn ich dann eher zum Arzt gegangen wäre, dann hätte doch alles gar nicht so schlimm kommen müssen. Ich wollte die Katastrophe abwenden und bin genau dadurch mitten in sie hineingeraten. Ich hätte es in der Hand gehabt, für einen anderen Verlauf …« Und wieder weinte sie bitterlich.

Abb. 2.1: Frau K. – endlich am Meer (Foto: privat)

Abb. 2.2: Frau K. und das hilfreiche Team (Foto: privat)

Am Tag darauf wurde sie nach Hause entlassen. Das war ihr sehnlicher Wunsch, nach so langen Wochen im Krankenhaus. Sie war sicher, dass sie das schaffen könnte, mit Hilfe eines Pflegedienstes, der zwei Mal kam am Tag, und einer Fachschwester, die ihr jeden Abend die Ernährung anschloss.

Mich beschäftigte weiter der Gedanke, wie es ihr wohl ginge zu Hause, mit ihrer Tochter an ihrer Seite. Also machte ich einen Hausbesuch, auf gut Glück, ohne große Anmeldung.

Die Tochter öffnete mir die Tür und führte mich in ihr Schlafzimmer. Der Fernseher lief. Sie begrüßte mich sehr freudig, aber ich merkte bald, wie sehr sie unser Gespräch anstrengte. Immer wieder musste sie aussetzen, ohne den Satz zu Ende zu bringen. Immer wieder rang sie nach Luft. Zwischendurch haben wir auch einfach geschwiegen, um ihr Zeit zu geben, sich etwas zu erholen. Trotz allem war die alte Vertrautheit da, auch im Schweigen.

Als die Tochter mich hinausbegleitete, bat sie mich im Flur um ein kurzes Gespräch, in dem die ganze Verzweiflung und Hoffnungslosigkeit sowie die Überforderung dieser jungen Frau spürbar waren. »Wenn es gar nicht mehr geht, hat ihre Mutter jederzeit ihren Platz bei uns,« habe ich ihr erwidert.

Das hatten wir ihr auch schon bei der Verlegung nach Hause mit auf den Weg gegeben. Aber genau das wollte sie um alles in der Welt vermeiden. »Wenn ich noch einmal zurückkomme hierher, wird es zum Sterben sein« und das wollte sie wegen ihrer Tochter um alles in der Welt vermeiden. Genauso kam es dann jedoch. Wegen massiver Luftnot wurde sie wenige Tage nach meinem Hausbesuch abends um 20.00 Uhr zu uns ins Krankenhaus eingeliefert. Zwei Stunden später ist sie dort gestorben. Ihr Gefühl hatte sie nicht getrogen.

Eine echte Tragik ... diese noch junge Frau mit 46 Jahren, für die es realistischer Weise keine Hoffnung mehr gab. Und wieder einmal blieb mir und uns als Begleitern auf ihrem schweren Weg nichts anderes, als diese bittere Wahrheit mit auszuhalten und diese Ohnmacht mittragen zu helfen. Wenigstens darin sollte sie erfahren, dass sie auch in dieser tragischen Realität nicht allein war. Das war in diesem Fall buchstäblich das Letzte, was wir für sie tun konnten: An ihrer Seite zu sein.

Mit Aushalten, was nicht mehr zu ändern ist ... Auch das meint im doppelten Sinne des Wortes »Begleitung auf dem letzten Weg«.

2.2.4 Das kann doch nicht wahr sein

Vor fünf Jahren musste Frau M. eine Brustamputation vornehmen lassen. Zwischenzeitlich ging es ihr recht gut; auch eine Chemotherapie hat sie relativ gut überstanden. Sie ging davon aus, dass sie es geschafft hatte, wie sie sagte, dass sie über den Berg war. Etwas eher als vereinbart kam sie zum Nachsorgetermin. Sie verspürte starke Atembeschwerden, die sie mit einer Grippe in Zusammenhang brachte. Montags war sie gekommen, und man behielt sie gleich da. Dienstags wurde ihr mitgeteilt, dass die Lunge so sehr von Metastasen befallen und in Mitleidenschaft gezogen sei, dass man ihr nicht mehr helfen könne. Daraufhin ließ mich Frau M. am Mittwochnachmittag durch eine Schwester rufen.

Als ich das Zimmer betrete, beginnt Frau M. heftig zu weinen. Ich sage zunächst nichts, sondern bleibe einfach bei ihr sitzen. bis sie sich ein wenig beruhigt hat und erzählen kann, was passiert ist. Sie empfindet alles wie einen Schock: »Das kann doch nicht wahr sein!« Die Nachricht kam zu plötzlich und zu überraschend. Sie weiß noch gar nicht, wie sie sich darauf einstellen soll. Sie empfindet ihre Situation als ungerecht, als Zumutung: Sie hat doch ein ganz normales Leben geführt, sie hat sich nichts zuschulden kommen lassen! Ich ermutige sie, all das zu äußern, was sie gerade als ungerecht empfindet, was sie einfach nicht verstehen kann. Dann wechselt sie von ihrem aggressiven Impuls zu einem sehr schuldhaften Gefühl: »Wie werde ich oben wohl ankommen, kann ich vor dem Herrgott bestehen? Wird Gott nicht fragen: ›Was ist mit deinen beiden Söhnen?‹« – »Und was werden Sie dann antworten?« – »Ich habe es so gut gemacht, wie ich konnte. Ich habe ihnen das mitgegeben, was meine Überzeugung ist, aber seit zwei Jahren gehen die beiden nicht mehr regelmäßig mit in die Kirche, der Ältere ist 23, der Zweite 21 Jahre alt.«

Ich kann sie ein wenig entlasten mit dem Hinweis, dass die Kinder ein Recht auf ihr eigenes Leben haben und dass die Ablösung von den Eltern oft auch über dieses Thema abgehandelt wird.

Dies war eine Phase fast gelöster Unterhaltung, in deren Verlauf sie viel erzählte von ihrer Kindheit, ihren Mühen mit der eigenen Kindererziehung. Als dieser Teil durch eine Pause beendet wird, sage ich meinen Eindruck: »Ich glaube, Sie sind schon dabei, Bilanz zu ziehen.« Sie nickt und beginnt wieder zu weinen. »Ja, so ist es wohl. Aber das Schlimmste ist, dass ich meine Lieben verlassen muss. Nach meiner Brustamputation hat mein Mann zu mir gesagt: Das ist ja alles nur äußerlich, die Hauptsache ist, wir bleiben zusammen.«

Ein weiteres Problem bringt sie zur Sprache: »Es fällt mir ganz schwer, mich meiner Familie so zuzumuten, wo die doch eh schon so viel mitgemacht haben durch meine Erkrankung. Und wenn ich nicht für sie sorgen kann ... Ich habe doch den ganzen Haushalt gemacht und die Buchführung von unserem Geschäft, da versteht mein Mann gar nichts davon. Aber vielleicht ist es doch gut, dass man es mir gesagt hat. Erst habe ich gedacht: Sind die aber hart hier, dass die einem das so vor den Kopf knallen. Aber so kann ich mich wenigstens darauf einstellen und noch einiges regeln, bevor es so weit ist«.

Zum Schluss lenke ich ihre Aufmerksamkeit noch einmal auf die Zukunft und frage sie, wie sie denn denkt, dass es mit ihr weitergeht. »Ich werde bald nach Hause entlassen, für eine Haushaltshilfe wird gesorgt und auch für ein Sauerstoffgerät – wenn die ja doch nichts mehr für mich tun können.« Abgeschrieben fühlt sie sich trotzdem nicht, denn sie wird regelmäßig zur Nachuntersuchung in die Klinik zurückkehren, und sie kann sich jederzeit melden, wenn etwas nicht in Ordnung ist und sie Hilfe benötigt.

Der Gedanke an zu Hause macht ihr jedoch auch Angst. Sie weiß nicht, wie es weitergehen wird, wie sie und ihr Mann mit dieser neuen Wirklichkeit fertig werden und umgehen. Sie empfindet die Klinik zurzeit wie einen Schonraum. »Hier sind alle sehr nett und verständnisvoll. Aber wie wird es zu Hause werden? Mein Mann kann nicht so aus sich heraus, er macht vieles mit sich selbst ab. Vielleicht will er mich auch schonen. Und wie wird es mit der Verwandtschaft und den Bekannten gehen?« Vor den Reaktionen ihrer Umwelt hat sie Angst, ebenso vor einem überfließenden Mitleid ihrer Verwandtschaft. »Ich kann es nicht leiden, wenn die mich bedauern, das hilft mir überhaupt nicht weiter!«

Wir vereinbaren, dass wir über dieses letzte Thema noch einmal sprechen werden, um nach Möglichkeiten zu suchen, wie sie damit umgehen und sich einigermaßen abgrenzen kann.

Ihre Luftnot ist inzwischen beträchtlich geworden, aber sie möchte von mir noch etwas wissen: »Ist das für Sie nicht schwer, so etwas auszuhalten und mitzuerleben – meine Traurigkeit und meine Tränen?« Ich kann ihr versichern, dass es mir nicht schwergefallen ist, ihr nahe zu sein – buchstäblich und auch im übertragenen Sinn.

Diese Frau war emotional sehr offen, sie hat mir sehr viel von sich mitgeteilt, nicht nur mit Worten, sondern auch indem sie viel von ihrem Schmerz gezeigt hat. Sie hat mich spüren lassen, wie schwer es ihr fällt, dieses Leben loszulassen, das sie geführt hat (»Ich hätte gerne noch 20 Jahre gehabt«). Ich empfand ihre Tränen weniger als Belastung denn als Zeichen großen Vertrauens. Sie hat mich hineingenommen, hat mich erleben lassen, was sie in diesem Moment umtreibt.

Wieder einmal hat sich für mich darin gezeigt, wieviel Leben im Sterben möglich ist, sei es durch den Schmerz und die Trauer, aber auch, wenn jemand dankbar zurückschauen kann auf gute Jahre mit Familie und Freunden ... Am Ende dieses Gespräches war aus diesem Kontakt eine wirkliche Begegnung geworden. Ich habe versucht, für diese gläubige Frau noch einmal das zusammenzufassen, was unser Gespräch ausgemacht hatte, das Unverständnis ebenso wie die Dankbarkeit und die Hoffnung auf Kraft und Zuwendung. Es liefen ihr dabei dicke Tränen über die Wangen, aber es war keine Bitterkeit in ihrem Blick, eher bei allem Schmerz so etwas wie Dankbarkeit.

Später, bei der Stationsbesprechung, habe ich erfahren, dass Frau M. eigentlich am nächsten Tag schon nach Hause verlegt werden sollte. Auf meine Bitte hin wurde der Termin um zwei Tage verschoben, damit sie noch ein wenig Zeit hatte, im Schonraum der Klinik sich selbst mit dieser neuen Situation zurecht zu finden, ehe sie dann zum Sterben nach Hause zurückkehrte. Das katastrophale Lungenbild ließ vermuten, dass ihr nur noch kurze Lebenszeit verbleiben würde.

> »Sterben müssen ist ganz gewiss der totalste ›Angriff‹ auf das ein Leben lang ausgependelte innere Gleichgewicht des Bewusstseins ... auch der totalste Angriff auf die Wichtigkeit meiner Rolle, die ich gespielt habe. Es trifft mich im Kern meiner Existenz, meiner Zugehörigkeit, meiner Beziehung zu mir, zu anderen, zur Welt – und auch zu Gott« (Lückel 1985, S. 24).

Diese innere Beschreibung des Sterbeprozesses durch Kurt Lückel, einen verstorbenen evangelischen Pfarrer, trifft auch auf Frau M. in hohem Maße zu – gerade was die neue Rolle betrifft, die sie durch ihre veränderte Situation einnimmt: sowohl der Familie gegenüber als auch in der Folge davon in der Beziehung zu sich selbst. Es ist immer wieder die tiefe Angst, nichts mehr wert zu sein, ein Niemand zu sein, wenn man die durch die Rolle zugeschriebene und erlebte Bedeutung nicht mehr ausfüllen kann. Insofern war diese Situation für die Patientin schwer auszuhalten. Die »Wahrheit« über ihren körperlichen Zustand mit seinen Auswirkungen in den sozialen und persönlichen Bereich hinein war sowohl eine Herausforderung an ihre kreatürliche Angst als auch ein Angriff auf ihr Selbstwerterleben. Dies ist übrigens in vielen Fällen – bei Frauen häufiger als bei Männern – ein großes Problem und eine tiefsitzende Angst: Den anderen zur Last fallen.

2.2.5 Einmal möchte ich noch nach Rom – die schmerzliche Erkenntnis des ungelebten Lebens

Frau S. kenne ich schon seit geraumer Zeit. In mehr oder weniger regelmäßigen Abständen habe ich sie in der Klinik besucht. Sie ist 74 Jahre alt und leidet seit vier Jahren an einem besonders seltenen Hautkrebs.

Diesmal hat Frau S. die Schwestern gebeten, mich anzurufen. Im Stationszimmer erfahre ich, dass sich ihr Zustand zusehends verschlechtert hat. Die vierte Chemotherapie hat sie zurückgeworfen. Ihr Gesamtzustand ist als ziemlich desolat zu bezeichnen. Ich bin auf eine eher traurige oder vielleicht sogar deprimierte Patientin eingestellt, aber das ist ganz und gar nicht der Fall. Als ich das Zimmer betrete, liegt Frau S. ruhig im Bett und schaut mir mit einem klaren Blick entgegen. Als ich ihr allerdings die Hand gebe, kommen ihr die Tränen: »Ich bin nun schon wieder einige Zeit hier – aber irgendwie kriegen sie es gar nicht so richtig hin. Vorige Woche habe ich zum vierten Mal die Chemotherapie bekommen, aber die war so schlimm wie nie zuvor. Ich bin nun wirklich nicht zimperlich, aber das war kaum noch zum Aushalten: diese Schmerzen und diese Übelkeit. Die Beine taten mir so weh und besonders die Füße. Jetzt wollen sie mit einer stärkeren Bestrahlung versuchen, weiterzukommen. Ich weiß nicht, sie machen ja alles, aber irgendwie geht's doch nicht so recht weiter. Die Ärzte versuchen immer etwas anderes, aber es geht nicht so recht voran.«

Ich wage die Äußerung: »Ist das nicht auf die Dauer enttäuschend, wenn alles nicht weiterhilft und die Ärzte eher ratlos wirken?« – »Ach nein, das kann ich nicht sagen. Die tun, was sie können, da muss ich eben doch noch etwas Geduld haben. Ich glaube sicher, dass ich noch eine Zeit lang hierbleiben muss. Es sieht ja noch nicht gut aus.« Dabei schlägt sie die Bettdecke zurück und zeigt mir ihre Beine, die über und über mit braunen Flecken bedeckt sind – sie lässt mich sozusagen ihre »unansehnliche Seite« sehen. Dann schlägt sie entschieden die Decke wieder zurück. »Nur langweilig ist es hier auf die Dauer«.

Ich komme gar nicht so schnell mit. Aber offenbar ist Frau S. schon wieder weiter, schon ein Stück darüber hinweg, entweder, weil sie es schon so oft angeschaut hat, oder weil sie es nicht weiter an sich herankommen lassen kann oder will.

Ich bin verunsichert, weil ich nicht verstanden habe, warum sie an dieser Stelle nicht weiter »einsteigt«. »Die Zeit wird hier so fürchterlich lang. Man kann so gar nicht recht was tun.« Sie schaut zu dem Strickzeug herüber. »Bisher habe ich noch oft gestrickt und mich auf diese Weise beschäftigt. Aber irgendwie mag ich das im Moment nicht mehr«. – »Das ist das Schlimmste für Sie, so untätig sein zu müssen«? – »Ja, so untätig herumzuliegen für so lange Zeit, das kann ich gar nicht gut.«

Sie wird nachdenklich und nickt versonnen mit dem Kopf. »Ja, ich glaube, das ist für mich das Schwerste. Ich habe doch immer nur geschafft – sogar mit 70 war ich noch beschäftigt und konnte alles gut bewältigen. Genau 31 Jahre habe ich einen Haushalt versorgt. Da ging nichts ohne mich, nicht eine Suppe haben sie hingekriegt. Und nicht einmal eine Putzfrau haben wir gehabt bis zuletzt nicht. Das habe ich alles selbst gemacht.« – »Haben Sie auch nie Urlaub genommen?« – »Urlaub, den habe ich in all den Jahren nie gehabt. Ich bin wohl immer mit der Familie mitgefahren. Die wären doch ohne mich überhaupt nicht fertig geworden.« – »Da sind Sie richtig ein bisschen stolz darauf? – Und ich denke, das ist schon ein Geschenk, wenn man so lange so rege sein kann.« – Irgendwie reagiert sie nicht mehr darauf. Ihr Blick geht weit weg; sie liegt äußerlich ruhig da, aber an ihrem Atem spüre ich, dass sie innerlich sehr beschäftigt und erregt ist. Dann sagt sie: »Ich habe mir nie etwas gegönnt, ich habe immer nur geschafft und gearbeitet. Aber dieses Jahr wollte ich mit meiner Schwester nach Rom fahren – und nun liege ich schon wieder im Krankenhaus!«

Jetzt erst verstehe ich sie richtig. Jetzt weiß ich, warum sie die Ratlosigkeit der Ärzte beiseiteschiebt, warum sie die deutliche Verschlechterung ihres Zustandes nicht recht wahrnehmen kann, wieso sie die Botschaft des Arztes ganz anders wiedergibt als ich sie von den Schwestern gehört habe. Jetzt verstehe ich, dass sie eigentlich diese Reise noch brauchte, dass sie wenigstens einmal in ihrem Leben etwas für sich persönlich wollte, einmal das tun, was in ihrem Leben nie Platz hatte und nie stattgefunden hat: Einmal einfach an sich selbst denken!

Als ich mich verabschiede, hält sie einen Augenblick meine Hand fest und sagt dann: »Bitte, kommen Sie wieder.« Ich verspreche ihr das, denn sie ist sicher noch nicht fertig. Sie hat sich mutig herangetastet, hat sich gestellt, hat ihr Leben angeschaut, aber sie ist noch nicht so weit, dass sie ausgesöhnt wäre mit dem, was ihr das Leben schuldig geblieben ist. Es bleibt sicher noch eine Menge »Trauerarbeit« zu leisten. Für diesmal lasse ich sie ernst und nachdenklich zurück.

Diese Frau hat in diesen langen Jahren aus ihrer Rolle für die Familie sicher für sich eine Menge profitiert. Sie hat erlebt, dass sie gebraucht wurde, dass ohne sie nichts lief, dass diese »bedeutenden Leute« nicht ohne sie auskamen. Das war ihre Identität, für diesen Haushalt verantwortlich zu sein – und das auch noch über die Grenze ihres Ruhestandes hinaus. Und dann muss sie doch erleben, dass sie in dem Augenblick unwichtiger wird, als ihre Kräfte durch die Krankheit reduziert sind. Ich hatte sie schon mehrmals vorher besucht, aber so dicht und tief war bisher keines unserer Gespräche gewesen. Vielleicht spürte sie jetzt in der Tiefe ihre Todesbedrohung und dass sie nicht mehr viel Zeit hatte. Nun wich sie nicht mehr aus, sie stellte sich den Defiziten ihres Lebens. Frau S. war noch längere Zeit in der Klinik, und nach einem weiteren Aufenthalt in einem Krankenhaus nahe dem Wohnort ihrer Nichte starb sie. Ihren Traum, einmal noch nach Rom zu kommen, konnte sie sich nicht mehr erfüllen.

Bei Frau S. zeigt sich deutlich, dass der Mensch mehr ist als die Fassade des Alltäglichen, die er zeigt. In der Tiefe verborgen liegt ein Bedürfnis zu wachsen und zu reifen, der oder die zu werden, die wir von unserem Wesen her eigentlich sind. Welche Möglichkeiten dazu auch noch im Sterben bestehen, manchmal sogar gerade dann, zeigt dieses Beispiel. Sterben, wenn es gelingt, heißt: Das Leben vollenden. Jeder Organismus erweist seine Lebendigkeit darin, dass, wo und wie auch immer seine lebendige Ganzheit gestört ist, Prozesse einsetzen, die darauf zielen, die wesensmäßige Ganzheit wiederherzustellen. Dies gilt zweifellos nicht nur für den somatischen, sondern auch für den seelischen Bereich. Immer wieder ist bei Patienten das Bedürfnis zu spüren, das Leben »abzurunden«, damit der Lebenskreis sich schließen kann.

2.2.6 Jeder Tag lohnt sich, gelebt zu werden

Frau S. war handfest und stand mit beiden Beinen im Leben. Selbstbewusst, wie sie war, hatte sie eine Beschäftigung in verantwortungsvoller Position in einem Unternehmen und war gewohnt, Probleme zu lösen, eigenständig zu arbeiten und verantwortlich Entscheidungen zu treffen. Genau mit dieser Haltung hatte sie versucht, ihre Krebserkrankung als Herausforderung anzunehmen.

Die Bestrahlung musste in einem Zentrum durchgeführt werden, zu dem sie immer 70 km hin- und hergefahren werden musste. Die Ergebnisse waren zunächst vielversprechend, aber dann zeigte sich ein Rezidiv, bei dem das Tumorwachstum nicht mehr zu bremsen war.

Der Tumor im Halsbereich wuchs nicht nur nach außen, sondern auch nach innen, so dass eine Trachealkanüle gelegt werden musste, um das Atmen zu ermöglichen. Es bildete sich zähflüssiger Schleim, der regelmäßig abgesaugt werden musste.

Das für sie Schlimmste: Sie konnte nicht mehr sprechen und war für die Kommunikation auf das Schreiben angewiesen. Sie verständigte sich mit uns über DIN A4-Ringbücher. Eines davon liegt im folgenden Bild auf ihrer Bettdecke. Sie schrieb wie ein Weltmeister und verlor trotz allem weder ihren Lebensmut noch wurde sie depressiv. Als ich sie einmal nach ihrem Gemütszustand fragte, schrieb sie auf: »Jeder Tag lohnt sich, gelebt zu werden.« Und als ich sie fragte, ob ich bei meinen Seminaren und Vorträgen von ihr und dieser erstaunlichen Form der Krankheitsbewältigung berichten dürfe, die mir höchsten Respekt abverlange, sagte sie: »Das können Sie gerne tun, wenn ich anderen damit ein wenig helfen kann, gerne.«

Die Pflege allerdings wurde zunehmend aufwändiger, so dass der Chefarzt überlegte, sie in das Hospiz nach Paderborn zu verlegen. Montags sollte in einer Stationsbesprechung darüber entschieden werden. Am Sonntag davor ließ sie mich rufen. Sie hatte große Angst davor, weil sie sehr von den Besuchen und der Unterstützung ihrer Familie und von Freunden profitierte. Die Kontakte waren ihr wichtig und hielten sie, wie sie schrieb, am Leben. Vor allem die spontanen Besuche wären deutlich schwieriger geworden über die entsprechende Distanz. Ihre inständige Bitte war, bleiben zu können.

Ich habe ihr Erleben und ihre Bitte in der Stationskonferenz an dem folgenden Montag vorgetragen und nach einiger Diskussion war die Station bereit, ihrem Wunsch nachzukommen. Sie konnte bleiben. Dazu sollte eine Schwester, die ihr besonders nahestand, weitgehend von anderen Aufgaben befreit werden. Die Kolleginnen und Kollegen wollten sie entlasten und die Entscheidung auf diese Weise mittragen. Die Ausführungen der Patientin zu diesem Komplex sind nach dem Bild (▶ Abb. 2.3) so wiedergegeben, wie sie diese aufgeschrieben hat.

Die Situation spitzte sich immer mehr zu – das Atmen wurde zunehmend beschwerlich, so dass Frau S. signalisierte, dass sie große Angst habe zu ersticken. Wir haben mit ihr über die Möglichkeit einer terminalen Sedierung gesprochen, sie also in einen Tiefschlaf zu versetzen, wenn die Angst und die Beklemmung unerträglich werden sollten. Das gab ihr Mut, noch eine Weile durchzuhalten.

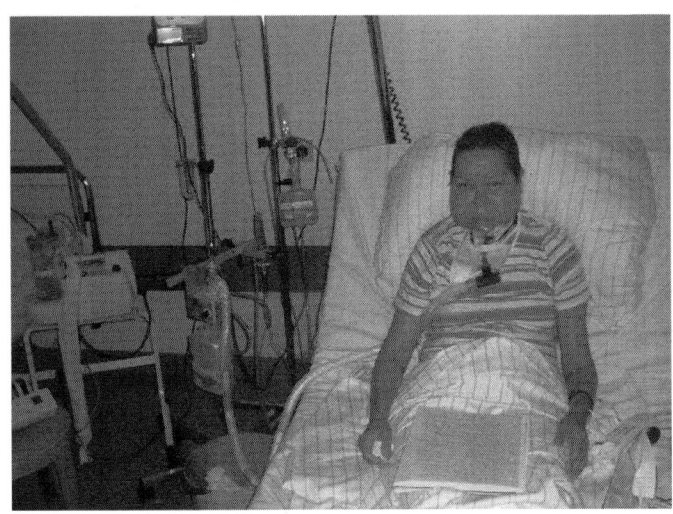

Abb. 2.3: Frau S. kann sich nur noch schriftlich äußern, mit Block auf dem Bett (Foto: privat)

> **Schriftliche Äußerungen von Frau S.**
>
> *Man verliert seinen Charme, seine Ausdrucksfähigkeit und auch die Augensprache ... es ist so viel, was nie mehr sein wird. Es war schon hart, damit abzuschließen. Aber jetzt habe ich auch damit kein Problem mehr.*
> *Sie wollen meine Gedanken wissen, wie ich mir den weiteren Ablauf der Aufenthaltsorte bez. meiner Krankheit vorstelle:*
> *Ich sehe mich irgendwie mittendrin. Ich möchte gerne nach Hause, kann aber nicht, wegen mangelnder Sicherheit.*
> *Möchte aber dann lieber hierbleiben, als nach Paderborn.*
> *Angenommen Paderborn: So verliere ich alles. Ich glaube, es wird dann sehr schnell gehen. Ich glaube aber auch nicht, dass ich dort die Kraft aufbringe, die ich hier habe, mein Leben einigermaßen angstlos zu beschreiten.*
> *Meine Familie, Mann, Freunde und Bekannte sind ständig für mich da, besuchen mich sehr häufig und halten mich seelisch stabil. Kontakte dieser Art brauche ich einfach.*
> *Wenn ich auf eine weitere Distanz verlegt werden sollte, ist das sehr schlecht für mich, weil mich »meine Leute« dann eben nicht so häufig besuchen können. Ich habe Angst, pure Existenzangst, wo ich bleiben kann oder hingehen soll.*
> *Ich kann mich nur schriftlich ausdrücken und es hat natürlich eine Weile gedauert, mich den Schwestern verständlich zu machen. Die schwierigen Sachen schreibe ich auf. Es hat sich aber auch ein wunderbares Vertrauensverhältnis aufgebaut, welches ich nicht mehr missen möchte.*

Dann ließ sie uns wissen, dass sie nicht mehr könne. Sie hat sich noch von all ihren Lieben verabschiedet, ganz bewusst und sehr ausdrücklich und lag dann noch eine Woche tiefschlafend in ihrem Bett, ehe sie an einem Freitagmittag ihren letzten Atemzug tat und sich ohne Angst und Qual aus dieser Welt verabschiedete.

Wir alle von der Station hatten das Gefühl, dass wir uns in ihrem Sinne für den richtigen Weg entschieden hatten. Das half, auch unsererseits mit einem guten Gefühl von Frau S. Abschied nehmen zu können.

2.2.7 Du hast mein Leben zerstört

An einem Vormittag besuchte ich – eher zufällig – eine Patientin auf der onkologischen Station der Frauenklinik. Sie war Ende Vierzig, schwarzhaarig, ihr Gesicht schon ziemlich ausgezehrt. Als erstes fielen mir ihre unruhigen, weitaufgerissenen dunklen Augen auf. Es war, als wenn sie mich »festhielten«. In ihrem Blick lag etwas Drängendes. »Ich werde von Tag zu Tag schwächer«, begann sie, nachdem ich mich vorgestellt hatte. Auch in ihren Worten lag etwas Gehetztes. »Ich spüre, dass es mir immer schlechter geht.« Nur kurz erzählte sie ihre Krankengeschichte, dafür viel ausführlicher ihre Lebensgeschichte.

Seit Jahren führte sie ein Hotel garni und war dabei ganz auf sich gestellt. Sie übernahm das Haus und brachte es hoch – aber sie fühlte sich damit völlig allein gelassen. Ihr Mann nahm nur von ihr und kümmerte sich ansonsten sehr um seinen Alkohol.

Das alles versuchte sie mit »Fassung« zu tragen. Auch nach der ersten Operation rappelte sie sich schnell wieder hoch, aber sie bekam weder Hilfe von ihrem Mann, noch fand sie Halt an ihm. »Wenn ich ihn gebeten habe, mir mal zu helfen, hat er immer gesagt: »Ist das mein oder dein Hotel?« Es hörte sich so an, als ob er sie regelrecht ausgenommen hätte, ein Parasit, der sich an sie gehängt hatte und den abzuschütteln sie nicht in der Lage war. »Nie hat er sich um mich gekümmert, nie hat er sich etwas aus mir gemacht,« sagt sie verbittert.

Ich spüre dieser Frau ihre tiefe Verletzung an, die sie über Jahre hinweg getragen hat und die im Verlauf ihrer Krankheit immer schmerzlicher wurde. »Und jetzt, in den letzten drei Wochen, wo es mir immer schlechter geht, wo deutlich wird, dass ich nicht wieder gesund werde, da kümmert er sich plötzlich um mich, jetzt kommt er dauernd hierher, um mich zu besuchen. Und er ist sogar freundlich zu mir. Aber jetzt kann ich die Freundlichkeit und seine Zuwendung nicht annehmen. Es ist, als würde ich erstarren in seiner Gegenwart.«

So, wie sie es sagt, klingt es fast wie ein Vorwurf an sich selbst, als müsse sie doch fähig und imstande sein, das alles zu vergessen und zu vergeben und sich wenigstens jetzt, am Ende ihres Lebens, darüber freuen, dass sie noch ein bisschen von dem bekommt, was sie sich immer gewünscht hatte – als müsse sie wenigstens jetzt »Frieden« schließen mit ihm, damit sie selbst in Frieden sterben kann. Es sieht so aus, als strafe sie sich selbst für ihr Unvermögen, ihm zu verzeihen.

Aus diesem Grund habe ich versucht, sie noch einmal in die Situation seiner Gegenwart zurückzuführen. Ich habe sie gebeten, sich ihren Mann vorzustellen, seine Gestalt und sein Gesicht zu sich heranzuholen und einmal nicht zu erstarren, das heißt sich nicht zu distanzieren und zuzumachen, sondern im Kontakt zu seiner Gestalt und diesem Gesicht, zu seiner Person und zu den Gefühlen zu bleiben, die sie damit verbindet. Ich habe sie gebeten: »Wenn es geht, versuchen Sie jetzt einfach, ihm das zu sagen, was Sie nie zu sagen wagten, das, was Sie immer zurückgehalten haben, aber eigentlich ihm gegenüber herausbringen wollten.«

Sie bleibt in der Tat im Kontakt – ihr Atem wird heftiger, und dann bricht es wie ein Sturzbach aus ihr heraus: »Du hast mich zerstört, du hast mich um mein Leben betrogen!« Nur diese beiden Sätze sind es, die sie öfter hervorstößt. Immer wieder: »Du hast mich zerstört!« Es ist wie ein Schrei aus Wut und Verzweiflung aus den tiefsten Tiefen ihrer Seele. Es ist, als würde mit dem Sturzbach an Tränen auch ihre ganze innere Verletztheit und ihre tiefe Verbitterung heraufgespült. Ich sitze nur da und lege meine Hand behutsam auf ihre Schulter, derweil sie aufrecht im Bett sitzt und gar nicht mehr aufhören kann zu weinen. Nachdem der Tränenstrom einigermaßen versiegt ist, sieht sie mich an und sagt: »Ich fühle mich jetzt sehr erleichtert, ich glaube, dass musste einfach mal heraus. Danke, dass Sie es mit mir ausgehalten haben.« Wir haben uns eine Zeit angeschaut, ruhig und gelassen. Aber dieser Weg kam mir doch regelrecht atemberaubend vor: Wie groß musste der innere Druck gewesen sein, dass sie mir, einem fremden Menschen, dem sie vorher nie begegnet war, ihre ganze Lebensgeschichte oder sollte man besser sagen, ihre ganze Leidensgeschichte, ihr Lebensdrama, offenbarte. Wie groß musste bei ihr das Bedürfnis sein, sich von diesem Druck und dieser großen Last zu befreien, dass sie so schnell auf meinen Vorschlag eingehen konnte.

Auf meine Frage: »Was meinen Sie, werden Sie Ihrem Mann etwas davon erzählen …, es geht ihn ja doch sehr an«, sagte sie: »Ich weiß nicht, ob das geht. Wir haben nie über persönliche Dinge gesprochen, und ich weiß nicht, ob ich die Kraft dazu jetzt noch habe. Aber vielleicht wird es mir helfen, mich meinem Mann wenigstens wieder ein bisschen anzunähern.« Als ich nach einigen Tagen wieder auf die Station kam, war sie verlegt. Ich habe sie nicht mehr wiedergesehen.

In den wenigsten Fällen wird es möglich sein, im Sterben das ganze Leben oder wesentliche Teile davon noch einmal umzukehren, dem Leben eine andere Richtung zu geben. Es ist eher so, dass sich im Sterben das Leben spiegelt, wie unter einem Brennglas gebündelt. Nach meiner Erfahrung neigt jeder Mensch dazu, so zu sterben, wie er gelebt hat, besonders so, wie er früher, in Zeiten von Bedrohung, Stress, Versagen, Herausforderung, Schock und Verlust, reagiert hat. Oft wird im Rückblick das eigene Leben überschaubar und ausdrückbar in einem einzigen Bild oder einem vorherrschenden Gefühl: Das war es – so war es! Die vielen einzelnen Begebenheiten, Teile, Aktivitäten bündeln sich zu einer einzigen Gestalt. Aber darin wird auch der unerledigte Teil, die schmerzvolle, die unerfüllte Seite häufig deutlich. Dann ist es oft schwer, eine Aussöhnung mit der Wahrheit des eigenen Lebens zu ermöglichen.

Dieses Beispiel ist meines Erachtens so anschaulich, weil es zeigt, wie wenig Sterben nur ein körperlicher Prozess ist. Die seelische, die emotionale Seite ist in jedem Fall mit betroffen, das Erleben des körperlichen Verfalls wirkt sich auf alle anderen Lebens- und Persönlichkeitsbereiche aus. Deshalb werden im Prozess des Sterbens so oft die »unerledigten Geschäfte« ausgemacht und innerlich angemahnt. Auch im vorliegenden Fall wurden die nicht entwickelten Bereiche der Persönlichkeit sichtbar: Die Fähigkeit zur direkten Auseinandersetzung, die Fähigkeit sich vor den dauernden Verletzungen des Mannes zu schützen, der Mut, ein ausgeglichenes Verhältnis von Geben und Nehmen in der Partnerbeziehung einzufordern und – im Extremfall – die Fähigkeit, um des Selbstschutzes willen sich zu distanzieren oder gar zu trennen.

Wenn wir nach den Zielen der therapeutischen Arbeit fragen, dann wird es darum gehen, den Patienten einen Tod zu ermöglichen, der ihnen so weitestgehend entspricht. Da es aber *den* Tod nicht gibt, wie es auch *den* Menschen oder *den* Patienten nicht gibt, so gibt es auch den einheitlich guten oder angemessenen Tod nicht. E. S. Shneidman, ein amerikanischer Sterbeforscher (▶ Kap. 1.4.1), nennt als Ziel: Einen Tod zu ermöglichen, der mit den eigenen Bedürfnissen in Übereinstimmung steht und diesem Menschen angemessen ist, so dass man ihn als sinnvoll empfindet. Bei einem »guten Tod« werden die eigenen Bedürfnisse erfüllt unter Einbeziehung der Wünsche und Bedürfnisse der Menschen, die man liebt und seiner sozialen Umwelt.

Auch in dem vorgestellten Fall konnte es nicht darum gehen, das ganze Leben noch einmal im Sinne einer Psychotherapie aufzuarbeiten. Aber wenigstens dies war noch möglich: Dass die Frau noch einmal das ausspracht, was für sie das Leben hindurch »unaussprechlich« gewesen und geblieben war: »Du hast mich, mein Leben zerstört!« So schmerzhaft die Konfrontation mit diesem Teil ihres Lebens auch war, so unausweichlich war sie offenbar – und gleichzeitig auch entlastend. Sie konnte im Sterben noch eine neue Erfahrung machen mit sich und damit konnte ihr Sterben wenigstens in einem Teilbereich noch einmal ein bewusst gelebtes Stück Leben werden.

2.2.8 Ich habe immer diesen ausgezehrten Körper vor Augen

Frau A. ist das, was man eine unproblematische Patientin nennen würde. Sie macht mit ihren 63 Jahren einen recht frischen Eindruck. Die Schwestern schildern sie als resolut. Sie kommt aus einer intakten Familie, die ihr auch während der Zeit des Krankenhausaufenthaltes sehr den Rücken stärkt. Nach einiger Zeit der Voruntersuchungen wird sie operiert. Ein umfangreicher Befund von Brustkrebs macht eine Amputation notwendig. Intraoperativ stellt sich zusätzlich ein Befall der Lymphgefäße heraus, so dass man ihr auch die Notwendigkeit einer nachfolgenden zytostatischen Behandlung (Chemotherapie) eröffnet.

Als ich sie drei Tage nach der Operation auf der Station wiedertreffe, macht sie einen ausgesprochen unruhigen Eindruck. Ihre Augen sind weit, fast angstvoll aufgerissen. Sie erzählt mir, dass sie mit einem solchen Befund überhaupt nicht gerechnet habe. Eine Bestrahlung hätte sie noch hingenommen, aber die Chemotherapie mache ihr große Angst.

Eine gute Woche später treffe ich Frau A. bei einem Besuch völlig verzweifelt an. Man hatte bereits versucht, mit der Therapie zu beginnen, aber es war vergeblich, weil sie derart heftig mit Erbrechen reagierte, dass die Behandlung abgebrochen werden musste. Sie wirkt sehr unruhig. Während sie erzählt, liegt sie unbeweglich da, lediglich der Kopf wandert manchmal hin und her. Auch diesmal fallen mir ihre weit aufgerissenen Augen auf. Schon nach wenigen Worten kommt sie selbst auf ihren Zustand zu sprechen. Sie erzählt, dass der Arzt ihr erklärt hat, die zytostatische Therapie sei für sie lebenswichtig. »Die muss offenbar sein, damit ich wieder gesund werde. Es fällt mir sehr schwer, mich dieser Prozedur zu unterziehen, aber wenn es denn sein muss …« Nach einer kurzen Pause erzählt sie dann bis ins Kleinste, wie *die* mehrere Male versucht hätten, ihr die Infusion anzuhängen, wie es sie aber oft schon beim Vortropf geschüttelt hat. »Ich weiß, dass es sein muss, aber was soll ich denn machen, wenn es einfach nicht geht?«

Sie erzählt das so, als empfinde sie dieses Hin und Her als persönlichen Misserfolg. »Ich weiß doch, dass ich das Zeug brauche, und andererseits wehrt sich in mir alles dagegen.« An dieser Stelle versuche ich anzuschließen und frage sie: »Wogegen wehrt sich denn alles in Ihnen?« Sie lässt sich lange Zeit mit ihrer Antwort. Sie liegt fast unbeweglich da und schaut mit starrem Blick zur Decke. Als sie mir den Blick wieder zuwendet, beginnt sie zu erzählen: »Ich habe eine Freundin, die ich schon lange Jahre kenne, schon von meiner Schulzeit her. Und die wiederum hat eine Bekannte, mit der auch ich mich manchmal getroffen habe. Sie hatte Krebs, ähnlich wie ich. Und die Chemotherapie hat sie kaputtgemacht! Es war ganz schlimm anzusehen. Sie wurde immer weniger, bis sie dann schließlich gestorben ist.«

»Und Sie haben das Gefühl, die Chemotherapie hat sie zugrunde gerichtet?« »Ja, ich glaube, es hatte etwas damit zu tun. Sie war immer eine vitale Frau, und hinterher war sie nur noch ein Häufchen Elend. Immer weniger wurde es, mit jedem Mal.« – »Und jetzt haben Sie Sorge, dass es mit Ihnen ähnlich gehen könnte?« – »Ja, wenn ich ehrlich bin, ist das so. Ich habe immer diesen ausgezehrten Körper vor Augen. Ich kann dieses Schreckensbild gar nicht wieder loswerden.«

Nach einer Weile des Schweigens frage ich vorsichtig: »Sie sind jetzt mit irgendetwas sehr beschäftigt?« Fast erschrocken wendet sie mir den Kopf und den Blick wieder zu und macht den Eindruck, als käme sie von weit her. »Ja, ich war mit meinen Gedanken gerade zu Hause.« – »Wenn Sie wollen, bleiben Sie ruhig noch einen Augenblick dabei. Ich hatte den Eindruck, dass Sie etwas Konkretes vor Augen haben?« – »Ja, das stimmt. Ich sehe mich zu Hause im Wohnzimmer auf der Couch liegen. Ich bin schwach und hinfällig, nur noch ein Häufchen Elend.« An dieser Stelle schaut sie mich wieder sehr direkt und durchdringend an, als wenn sie sagen wollte: »Ja, es ist genau das, was mir so zu schaffen macht.«

Ich kann sie jetzt sehr viel besser verstehen, sie und ihren inneren Widerstand gegen die Chemotherapie. »Es ist so, als wenn Sie in dem Weg Ihrer Bekannten den eigenen Weg vorgezeichnet sehen und ihn schon ein Stück in Ihrer Fantasie gegangen sind. Ich finde es sehr nachvollziehbar, dass Sie sich gegen einen solchen Weg wehren, auf den Sie die Chemotherapie bringen könnte. Ich habe den Eindruck, dass Sie in einer richtigen Zwickmühle sind: Auf der einen Seite wissen Sie mit dem Verstand, dass Sie die Chemotherapie brauchen, auf der anderen Seite haben Sie das ganz tiefe Gefühl, diese Behandlung könnte Sie auf den Tod bringen, so wie Sie es bei Ihrer Bekannten miterlebt haben. Und nun fühlen Sie sich buchstäblich in der Zwickmühle und wissen nicht, wie es weitergehen soll.« Sie sagt nichts, nickt nur heftig und atmet hörbar wie erleichtert aus, als wenn sie sagen wollte: Genau so ist es!

Als ich ihr beim Abschied die Hand gebe, sagt sie: »Vielleicht habe ich mir doch zu viele Gedanken gemacht.«

Die Gastroskopie am nächsten Tag ergab keinen Befund. Daraufhin schickte man Frau A. für einige Tage nach Hause. Als ich sie knapp eine Woche später wieder auf der Station besuche, strahlt sie mich triumphierend an. Neben ihrem Bett steht der Infusionsständer und sie hebt ihren Arm, an dem die Infusion angeschlossen ist, wie zu einer Siegerpose. Sie will mir offenbar demonstrieren: Jetzt habe ich es geschafft! Die Infusion läuft, ohne dass ich erbrechen muss.

Es ist, als sei Frau A. von einem »bösen Bann« befreit. Es war einfach zum »Kotzen«, auch wenn der Verstand sagte: Das ist alles zu deinem Besten. Chemotherapie bedeutete für sie: auf den Tod kommen. Und das mobilisierte ihren ganzen inneren Widerstand, dagegen wehrte sie sich mit aller Kraft. Erst als sie langsam die inneren Verbindungslinien durchschauen konnte, als sie verstehen konnte, wie sehr die Angst den Blick verstellte für ihre eigene Situation, wie sehr die schon fast wahnhafte Angst an die Stelle einer realistischen Einschätzung *ihrer* Lage getreten war, als sie all das begriffen hatte, da konnte der Durchbruch gelingen. So konnten Hoffnungen und Befürchtungen wieder den ihnen angemessenen Platz einnehmen.

Es war wichtig, dass Frau A. »begreifen« konnte, dass dies *ihre* Krankheit ist und dass deren Entwicklung nicht notwendigerweise genauso verlaufen muss wie bei ihrer Bekannten. Auch wenn der Erfolg dieser Behandlung unsicher war, schien es doch wichtig, dass Frau A. aus jener falschen Identifizierung herausfand, damit die Lebensmöglichkeiten, die ihr noch blieben, nicht durch die übergroße Angst verstellt wurden.

2.2.9 Lebensende im jugendlichen Alter – Es ist doch nicht der Sensenmann

Er ist 18 Jahre alt, als er an einer akuten myeloischen Leukämie erkrankt. R. muss sich in Behandlung begeben, aber trotzdem schafft er sein Abitur. Das geplante BWL-Studium setzt er aber erst einmal aus. Die Nebenwirkungen der Behandlung, vor allem der Chemotherapie, machen ihm zu schaffen. Ein vorher schon gefasster Beschluss wird jedoch umgesetzt: Er nimmt sich eine kleine Wohnung – zusammen mit seiner Freundin – so wie das auch ursprünglich geplant war. Sie findet eine Stelle als PTA in einer Apotheke. Oft ist er so mitgenommen und erschöpft, dass er den Tag mehr oder weniger im Bett verbringt. Aber abends, wenn sie zurückkommt, wird gekocht oder sie gehen gemeinsam ins Kino, wenn es ihm besser geht.

Seine Eltern finden das gar nicht gut. R. stammt von einem Bauernhof aus ländlich-traditionell-katholischer Umgebung. Da schickt es sich nicht, ohne Trauschein zusammenzuleben. Und so ist das nicht nur in meinen Gesprächen mit ihm selbst oft Thema, sondern auch in den Gesprächen mit seinen Eltern, die er immer mal wieder anstößt. Er möchte meine Rückendeckung und vielleicht auch ein wenig meine Autorität. Und so gelingt nach anfänglicher Distanzierung doch wieder eine allmähliche Annäherung. Am Ende eines auch für sie nicht einfachen Prozesses können sie sich aussöhnen mit der neuen Situation – die Beziehung beginnt wieder herzlicher zu werden.

Das Thema: Autonomie, Abgrenzung, Eigenständigkeit … begleitet R. aber nach wie vor – eigentlich durchgängig. Er ist eben sehr behütet, vielleicht auch etwas eng aufgewachsen. Was er jetzt durchläuft an innerer Entwicklung ist atemberaubend. Und dazu gehört auch seine Identität als Mann, das Thema Sexualität, die intime Beziehung zu seiner Freundin.

Die Behandlung begleitet ihn mit ihren vielfältigen Nebenwirkungen und Einschränkungen. Das Thema: »Werde, der Du (eigentlich) bist« verliert er trotzdem nicht aus den Augen. Immer wieder ist das Thema in unseren Gesprächen präsent. Er kämpft wie ein Löwe innerlich sowie mit den Auswirkungen körperlich. Zwischenzeitlich hat er gute Phasen, aber dann stürzt er auch wieder ab, ist zu Tode betrübt, wenn eine Chemo mal wieder nicht angeschlagen hat, was immer häufiger vorkommt.

Als hätte er einen Siebten Sinn, möchte er noch einmal verreisen mit seiner Freundin, ein paar Tage ans Meer. Wie sie erzählten, war es eine richtig schöne, noch einmal unbeschwerte Zeit für die Zwei.

Dann ging es ihm von Tag zu Tag schlechter. Er wurde wieder einmal aufgenommen in die Klinik, seine Leukozyten jedoch waren so abgestürzt, dass eine nochmalige Chemotherapie nicht mehr möglich war. Er bekam Ventrikeleinblutungen im Gehirn und wurde bewusstlos, war nicht mehr ansprechbar. Er starb zwei Wochen später und ließ uns alle, die Professionellen und seine Familie, tief berührt zurück.

Unglaublich, was dieser junge Mann in den nicht einmal zwei verbliebenen Lebensjahren an innerer Entwicklung geschafft hatte: Von dem eher lieben, angepassten Jungen zum gestandenen Mann. Immer direkter, immer bewusster seinen Weg gehend, präzise in seinen Wünschen und Äußerungen sowie bewusst in seinen Gefühlen und inneren Kämpfen. Uns allen, die mit ihm zu tun hatten, blieb der Eindruck einer fulminanten, sehr bewussten persönlichen Entwicklung – vielleicht direkter und authentischer als sie viele Menschen ein ganzes Leben lang nicht hinbekommen.

Obwohl er so jung gehen musste, hatte sich sein Leben gerundet, war es nicht vergeblich, sondern wert, gelebt zu werden. Ein fast atemberaubender Weg, den ich begleiten durfte.

Als Dankeschön schenkte er mir das folgende Bild (▶ Abb. 2.4): Der Mann mit dem Stundenglas. Übergroß und mächtig hält er ihn, den kleinen Jungen, an der Hand. Ein wenig ungelenk in der Ausführung zeigt sich doch eindrücklich: Er hat ihn fest im Griff. Der Blick geht geradeaus. R. dagegen dreht sich noch einmal um, als schaue er zurück auf sein gelebtes Leben und winkt noch einmal den Menschen im Abschied zu, die ihm nahe waren …

Es ist wohl kein Zufall, dass er sich nackt mit Genitale gemalt hat – nackt ist er auf diese Welt gekommen – und so verlässt er sie auch wieder. Vielleicht ist es auch Symbol für die neu erworbene männliche Identität. Die war ihm so wichtig geworden in der Beziehung zu seiner Freundin, um die hatte er so gerungen, ja gekämpft und die war so oft Thema in unseren Gesprächen.

Die Blätter fallen von den Bäumen. Es ist Herbst geworden, das Jahr neigt sich dem Ende entgegen und dann dieses Gedicht:

»Willst du nicht die Rosen grüßen?
Lass den Herbst nicht dafür büßen,
dass es Winter werden wird.«

Kein Anflug von Bitterkeit, vielleicht ein wenig Wehmut – mehr nicht. Da geht einer sehr bewusst seinen Weg, bis zuletzt:

»Geh nicht wie mit fremden Füßen ...«

Es ist dein Weg und niemand anderes
als du kann ihn für dich gehen.

Deutlicher kann man nicht darstellen, was Leben und Sterben bedeutet. Ein eindrucksvolles Zeugnis, das mehr sagt als viele Worte.

Bis heute ist mir dieses Geschenk wertvoll geblieben. Ein beeindruckendes Beispiel, dass nicht die Anzahl der Jahre zählt, sondern letztlich die Intensität des gelebten Lebens.

Abb. 2.4: Ein letztes Bild von R. als Geschenk an mich

2.2.10 Ich will leben für meine Kleine

Kennengelernt habe ich Frau R. im Rahmen des Brustzentrums beim psychosozialen Screening. Sie machte trotz der Diagnose einen innerlich gefestigten Eindruck. Sie war glücklich verheiratet und sicher, dass ihr Mann, egal, was kommen werde, an ihrer Seite bleiben würde. Das Ergebnis der Histologie war zunächst noch nicht da. Dann aber zeigte sich, dass es sich um eine aggressive Form des Mamma-Karzinoms handelte, schnell wachsend, HER2-positiv. Sechs Lymphknoten waren befallen. Deshalb folgte nach der Operation eine Hochdosis Chemotherapie.

Genau in dieser Zeit kommt eine für sie unglaubliche Nachricht: Sie ist trotz Verhütung schwanger geworden.

Und wieder begegnen wir uns. Was tun? Wie sich entscheiden in dieser dramatischen Situation? Sie ist in der 11. Woche. Die Mediziner raten zur Abtreibung – ein Überleben des Kindes in Kombination mit der aggressiven Chemotherapie ist nach medizinischem Stand der Wissenschaft einfach nicht möglich.

Wir sitzen zu dritt in meiner Praxis und immer wieder wägen wir ab, besprechen das Für und Wider. Sie macht es sich wirklich nicht leicht. Aber dann ist klar: »Ich will leben für meine Kleine.« Frau R. besteht auf einer weniger belastenden, schwächeren Chemotherapie. Sie will ihr Kind unbedingt behalten. Ihre Entscheidung ist gefallen, nachdem wir vier Tage lang in Gesprächen die Argumente abgewogen haben.

Im Herbst wird ihre Tochter Zoe-May geboren (▶ Abb. 2.5) – gesund und ohne jegliche Beeinträchtigung. Die Ärzte sprechen von einem Wunder.

Nur, das Glück ist leider nicht ungetrübt. Der Behandlungsmarathon muss weitergehen mit quälend belastenden Therapien, die sie manchmal an den Rand ihrer Belastungsgrenze bringen, körperlich wie psychisch. Sie wechselt zwischen Klinikaufenthalten und ihrem Zuhause, während die kleine Zoe sich prächtig entwickelt und sie immer wieder erleben lässt, wofür und warum sie diese eingeschränkte Lebensqualität auf sich nimmt: »Für Zoe und meinen Mann – beide sind immer wieder meine Kraftquelle« (▶ Abb. 2.6). Die stabile Beziehung zu ihm, der sie immer wieder begleitet und stützt, gipfelt in einer wunderschönen Hochzeit an der Ostsee.

Aber das gemeinsame Glück währt nicht lange: 2018 ein Rezidiv! Der Krebs ist zurück an gleicher Stelle und nicht weniger aggressiv. Sie ist völlig fertig. Wir reden regelmäßig, um den Schock irgendwie zu verkraften. Und als ob das nicht gereicht hätte, fällt ihr auf, dass das Gangbild unsicher wird, sie öfters stolpert und sturzgefährdet ist. Eine unendliche Katastrophe für sie.

Das kann jetzt bitte nicht wahr sein! Nach einer Brustamputation Anfang 2019 sollte endlich Ruhe einkehren. Der Krebs schien besiegt, sie fühlte sich prächtig, die Blutwerte waren bestens. Was sollte jetzt noch passieren? Aber das buchstäblich Unfassbare geschah: Im November: Hirnmetastasen! Eine erneute Bedrohung und Herausforderung der besonderen Art.

Frau R. ist am Boden zerstört, aber auch jetzt rappelt sie sich wieder auf: Weiter kämpfen für ihre Kleine! Während ich im Krankenhaus neben ihrem Bett sitze, bekommt sie Besuch von ihrer Tochter und ihrem Mann. Die Kleine setzt sich an den Tisch und malt ein Bild für Mama. Mir tut es in der Seele weh. Ich denke an meine eigenen beiden Töchter, als sie noch so klein und bedürftig waren und an meine Sorge damals, einem von uns beiden Elternteilen könnte etwas Ähnliches passieren …

Und wieder war ihre Devise: »Ich kämpfe, auch wenn die Krankheit nicht mehr heilbar ist und ich wackelig auf den Beinen bin ... Hauptsache ich lebe! Für meine Kleine nehme ich alles in Kauf.«

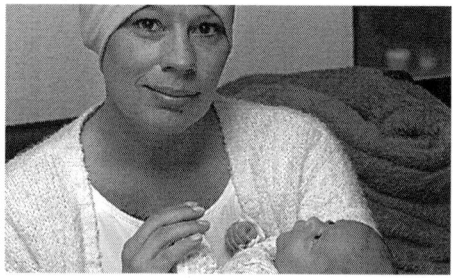

Abb. 2.5: Frau R. überglücklich mit ihrer Tochter Zoe-May (Foto: privat)

Abb. 2.6: Ein Bild der Familie aus glücklichen Tagen (Foto: privat)

Für einen längeren Zeitraum war sie nicht mehr bei uns auf der onkologischen Station. Der Tag kam jedoch, an dem sie wieder aufgenommen werden musste. Als ich nach oben komme und sie besuchen will, heißt es: »Sie ist für heute Nachmittag nach Hause entlassen worden. Ihre kleine Tochter hat heute ihren 5. Geburtstag.« Und den hat sie mit ihr und anderen Kindern gefeiert, ganz normal, als wenn nichts gewesen wäre. Am Tag darauf bestätigt sie mir: »Gestern war Geburtstag und heute geht das Kämpfen weiter ... Warum soll es nicht noch einmal ein Wunder geben oder es wird doch noch etwas gefunden, was mir helfen kann. Darauf setze ich. Ich gebe nicht auf ...« Und mir fällt dazu der Satz ein: »Die Hoffnung stirbt zuletzt.«

Aber dann ist sie urplötzlich wieder im Hier und Jetzt. »14 Metastasen sind gewachsen im Kopf trotz Cisplatin (Chemotherapeutikum). Ich bin wütend und könnte ausrasten. Die Schmerzen sind heftig und ich brauche Morphin. Ich kippe um, wenn ich allein auf die Toilette gehe, aber ich gebe nicht auf. Ich denke nicht ans Sterben. Es war so schön gestern beim Geburtstag, aber als ich abends zurück ins Krankenhaus musste, hat Zoe bitterlich geweint. Und deshalb denke ich nicht ans Sterben. Ich mache einfach weiter. Vielleicht habe ich nur noch Wochen, aber ich hoffe auf Monate und manchmal auch auf wenigstens weitere drei Jahre ...«

Als ich sie zwei Wochen später zu Hause besuche, es ist der 1. Advent, geht es ihr nicht gut. Die Metastasen sind offensichtlich weitergewachsen. Bisweilen ist ihr Bewusstsein getrübt, der Tag-Nacht-Rhythmus durcheinander. »Heute Nacht war ich neun Mal auf«, erzählt ihr Mann. Auch die Kleine hilft ihr, wo sie kann. Aber bisweilen ist es auch schwer für sie, wenn ihre Mutter sie unvermittelt auffordert: »Jetzt zieh schnell deine Schuhe an, wir müssen doch nach Hause gehen!« Offenbar habe ich einen günstigen Augenblick getroffen. Sie spricht zwar langsam und leise, als ich an ihrem Bett sitze, aber wir können uns ziemlich normal unterhalten über ihre Schmerzen, die ihr zu schaffen machen, wie schwach sie sich fühlt, wie hilfreich ihre Schwester ist und wie schwer es ihr fällt, ihrer Familie zur Last zu fallen.

Als ich sie eine Woche später noch einmal besuche, ist sie nicht mehr bei Bewusstsein. Auf der Seite liegt sie matt in den Kissen, die Augen geschlossen. Ihr Mann und ihre Schwester sind Tag und Nacht um sie. Er hat 26 Stunden nicht mehr geschlafen und die Reaktion ihrer kleinen Tochter: »Mama, du brauchst keine Angst zu haben, du darfst ruhig sterben.« Woher nimmt dieses noch so kleine Wesen solche Worte?

Als ich mich verabschiede ist mir klar: Wir werden uns nicht mehr wiedersehen. Diese Begegnung wird die letzte sein! Als ich durch den Hausflur nach draußen gehe, merke ich, wie traurig ich bin und wie beklommen: Das ist so unfair vom Schicksal, vom lieben Gott oder von wem auch immer. Sie wollte leben für ihre kleine Tochter, für ihren Mann, für ihre kleine Familie ... sie hat so gekämpft, so viel auf sich genommen ... das ist einfach nicht fair!

Nicht einmal zwei Tage später morgens um 7.20 Uhr ist sie gestorben. Als ihr Mann und ihre Tochter an ihrem Bett noch einmal Abschied nehmen, sagt die Kleine:
»Mama, ich hab dich ganz lieb,
ich werde dich nie vergessen,
sei artig im Himmel,
aber jetzt muss ich in den Kindergarten.«

3 Wahrheit – die gefürchtete Annäherung an das Unausweichliche

3.1 Die Abhängigkeit von überindividuellen, gesellschaftlichen Einstellungen

Üblicherweise gehen wir davon aus, dass der Umgang mit der Wahrheit etwas ist, was die betroffenen Patienten, die Mitarbeiter in der Klinik und die Angehörigen angeht. Ausgeklammert wird dabei die Tatsache, dass die Einstellungen zu diesem Bereich nicht im luftleeren Raum entstehen, sondern vielen Einflüssen unterliegen. Wie der Blick in die Geschichte verdeutlicht hat, sind die Verhältnisse, unter denen wir leben, gewordene Verhältnisse, Haltungen und Verhaltensweisen, die sich auch wieder verändern und die wir selbst mitgestalten können. Es ist mir an dieser Stelle wichtig, diesen Zusammenhang zu betonen, um die gegenwärtigen Verhältnisse aus dem Bannkreis des Schicksalhaften und damit Unveränderbaren herauszuholen. Andererseits wird auch der/die einzelne Betroffene von dem unangemessenen Druck entlastet, dass alles, was geschieht, nur seiner/ihrer Verantwortung zuzuordnen sei.

Wie bereits dargestellt, war der Umgang mit dem Tod und der eigenen Sterblichkeit schon immer eine große Herausforderung für die Menschen, die in sehr unterschiedlicher Weise und mit den unterschiedlichsten Reaktionen diesen speziellen Lebenskontext zu bewältigen versuchten. Das hängt damit zusammen, dass Sterben und Tod sowie Gesundheit und Krankheit nicht rein biologische Vorgänge sind, sondern immer auch psychische Begleiterscheinungen haben und darüber hinaus wichtige Bausteine im Wertgefüge jeder Gesellschaft sind. Der Umgang mit diesem Aspekt des Lebens ist so etwas wie der Prüfstein jeder Gesellschaft. Es sind Wirklichkeitsbereiche, die nicht außerhalb der Gesellschaft liegen, wie eine symptomorientierte und rein naturwissenschaftlich ausgerichtete Medizin glauben machen möchte, sondern die im Gegenteil ins Zentrum einer jeden Gesellschaft hineinreichen und auch hineingehören. Umgekehrt wird man sagen müssen, dass jede Gesellschaft die Medizin hat, die sie verdient, oder, wie der in Heidelberg gebürtige Arzt und Begründer der psychosomatischen Medizin Thure von Uexküll (1908–2004) es formuliert:

> »[…] dass die Medizin die Medizin unserer Gesellschaft ist«. Insofern kann es nicht darum gehen, den »Schwarzen Peter« für Schwierigkeiten oder Missstände von der Medizin auf die Gesellschaft zu schieben oder umgekehrt. Vielmehr geht es darum, die Verquickungen und Zusammenhänge realistisch zu sehen und sie für eine Bestandsaufnahme entsprechend einzuordnen. Uexküll schätzt die Situation so ein, dass wir in einer Gesellschaft leben, »die von einer Utopie des ewigen Lebens ohne Krankheit und Konflikte träumt und die der

Medizin die Aufgabe gestellt hat, die Vision aufrechtzuerhalten, die der Gesellschaft die Schrecken der Realität verstellt» (Uexküll 1973, S. XII).

Wenn diese Bestandsaufnahme auch heute noch stimmt, und manches spricht dafür, dann können wir davon ausgehen, dass viele Probleme im Umgang mit dem Sterben, die wir bei einzelnen Menschen erleben und beobachten können, in der gesamten Bandbreite von Verleugnung bis zur Akzeptanz auch auf der größeren gesellschaftlichen Ebene relevant werden. Das heißt, dass auch eine Gesellschaft als Ganze ähnlich wie ein Individuum mit der ganzen Breite psychischer Reaktionen und Abwehrvorgänge reagiert. Uexküll sagt dazu:

> »Das ließ sich früher dadurch erreichen, dass Ärzte mit Rollen ausgestattet wurden, die dem Glauben an magische Omnipotenz im Kampf gegen Krankheit entgegenkamen. In der modernen Gesellschaft ist die Funktion der Medizin vordergründiger: Sie hat Einrichtungen geschaffen, in die man Sterbende und Kranke »abschieben« kann, und damit hat sich die Funktion des Arztes grundlegend gewandelt. Trotzdem haben bisher weder die Ärzte noch die Gesellschaft diesen Funktionswandel wirklich zur Kenntnis genommen, der das »Anstößige« isolieren und der Gesellschaft seinen Anblick ersparen soll« (Uexküll 1973, S. XVI).

Vor diesem Hintergrund wird deutlich, dass die Abwehrmechanismen, die die Gesellschaft vollzieht, indem sie die Krankheit und als Folge davon das Sterben in eigens dafür eingerichtete Institutionen verlegt, sich in dem Abwehrverhalten spiegelt, das immer wieder bei Mitarbeitern im Krankenhaus zu spüren ist. Dieses Abwehrverhalten kann die unterschiedlichsten Züge annehmen: Von der Verweigerung der Wahrheitsmitteilung an die Patienten bis zum Rückzug oder dem weitgehenden Kontaktabbruch, aber auch bis zum scheinbaren Gegenteil: einer geschäftigen Betriebsamkeit im Umgang mit den Sterbenden. Offenbar soll durch ein Übermaß an Aktivität häufig die schwer zu ertragende Hilflosigkeit des medizinischen Personals kompensiert werden. Dies führt jedoch umgekehrt dazu, dass durch die fortwährende Geschäftigkeit der einzelne Patient, die einzelne Patientin, sich noch weniger äußern oder aktiv werden können, was die Beziehung zu ihnen »asymmetrisch« werden lässt. Immer ist es der gleiche Hintergrund: die Unfähigkeit, sich der Wirklichkeit, der Wahrheit, auch für sich selbst, zu stellen, um sie dann mit anderen zu teilen. Zu welch tragischen Konsequenzen das für die Betroffenen führen kann, zeigt folgende Reaktion: Die Frau eines Patienten, der nach einem schweren Herzinfarkt in der letzten Stunde vor seinem Tod noch in die kardiologische Abteilung eines anderen Krankenhauses verlegt wurde, beschreibt die Situation aus ihrem Erleben in einem Brief an den Chefarzt des Krankenhauses folgendermaßen:

> »[...] ich mache mir selbst die größten Vorwürfe, dass ich am Tage seines Todes das Theater, das man sorgfältig um ihn errichtet hatte, mitgespielt habe, ohne es zu durchschauen und ohne mich dagegen zur Wehr zu setzen. Ich bin allerdings nicht sicher, ob ich – wenn ich noch von seinem Abtransport anstatt in die nephrologische (zur Dialyse, d. Verf.) in die kardiologische Abteilung des XY-Krankenhauses erfahren hätte – die Kraft gehabt hätte, die Verlegung zu verhindern. Für Sie und alle Ärzte und auch für mich bestand kein Zweifel, dass mein Mann nur noch wenige Stunden zu leben hatte. Warum konnten wir nicht

> mit ihm über sein Sterben sprechen? Warum konnten wir ihn nicht in Ruhe den Tod finden lassen? Warum haben wir ihn noch fremden Ärzten überantwortet, die mich fast bis zu seinem Tod nicht mehr zu ihm gelassen haben? [...] Eigentlich war er nicht mehr transportfähig, eigentlich war es eine Farce, die wir um ihn herum aufgeführt haben, nur um ihm die Hoffnung nicht zu nehmen, dass er noch gesund werden könnte.«

In der Tat ist mit der Frau dieses Patienten zu fragen, wer denn diese Farce braucht: Der Patient, seine Ehefrau oder doch eher die übrigen Beteiligten? Diese Frage stellt sich häufig im Klinikalltag, wenn Ärzte erkennen, dass die getroffenen Maßnahmen nicht mehr weiterhelfen, sie aber dennoch der Meinung sind, irgendetwas »tun zu müssen«. um dem Patienten nicht das Gefühl zu geben, dass sie mit ihrem »Latein am Ende sind«. Auch hier stellt sich die Frage, wer denn am Ende ist?

Die andere Möglichkeit, mit dem »Ende« umzugehen, scheint es häufig nicht zu geben: Das Unausweichliche hinzunehmen und das Unaussprechliche auszusprechen. Und das Unaussprechliche hat viele Gesichter: Das, was man verschweigen möchte – auch vor sich selbst – oder was man so deutlich verdrängt hat, dass es nicht »greifbar«, geschweige denn sagbar ist. Häufig ist es auch so, dass man es selbst sehr genau weiß, aber die Umgebung, die Mitmenschen oder auch die Art der Beziehung zueinander erlauben es nicht, die Dinge so an- und auszusprechen, wie sie sind.

Die wissenschaftliche Medizin stellt den Ärzten bisher wenig Hilfestellung für den Umgang mit Sterbenden zur Verfügung. Im Allgemeinen wird dieser Bereich der »ärztlichen Kunst« zugeschrieben und damit auch aus dem Bereich des Lehr- und Lernbaren ausgeklammert (▶ Kap. 7). So bleibt jeder auf sich allein verwiesen und wird diesen Bereich mehr recht als schlecht nach eigenem Gutdünken regeln und sich dieser Aufgabe möglichst schnell, weil unsicher, entledigen. Und hierin ist denn auch ein wesentlicher Grund für die zunehmende Belastung der Bezugspersonen der Sterbenden zu sehen. Die in den Heilberufen Tätigen sind für diese Arbeit wenig oder gar nicht ausgebildet und haben damit keine ausreichende Hilfestellung für die professionelle Gestaltung dieser Beziehung erhalten. So werden sie die Verhältnisse fortsetzen, die ein Chefarzt auf die Anfrage von Angehörigen deutlich macht: »Was Sie am Verhalten der Ärzte hier als Allmachtsposition empfunden haben, ist nichts anderes als Angst und manchmal Unsicherheit ... Auch wir Ärzte fürchten uns vor dem Tod unserer Patienten.« Diese Angst ist sicher sehr belastend und führt vielleicht manchmal auch zu falschen Reaktionen. Wenn wir so weit kommen könnten, uns wenigstens gegenseitig die Verunsicherung einzugestehen, dann könnten wir vielleicht auf die oft »unmenschliche Apparatur verzichten, die den Sterbenden daran hindert, in Frieden in den Tod zu gehen«. Solange wir die Angst und die damit verbundene Verunsicherung vor dem Tod bemänteln müssen, werden wir den bekannten und vorgegebenen Rollenklischees verhaftet bleiben, und es wird sich das fortsetzen, was mit dem Wort gemeint ist: »Die Medizin ist die Medizin unserer Gesellschaft.«

Bei der Suche nach Gründen für die Fortschreibung dieser Verhältnisse und des allzu oft distanzierten Verhaltens der Ärzte findet sich bei einem Mediziner folgende interessante Erklärung:

»Als Handelnder steht der Arzt [...] als Mitglied unserer utilitaristischen Gesellschaft unter einem gewissen Erfolgszwang, was es ihm [...] erschwert, den Tod als unausweichliches Ereignis zu akzeptieren [...]. Diese und andere Motive tragen dazu bei, dass das persönliche Verhältnis zum Tod auch für Ärzte und andere Medizinalpersonen ein sehr ambivalentes ist. Dies verleitet Arzt und Mitarbeiter allzu leicht dazu, jenes Faktum zu verleugnen, das sie persönlich und fachlich derartig hart mit den Grenzen ihres Wirkens konfrontiert« (Heim 1975, S. 326; Schweitzer 2021).

Uexküll fügt zwei weitere Aspekte hinzu. Er geht davon aus, dass es leichter sei, sich von vornherein auf die naturwissenschaftlichen, pathophysiologischen Anteile einer Krankheit zu beschränken und sich nicht dem Betroffensein über den Verfall einer Person in der Krankheit und dem Entsetzen auszuliefern, dass sich im Sterben ein Mensch in einen bloßen Körper verwandelt. Das kann man am ehesten dadurch verhindern, dass man sich von vornherein nur für den Körper interessiert.

Als weiteren Grund für die Scheu der Ärzte, sich mit dem Tod persönlich auseinanderzusetzen, führt er an, dass die Gesellschaft die Vertreter von Berufen, die nahe mit dem Tod in Berührung kommen, isoliert. Insofern sei es verständlich, dass sich Ärzte von ihrem Selbstverständnis her als Anwälte des Lebens sehen und es schwer haben, sich mit der Rolle des Helfers im Sterben zu identifizieren. Denn gerade Sterben und Tod sind Themen und Wirklichkeitsbereiche, die nicht nur jeden einzelnen, sondern auch die Gesellschaft als Ganze zutiefst beunruhigen. Besondere Brisanz gewinnt dieses Problem, wenn man berücksichtigt, dass auch bei Ärzten die Abwehr eigener Todesängste eine bedeutsame Rolle spielt. Immer noch scheint das ärztliche Kommunikationsverhalten bei weitem noch nicht ausreichend den Bedürfnissen von Krebskranken zu entsprechen, in dem nicht der Fall, sondern die jeweilige Person als Ganze im Mittelpunkt steht. Angesichts der Befunde auch neuerer Untersuchungen ist die schon 1989 aufgeworfene Frage des amerikanischen Psychologen John L. Holland nach den qualitativen Mängeln der Informationsübermittlung weiterhin berechtigt (Köhle 2017, S. 991).

3.2 Doch besser eine defensive Haltung?

Soll man es tun oder doch besser lassen: Dem Patienten klar und unverblümt die Diagnose seiner Krankheit und möglicherweise auch noch seine prognostischen Aussichten mitzuteilen? Was spricht dafür und was dagegen? Was können Patienten verkraften, wo ist die Grenze ihrer Belastbarkeit? Wer entscheidet letztlich, was sie wissen dürfen und was ihnen womöglich vorenthalten werden sollte? Fragen über Fragen im Umfeld eines hochsensiblen Bereiches: Der Wahrheitsmitteilung an die Patienten. In früheren Jahrzehnten gab es unter den Ärzten eine Mehrheit, die sich gegen eine Offenheit gegenüber Patienten aussprach. Diese Haltung hat eine uralte Tradition. Schon bei Hippokrates heißt es: »Denn viele werden aus diesem Grunde zu Schlimmem getrieben, weil der Arzt den gegenwärtigen Zustand oder den Ausgang voraussagt.«

Dabei entpuppt sich dieses häufig gebrauchte Argument – Patienten würden in die Depression getrieben oder schlimmstenfalls sogar sich selbst etwas antun – als eher unhaltbar. Untersuchungen von Senn haben ergeben, dass die Suizidrate bei Patienten, denen die »Wahrheit« mitgeteilt wurde, nahezu identisch ist mit der bei der »gesunden Durchschnittsbevölkerung« und dass es praktisch kaum vorkommt, dass sich ein Krebspatient etwa deshalb suizidiert, weil man ihn offen über seinen Krankheitszustand aufgeklärt hat. Der Schweizer Arzt Hans-Jörg Senn berichtet, dass von über 10.000 behandelten Malignompatienten einer bestimmten Klinik in den letzten zehn Jahren lediglich einer einen Suizidversuch erfolgreich durchgeführt habe. Er sagt weiter, dass es »immer wieder erstaunlich sei zu sehen, welch großer Prozentsatz von hart angefochtenen Patienten mit Tumorleiden im Laufe einer Krankheit zu einer bewundernswerten tragfähigen Verarbeitung ihres Leidens heranreifen« (Senn 1981, S. 70 f.).

Trotzdem hält sich unter manchen Ärzten immer noch die Ansicht, sie sollten die Wahrheit eher verschweigen. Hufeland, Goethes Arzt, sprach dieses Argument in apodiktischer Kürze aus, als er sagte: »Den Tod verkünden heißt den Tod geben.«

Offenbar ist diese Frage nicht nur ideologiebefrachtet, sondern auch hochgradig emotional besetzt. Deshalb ist es durchaus verständlich, dass viele Beteiligte – allesamt auch in ihrer eigenen Haltung betroffen – beharrlich an »ihrer« Praxis festhalten, die Wahrheit gar nicht oder nur dosiert weiterzugeben. Der über viele Jahre in Düsseldorf lehrende Medizinhistoriker Hans Schadewaldt (1923–2009) erklärt, das habe nichts »mit einem Macht- und Herrenbewusstsein oder einem falschen Autoritätsanspruch des Arztes zu tun, sondern diese Haltung ist nichts anderes als ein zusätzliches Pharmakon im Kampf gegen die Krankheit« (Schadewaldt 1969, S. 566). Er bemüht Gewährsleute für diese Einstellung und findet sie bei niemand geringeren als den Kirchenvätern, die das Problem der ärztlichen Unwahrhaftigkeit, das man ja üblicherweise »Sünde« nennen müsste, bereits mit der Sorgepflicht des Arztes in Verbindung gebracht hätten. Wenn er die fromme Lüge oder das Verschweigen als »Therapeuticum oder Prophylacticum« einsetze, dann sei dies erlaubt. Hier wird offenbar frei nach der Devise verfahren: Der Zweck heiligt die Mittel.

Was sind nun die Gründe dafür, die ein gezieltes Verschweigen von Informationen angeraten sein lassen? Senn führt folgende an:

- Angst vor den angeblichen negativen Folgen einer allzu offenen Informationstaktik (Schutz der Patienten durch Verschweigen beziehungsweise »gnädiges Lügen«);
- ärztlich vermutete Verarbeitungsschwierigkeiten infolge von Intelligenz- und Reifegrad des Patienten (Jugendliche, »einfache Leute«, höheres Alter und so weiter);
- angeblich hohe Suizidgefahr bei informierten Krebspatienten;
- Information der nächsten zuständigen Angehörigen genügt; »leichter durchzuführen« für den Arzt; therapeutischer Nihilismus, oft basierend auf vorurteilshaft verarbeiteter, einseitiger, kasuistischer Erfahrung und mangelnder Weiterbildung (Schema »Krebs = Tod«).

Hancock et al. (2007) verglichen in einer systematischen Übersichtsarbeit 46 Studien hinsichtlich der Haltung von Ärzten und Pflegekräften bezüglich des Umgangs mit Patienten, die wegen lebensverkürzender Krankheiten behandelt werden. Zwar spricht sich der Großteil des Gesundheitspersonals dafür aus, Patienten über ihren Gesundheitsstatus zu informieren, dennoch gibt jede vierte bis dritte Pflegekraft an, einem Patienten oder Angehörigen bereits Informationen vorenthalten zu haben bzw. dies bei einem Kollegen mitbekommen zu haben. Als Gründe hierfür werden unter anderem Stress, fehlende Zeit, auf die emotionalen Bedürfnisse des Patienten einzugehen, Angst vor negativen gesundheitlichen Konsequenzen für den Patienten oder zu geringe Kompetenzen, mit derartigen Situationen umgehen zu können, diskutiert (Hancock et al. 2007).

In der Tat scheint es angeraten zu sein, an diesen sensiblen Bereich vorsichtig heranzugehen, zumal keiner voraussehen kann, wie jemand reagiert, wenn er oder sie plötzlich und unvermutet mit einer unheilbaren, vielleicht rasch zum Tode führenden Krankheit konfrontiert wird. Es scheint kaum möglich, die Reaktion bei einem anderen Menschen genau vorherzusagen oder auch nur annähernd abzuschätzen. Das seelische Gleichgewicht ist sehr sensibel und es ist zu fragen, ob es nicht verantwortungsvoller ist, dieses Gleichgewicht nicht bis an die Grenze des Belastbaren zu strapazieren. Ist hier nicht ein »Zuwenig« eher angezeigt als ein »Zuviel«?

Es gibt einen prominenten Präzedenzfall, der dieser Argumentationslinie rechtzugeben scheint. Der Dichter Theodor Storm (1817–1888) erkrankt im Frühjahr 1887 im Alter von 69 Jahren. Es sind Magenbeschwerden, die ihn plagen. Er spürt deutlich seinen Zustand, den er in seinem Gedicht »Beginn des Endes« sehr behutsam und doch klar beschreibt:

> »Ein Punkt nur ist es, kaum ein Schmerz, nur ein Gefühl, empfunden eben.
> Und dennoch spielt es stets darein, und dennoch stört es dich zu leben.
> Wenn du es andern klagen willst, so kannst du's nicht in Worte fassen,
> Du sagst dir selber: Es ist nichts. Und dennoch will es dich nicht lassen.
> So seltsam fremd wird dir die Welt
> und leis verlässt dich alles Hoffen,
> bis du es endlich, endlich weißt,
> dass dich des Todes Pfeil getroffen«
> (Storm 1913, S. 228)

Storms erschütterndes Gedicht lässt ahnen, wie sensibel dieser Mann die Anzeichen seiner schweren Erkrankung wahrgenommen hat und wieviel er im Grunde selbst geahnt hat oder schon »wusste«. Sehr klar wird hier die innere Ambivalenz angesprochen: Der Versuch, sich zu beruhigen: »Es ist nichts«, und auf der anderen Seite die Beunruhigung, die ihn nicht mehr loslässt. In einem Brief an Paul Heyse schreibt Storm am 6. März 1887:

> »Ich kenne alle Gefahren meines Zustandes, weiß aber auch, dass viele damit weiterleben und werde das auch fertigzubringen suchen.«

Aus diesem Zitat geht hervor, dass sein Hausarzt, Dr. von Brinken, ihn zwar über die Bedrohlichkeit seines Zustandes nicht im Unklaren gelassen hatte, ihm aber eine gute Überlebenschance signalisierte und damit eine langsame Annäherung an die Diagnose beabsichtigte.

Eines Tages will Storm jedoch die volle Wahrheit wissen. Die innere Unruhe, die er durch das Gedicht zum Ausdruck gebracht hat, ist offenbar zu groß geworden. Da es sich um einen Patienten handelt, der ohnehin schon ziemlich genau über die Bedrohlichkeit seiner Erkrankung Bescheid weiß, wird das Wort »Magenkrebs« von seinem Hausarzt offen ausgesprochen. Storm versucht, dies zunächst mit Fassung zu tragen, bricht dann aber zusammen und fällt in eine tiefe Depression, so dass seine Frau Gertrud in ihrer Biographie schreibt: »Storm hatte sich überschätzt: Er vermochte die Gewissheit eines nahen Todes nicht zu ertragen. Tiefe Schwermut ergriff ihn. [...] Die Hoffnung, ohne die es kein Glück gibt, musste ihm wiedergegeben werden.«

Die Familie entschied sich, einen anderen Arzt zu bitten, dem Patienten mitzuteilen, es handle sich lediglich um eine unbedeutende Krankheit, was auch geschah. Theodor Storm fasste wieder Mut und vollendete den Schimmelreiter, den viele für seine reifste Leistung halten. Er feierte mit viel öffentlicher Anteilnahme seinen 70. Geburtstag und starb wenige Zeit später.

Ist der »Fall Storm« nicht ein unüberbietbares Beispiel dafür, wie gefährlich es sein kann, einem Patienten die volle Wahrheit mitzuteilen?

Für mich ist dies eher ein Verlauf, der zeigt, wie sensibel der Vorgang der Wahrheitsmitteilung ist. Gefährlich wird er erst, wenn die Ambivalenz, die zweifellos nicht einfach zu ertragende Spannung im Patienten zwischen Wissenwollen und Nichtwissenwollen, zu einer Seite hin vorschnell aufgelöst wird. Der Patient Storm war damit überfordert. Die Entwicklung zeigt aber auch, dass der Hausarzt die eine Seite der Ambivalenz des Patienten als vorherrschend über Storms Seelenverfassung überbewertet hatte und die andere Seite von ihm nicht angemessen gewichtet wurde.

Gründe für einen offenen Umgang mit der »Wahrheit«

Solche misslungenen Formen von Wahrheitsmitteilung werden häufig zum Anlass genommen, »das Kind mit dem Bade auszuschütten« und zu beweisen, dass sich Offenheit gegenüber Patienten nicht wirklich auszahlt beziehungsweise nur Schaden anrichtet. Weil man aber eine unsachgemäße Aufklärung von Patienten als Argumentation gegen sie nicht akzeptieren kann, werden wir uns mit den Gründen auseinanderzusetzen haben, die *für* eine Wahrheitsmitteilung an die Patienten sprechen.

3.3 Plädoyer für einen offenen Umgang

Die Gründe für die inzwischen doch mehrheitlich eingetretene Veränderung des Umgangs mit dem Thema »Wahrheit« sind durchaus unterschiedlicher Art. Zum einen ist durch die Behandlungserfolge der Onkologie das Bewusstsein in breiten

Bevölkerungsschichten gewachsen, dass das Auftreten einer Krebserkrankung keineswegs mehr den sicheren Tod bedeuten muss und dass besonders bei frühzeitiger Diagnose durchaus Möglichkeiten zur Linderung oder gar zur Heilung der Krankheit bestehen. Für die Ärzte ist es deshalb leichter geworden, die Diagnose »Krebs« auch zu benennen, ohne damit eine Todesankündigung auszusprechen. Zum anderen ist das Selbstbewusstsein der Patienten gestiegen und ihr Ruf nach partnerschaftlichem Ernstgenommenwerden und nach Eigenständigkeit gewachsen (Informed Consent). Zusätzlich wird das Recht auf Aufklärung, zum Beispiel vor Operationen über die Risiken, inzwischen auch von juristischer Seite nachdrücklich eingefordert. Das Schlagwort vom »mündigen Patienten« geht um und mit ihm ein Bewusstseinswandel von großer Tragweite. In einer Entscheidung des California Court heißt es bereits 1977:

> »Das Recht des Patienten auf eigene Entscheidung ist der Maßstab für die Aufklärungspflicht des Arztes. Dieses Recht kann nur dann entsprechend ausgeübt werden, wenn der Patient angemessene Informationen besitzt, um eine angemessene Wahl zu treffen. Das Ziel der ärztlichen Kommunikation mit dem Patienten muss auf die Bedürfnisse des Patienten ausgerichtet sein – und was immer er an Informationen braucht für seine Entscheidung, muss ihm zur Verfügung gestellt werden« (Meyer 1979, S. 142).

Eine solche Bewusstseinsveränderung käme aber nicht zustande, wenn es nicht auch eine Anzahl von Gründen dafür gäbe, die Wahrheitsmitteilung nicht mehr so restriktiv, sondern offener als bisher zu handhaben. Folgende Gründe sprechen für die Offenheit gegenüber Patienten im Zusammenhang mit der Wahrheitsfrage:

- Die Achtung vor der Persönlichkeit des Patienten verlangt es, dass er über seinen Zustand orientiert wird.
- Der Patient wird die Wahrheit direkt (zum Beispiel durch medizinische Hilfskräfte) oder indirekt (aus verschiedenen Anzeichen) erfahren, aber sie dann ohne fachgerechten Beistand verarbeiten müssen.
- Die Kooperation in der terminalen Phase ist sehr wichtig, so dass der Patient dafür motiviert werden muss. Er soll die Möglichkeit erhalten, seine inneren und äußeren Angelegenheiten zu ordnen.
- Der Patient wird es während der schwierigen Periode des Sterbens leichter haben, wenn er Angehörigen und Betreuern gegenüber offen sein kann.
- Durch Verheimlichen werden die Autorität und das Vertrauen in den Arzt und seine Mitarbeiter zerstört.

Beeindruckend finde ich in diesem Zusammenhang die Aussage einer Patientin, die die bedeutenden Aspekte von einem offenen Umgang mit der Wahrheit auf den Punkt bringt:

> »Ich brauche mir nicht auf mein stummes Fragen hin die gewiss gutgemeinten, aber heuchelnden Tröstungen der Schwester anzuhören. Es blieb mir erspart, dass man zu mir im Zimmer anders sprach als draußen vor der Tür. Das Wort ›Krebs‹ wurde ausgesprochen, auch von mir. So wurde mir die Erniedrigung erspart, von taktlosen Tröstern aufgemuntert zu werden.

So blieb mir die Menschenwürde, die unlöslich zum Menschen gehört, erhalten. Ich konnte als Mensch weiterleben. Das Wichtigste dabei war wohl, dass mir und meinen Angehörigen das traurige Versteckspiel erspart blieb. So ist keine Schranke zwischen uns entstanden. Wir sind zusammengeblieben, was gerade jetzt so nötig war und sind uns nähergekommen.«

Kübler-Ross konnte bei praktisch allen Sterbenden, mit denen sie zu tun hatte, beobachten, dass ein Wissen um die eigene Todesbedrohung keineswegs mit Hoffnungslosigkeit einherging, sondern dass im Gegenteil die Sterbenden nie ohne Hoffnung waren und dass alle Patienten sich gerade in besonders schwierigen Situationen von ihrer Hoffnung tragen ließen. Dies entspricht auch der klinischen Erfahrung des Autors, dass erstaunlich viele »wissende« Patienten auch hoffnungsvolle Patienten bleiben. Dabei spielt es keine Rolle, ob sich ihre Hoffnungen auf bestimmte Fortschritte der Medizin bezogen (»Vielleicht finden sie ja noch etwas, was mir helfen kann«) oder auf ein Leben nach dem Tod (»Ich freue mich darauf, meinen Mann/meine Frau, meinen Vater/meine Mutter wiederzusehen«). Hoffnung oder Hoffnungslosigkeit scheinen eher damit zu tun zu haben, inwieweit eine befriedigende soziale Integration aufrechterhalten werden kann. Entscheidend dürfte daher sein, ob die Kommunikationsstruktur in Bezug auf das Stationspersonal wie auch auf die Familie oder andere nahestehende Personen zufriedenstellend gestaltet werden kann. »Heute können wir ausreichend begründet empfehlen, Patienten auch im Falle einer ungünstigen Prognose in der Regel über das Wesen ihres Leidens zu informieren. Auch die Umsetzung dieser Empfehlung in der Praxis hat Fortschritte gemacht. Dennoch scheint auch heute das ärztliche Kommunikationsverhalten bei weitem noch nicht ausreichend den Bedürfnissen von Krebskranken zu entsprechen« (Köhle 2017). Zum entscheidenden Kriterium der Wahrheitsfrage kristallisiert sich deshalb nicht so sehr der Umfang des prognostischen oder diagnostischen Wissens, das man Patienten mitteilen sollte oder nicht. Wichtig ist, ob sie sich in diesen Prozess einbezogen fühlen und so Subjekt ihrer Krankheit bleiben können.

Wahrheitsmitteilung zwischen pro und contra

Es scheint denn auch kaum noch ein Dissens darüber zu bestehen, dass Patienten sowieso über Informationen verfügen, ob man sie ihnen nun ausdrücklich mitgeteilt hat oder nicht. Wie aufmerksam Patienten Signale des eigenen Körpers oder auch aus ihrer Umgebung aufnehmen und zu verarbeiten suchen, schildert eine Patientin sehr eindrücklich:

»Ich bin beunruhigt, weil keine Untersuchungen mehr durchgeführt werden. Niemand nimmt mir mehr Blut ab und ich bekomme alle Medikamente, die ich will. Der Pfarrer besucht mich zweimal wöchentlich, was er früher nicht tat und meine Schwiegermutter ist entgegenkommender zu mir, obwohl ich ihr gegenüber unfreundlicher bin. Würde Sie das nicht nervös machen?« Dann entstand eine Pause, in die hinein der Arzt sagte: »Sie meinen, Sie denken, dass Sie sterben müssen?« »Genau das«, sagte sie. Er antwortete: »Ja, das stimmt.« Dann sagte sie lächelnd: »Endlich habe ich die Schallmauer durchbrochen. So hat mir am Ende doch noch einer die Wahrheit gesagt.«

Diese Frau hat den Durchbruch geschafft: Aus eigener Kraft hat sie die Mauer des Schweigens, die sie umgab, durchbrochen. Es war ein langer Weg, aber offenbar auch ein befreiendes Erlebnis: »So hat mir am Ende doch noch einer die Wahrheit gesagt.« Oft genug bleiben Patienten und Patientinnen jedoch hinter der Mauer des Schweigens allein und gefangen, obwohl sie ihre Situation deutlich spüren.

Auf welch vielfältige Weise Patienten im Alltagsgeschehen des Krankenhauses auf ihre Diagnose stoßen können, belegen recht anschaulich auch folgende Beispiele:

Einer 53-jährigen, äußerlich undifferenziert wirkenden Frau war vom Hausarzt und anderen Krankenhausärzten trotz ihrer Fragen eine klare Auskunft über ihre Krankheit immer wieder verweigert worden. Im Gespräch mit einem anderen Arzt heißt es von ihr: »Wissen Sie, ich bin halt immer blutärmer geworden. Da ich nach außen kein Blut verloren habe, habe ich mir gedacht, dass kann nur innerlich von einer Art Krebs aufgefressen werden.« Die Diagnose ihrer Krankheit lautete: »Akute Leukämie«.

Auf die Frage an eine 19-jährige, erst seit wenigen Tagen erkrankte Patientin, ob sie sich schon Gedanken über ihre Erkrankung gemacht habe, meinte sie: »Ich kenne die Diagnose schon. Auf der Toilette stand ein Urinkrug, an dem ein Zettel mit meinem Namen und der Diagnose »Verdacht auf akute Leukämie« angebracht war.« Derweil zerbrachen sich Ärzte und Angehörige vor ihrer Zimmertür noch den Kopf darüber, ob und wie man ihr die Diagnose mitteilen könne.

Einer Kranken mit akuter Leukämie wurde von Ärzten und Schwestern eines auswärtigen Krankenhauses keine Information über ihre Erkrankung gegeben. Vor der Verlegung in eine Universitätsklinik empfahl ihr jedoch die Stationsschwester, besser noch den Pfarrer zu rufen und vermittelte ihr so die krankheitsbedingte Bedrohung.

Oft reichen kleine Verhaltensänderungen aus, um die Patienten hellhörig und misstrauisch werden zu lassen. Ein Patient beschrieb seine »Entdeckung« ganz einfach so: »Als der Professor sich zu mir aufs Bett setzte, habe ich gewusst, jetzt wird es ernst.«

Untersuchungen haben gezeigt, dass sich bei einem hohen Prozentsatz der Betroffenen die Frage der Information nicht mehr nach »ja« oder »nein« stellt, sondern dass sie sich immer mehr zum Problem des »wie« verschiebt (Löfmark und Nilstun 2000; Butow et al. 2002; Randall und Downie 2014). Reinhold Schwarz berichtet über eine Untersuchung aus der Ambulanz der Heidelberger Universitäts-Frauenklinik.

Alle Frauen mit dem Verdacht auf Brustkrebs wurden über einen Zeitraum von vier Monaten nach ihren Vermutungen befragt, noch ehe die Diagnose endgültig abgeklärt war. Man fand heraus, »dass sich neben der Verdachtsdiagnose des Arztes die Eigenvermutung der Befragten als das entscheidende Klassifikationskriterium erwies. Ohne die Verdachtsdiagnose, das heißt ausschließlich nach Patientenangaben, wurden immerhin noch mehr als 73 Prozent richtig eingeordnet« (Schwarz 1985). Das bedeutet, dass bereits in diesem frühen Krankheitsstadium ein erstaunlich genaues »Wissen« der Patientinnen vorhanden war. Es ist also davon auszugehen, dass die Behauptung: Auf der einen Seite steht der Patient, der nichts weiß, auf der anderen Seite stehen die Ärzte, Schwestern und Angehörigen, die genaue Informationen haben, nicht haltbar ist.

Dass der Patient trotz seines »Wissens« häufig nichts davon vermittelt, hat seine Gründe. Ein Chefarzt formuliert das so: »Der Patient hat wohl befürchtet, dass er unser Interesse und unsere Zuwendung verliert, wenn und sobald eine Übereinstimmung zwischen ihm und uns besteht, dass er nicht mehr zu retten ist. Er hat befürchtet, wir würden ihn aufgeben – und er befürchtet es zu Recht.«

Die Haltung der Verleugnung auf Seiten des medizinischen Personals mag allenfalls gelten, wenn sie ein Bündnis eingeht mit dem Bedürfnis nach Verdrängung von Seiten des Patienten. Wo das aber nicht der Fall ist, kann eine solche Haltung verheerende Wirkung haben und zu einem zunehmenden Vertrauensschwund auf Seiten der Patienten führen. Unerträglich wird die Situation für Patienten dann, wenn sie eine Mauer des Schweigens um sich herum wachsen sehen und keine Möglichkeit besteht, sie zu durchbrechen oder zu überspringen, wenn es keine Austauschmöglichkeiten gibt über das, was sie betrifft und zutiefst bewegt.

3.4 Wahrheit als Entwicklung und Prozess

»Damit die Menschen lernen, sowohl zu leben als auch zu sterben«, schrieb Montaigne, »müssen sie über den Tod nachdenken und sich auf ihn gefasst machen. Steckt man den Kopf in den Sand oder wird durch Lügen daran gehindert zu erkennen, was auf einen zukommt, dann wird die Freiheit eingeschränkt – die Freiheit, das Leben als Ganzes zu betrachten, mit einem Anfang, einer Dauer, einem Ende. Einige möchten lieber getäuscht werden, als ihr Leben in dieser Weise als endlich zu sehen: Andere werden die Information zurückweisen, die ihnen eine solche Erkenntnis abverlangen würde. Doch die meisten sagen, dass sie Bescheid wissen wollen« (Bok 1980, S. 60; Hancock et al. 2007; Butow et al. 2002).

Dabei geht es keineswegs um bloße Neugier und nur bedingt um die Möglichkeit, in der verbleibenden Zeit noch wichtige Dinge zu regeln. Vielmehr geht es darum, noch einmal Stellung zu beziehen zum eigenen Leben als Ganzem und diesem Leben Sinn und Erfüllung zu geben. Es geht ebenso darum, sich mit der Unvermeidlichkeit des Todes auseinanderzusetzen, und das ist in der Tat keine leichte Aufgabe, sondern sicher eine der schwersten, die uns das Leben zumutet. Es geht nicht mehr darum, über den Tod zu philosophieren oder über die Tatsache, dass wir alle Sterbliche sind. Es geht auch nicht darum, den Tod eines anderen Menschen, vielleicht sogar eines mir sehr nahestehenden Menschen zu akzeptieren. In dieser Phase des Lebens geht es allein darum zu realisieren, dass *ich* es bin, der betroffen ist – ich mit allem, was ich bin und was ich habe. Das »wer, ich?« verändert sich häufig zu einem »warum ich?«, wenn Patienten begreifen, dass jeder sterblich ist und niemand dabei eine Ausnahme macht.

3 Wahrheit – die gefürchtete Annäherung an das Unausweichliche

Wie groß die Herausforderung ist, die sich dem Sterbenden stellt, wird man erst in seiner ganzen Tiefe begreifen können, wenn man sich bewusstmacht, dass nicht nur etwas, sondern dass alles auf dem Spiel steht: Nicht weniger als das eigene Leben, damit das Wertvollste, was wir haben. Vor diesem Hintergrund wird auch verständlich, dass es sich dabei nicht um einen gradlinigen Weg handeln kann, den jemand zielstrebig hinter sich bringt. Es ist dies ein Weg zwischen Akzeptanz und Verweigerung, zwischen Flüchten und Standhalten, zwischen Bereitschaft und Widerstand; ein Weg zwischen Offenheit und Verleugnung, ein innerer Wachstumsprozess eben, der durch die gravierend veränderten körperlichen Rahmenbedingungen angestoßen wird.

> »Die größte Freiheit des Menschen besteht […] in der Wahl seiner inneren Einstellung zu dem äußerlich Vorgegebenen. Wir leben in einer Ära, die durch die Einstellung charakterisiert ist, dass man sich mit nichts abzufinden habe […]. Das Anfreunden mit dem, was ist, – das ist die zentrale Ressource, auf die jeder Mensch zurückzugreifen lernen müsste. Denn nur in dieser Haltung der Annahme wird er dazu befähigt werden, konstruktiv mit seinen Grenzen umzugehen« (Maio 2014b, S. 202).

Wie erschütternd eindringlich dieser Prozess der inneren Wandlung auch in einer anderen Dynamik sein kann, veranschaulicht die Erzählung einer Patientin: Ihre Mutter, die selbst an Krebs gestorben war und deren Sterben sie vor zwei Jahren sehr bewusst miterlebt hatte, trat im Traum von hinten an sie heran, legte ihr beide Hände um den Hals und würgte sie. Die Patientin wehrte sich heftig und schrie, sie solle sie doch loslassen. Aber die Mutter ließ nicht locker und sagte: »Es ist jetzt genug!« Die Tochter schrie in ihrer Verzweiflung: »Ich will noch nicht, ich will noch bleiben!« Aber die Mutter blieb bei ihrem kategorischen »Komm jetzt!«

Im nachfolgenden Gespräch ist die Patientin noch einmal in ihre »Rolle«, die sie im Traum spielte, eingestiegen und hat in einer bewussten Entscheidung am Ende des Gespräches den Schluss des Traumes verändert. Sie sagte: »Dies ist noch nicht meine Zeit, Mutter; ich werde noch nicht mit dir gehen. Noch lebe ich!« Diese Frau wusste im Großen und Ganzen um die Bedrohlichkeit ihrer Erkrankung, aber sie hatte sich entschieden, die restliche Zeit bewusst zu leben.

Ein *Grundsatz* im Umgang mit Patienten, die sich mit einer gravierenden oder zum Tode führenden Krankheit auseinandersetzen müssen, lautet: Man darf ihnen die Wahrheit nicht als einmalige Aussage »hinwerfen«, um sie dann sich selbst zu überlassen. Wahrheit braucht ein Umfeld, das von einer Beziehung beziehungsweise von Vertrauen getragen ist. Dies ist vermutlich einer der tiefsitzenden inneren Widerstände vieler Ärzte, dass sie spüren: Wenn ich den Patienten die Wahrheit über ihren Zustand mitteile, dann kann ich mich nicht mehr heraushalten und mich auf eine bloße medizinische Betreuung beschränken, dann bin ich auch als Mensch gefragt; dann muss ich meine Patienten so weit wie möglich auf ihrem Weg begleiten.

Als Maßstab auf diesem Weg wird weitgehend die Vorgabe des Patienten gelten müssen. Nur er allein kann darüber entscheiden, was ihm an Offenheit möglich ist oder nicht. Was er heute verkraften kann, wird sich möglicherweise morgen als zu viel erweisen. Wollte er gestern über seine eingeschränkten Aussichten reden, so wird er vielleicht heute schon wieder Pläne machen für die Zukunft, weil er sich durch eine bessere körperliche Verfassung im Aufwind sieht.

Daran wird deutlich, dass die Aufgabe, todkranke Patienten auf dem Weg der wechselnden Gefühle zu begleiten, nicht leicht ist und seelische ebenso wie geistige Kräfte beansprucht. Nur so kann man an den Überlegungen und Empfindungen des Patienten teilhaben und die Wege und auch die Umwege mit ihm gehen. Es ist die Figur des Begleiters, die die Rolle dessen wohl am besten beschreibt, der sich mit Patienten auf diese oft abenteuerliche Reise begibt. Sie ist abenteuerlich deshalb, weil niemand von beiden weiß, wohin diese »Reise« führt. Man wird eine Menge der gewohnten Sicherheiten aus der Hand legen müssen, wenn man sich dieser Aufgabe stellen will.

Diese Grundhaltung ist am ehesten zu beschreiben mit dem Begriff der »Instrumentenlosigkeit«, das heißt: Es geht nicht primär darum, für den Patienten etwas zu tun, sondern bei ihm zu bleiben – äußerlich und innerlich. Die Rolle des Begleiters erfordert deshalb so viel innere Kraft, weil man das, worauf er oder sie sich weitgehend verlassen konnten, aus der Hand legen müssen: Die Spritze oder die Infusion, das Stethoskop oder das Blutdruckmessgerät. Es geht bei der Aufgabe der Begleitung nicht primär darum, etwas zu »machen«, sondern da zu sein, eine Rolle, die wir heute weitgehend verlernt haben, die im gesellschaftlichen Kontext ihre Anerkennung verloren hat. Vielleicht ist das ein Grund dafür, dass es häufig immer noch zu einer Übertherapie kommt.

Mit dem Institut für Medizinische Psychologie der Uniklinik Münster unter Prof. F.A. Muthny habe ich eine interne empirische Studie durchgeführt. Sie hatte das Thema: »Berufsethische Einstellungen von Pflegepersonal und Ärzten zur Sterbebegleitung«, an der sich 150 Ärzte und 500 Mitarbeitende im Pflegedienst aus zwölf unterschiedlich großen Krankenhäusern beteiligt haben. Darin wird eine erhebliche Diskrepanz im Verhalten bzw. in der Selbst- und Fremdwahrnehmung zwischen Ärzten und Pflegepersonal deutlich. Dies speziell auch zum Thema: »Maximaltherapie im Umgang mit Patienten am Lebensende«. Bei der Grundsatzfrage nach dem Sinn einer Maximaltherapie im Finalstadium einer Krebserkrankung sind beide Berufsgruppen relativ nahe beieinander. Das Pflegepersonal antwortet »sehr entschieden« mit 68 %, die Ärzte sogar mit 74,7 %. Geht es aber um die Umsetzung in der Realität des Krankenhausalltags, dreht sich dieses Bild ins genaue Gegenteil. Ärzte sagen zu 68 %, dass sie unter diesen Umständen Maximaltherapie lediglich in seltenen Fällen durchführen. Nur 13,9 % machen dies nach eigenen Angaben häufig. Die Einschätzung des gleichen Sachverhaltes durch das Pflegepersonal könnte diskrepanter nicht ausfallen: Pflegende sagen zu 69,4 %, dass Ärzte häufig bei Patienten im Finalstadium durchaus eine maximale Therapie anwenden. Nur 10,2 % beantworten das mit »eher selten.«

Der Psychologe und Philosoph Karlfried Graf Dürckheim (1896–1988) hat lange Jahre in Japan gelebt und die Zen-Meditation in Deutschland populär gemacht. Er beschreibt treffend, wie sehr die westliche Welt im Bann des Machens steht und sich einzig und allein dem Prinzip der Leistungsfähigkeit verpflichtet fühlt. Mit Blick auf die Person des Kranken sagt er, dass so etwas wie inneres Vorankommen und »Einswerden mit dem tieferen Seinsgrund zu dem hinführt, was man menschliche Reife nennt.« Das sei heute in hohem Maße verloren gegangen. Dem Menschen unserer Tage sei »weitgehend der Sinn dafür abhandengekommen, dass er noch immer zu wachsen hat. Gerade hierzu aber bildet [...] [das] Kranksein eine Chance, und es gehört zu den Möglichkeiten des Arztes, dem Menschen zu helfen, diese Chance wahrzunehmen« (Dürckheim 1965, S. 179). Kurzgefasst könnte man sagen: Sterbebeistand leistet, wer die so beschriebene Sterbehilfe aufgrund einer Vertrauensbeziehung mit Sterbenden in seiner ganz persönlichen Begleitung zu geben versucht.

Man kann also nicht jemanden begleiten und sich gleichzeitig innerlich aus dem Prozess heraushalten. »Das Gewicht liegt auf dem Prozess und der kontinuierlichen Anwesenheit des Therapeuten. Nichts *muss* erreicht werden. Der Patient gibt das Tempo an, auch hinsichtlich der Frage, ob das Thema Tod jemals erwähnt wird – obgleich, wenn es erlaubt ist, Tod anzusprechen, dies auch fast immer geschieht[...]. Verschiedene Menschen kommen in unterschiedlicher Offenheit mit ihrer Krankheit in Kontakt. Jeder Grad der Offenheit ist gleich gut, solange der Patient sich dabei wohl fühlt« (Dürckheim 1965, S. 179). Es geht darum, die Wege, *seine/ihre* Wege der Annäherung an die Wahrheit, an das Beängstigende mitzugehen und dabei das Empfinden zu vermitteln, dass er/sie auf diesem Weg nicht allein gelassen ist. Zu den persönlichen und menschlichen Voraussetzungen auf Seiten des Begleiters meint Dürckheim: »Der Begleiter wird den Patienten nur dann zu öffnen vermögen, wenn echte Wärme Ausdruck seiner mitmenschlichen Verbundenheit ist [...]. Nur echte Zugewandtheit des Herzens vermag das Eis zu schmelzen, das der große Kontaktverlust um den Menschen gelegt hat. Das »Klima« ist die wichtigste Voraussetzung zum Wachwerden des mit dem Wesensgrund verbundenen personalen Subjekts, für das die Wahrheit keine Schrecken bedeutet, sondern immer nur fördernde Kräfte entbindet« (Dürckheim 1965, S. 176).

Die Wege der Annäherung und Auseinandersetzung sind so vielfältig wie die Patienten selbst, nicht nur, was die Form der Gestaltung und der Inhalte angeht, sondern auch die Art des sprachlichen Ausdrucks. Bisweilen enthüllen ein abgebrochener Satz oder ein Zögern mehr als viele Worte. Ein Aidspatient sprach bei einem meiner Besuche davon, dass er im Grunde wisse, wie es mit ihm stehe – dass ihm kaum noch zu helfen sei.

»Ich denke manchmal sehr bewusst an mein Sterben, wie das wohl sein wird. Ich schaue oft an die Decke, und dann kommen mir solche Gedanken. Aber dann muss ich ganz schnell wieder an etwas anderes denken, weil ich große Angst bekomme. Das halte ich nicht lange aus.«

Niemand anderes also als die Patienten selbst können darüber entscheiden, was möglich ist, an Wahrheit zuzulassen, und was nicht. Zugleich wird deutlich, wie sensibel dieses Gleichgewicht in den Patienten ist und wie es sich von einer Sekunde zur anderen verändern kann. Das folgende Gesprächsbeispiel zwischen einer Schwester und einem Patienten zeigt dies sehr eindrücklich.

Schwester: Guten Abend, Herr M., wie geht es Ihnen? Hatten Sie Besuch?
Patient: Ja, aber was hilft das alles! Ich habe so viele Schmerzen, dass mir alles gleich ist.
Schwester: Aber Herr M., das dürfen Sie nicht sagen; in ein paar Tagen geht es bestimmt wieder besser!

Patient:	Ich habe immer die Angst, dass ich Krebs haben könnte, nur die Ärzte sagen es mir nicht.
Schwester:	Das kann man im Augenblick wirklich noch nicht sagen, jetzt muss erst alles gründlich untersucht werden, um Ihnen dann genaue Auskunft geben zu können.
Patient:	Ich habe solche Angst, ich glaube, ich könnte es nicht ertragen.
Schwester:	Nun warten wir erst einmal die Untersuchungen ab, dann sehen wir wieder weiter. Eine gute Nacht, schlafen Sie recht gut.
Patient:	Gute Nacht, vielen Dank für alles.

Weil die Schwester offenbar merkt, auf welch gefährliches Terrain sie sich mit ihrer ersten Frage »Wie geht es Ihnen?« begibt, schiebt sie gleich eine unverfängliche Frage hinterher: »Hatten Sie Besuch?« Darüber könnte man lockerer reden als über seinen Zustand im Rahmen der Erkrankung. Aber der Patient lässt sich dadurch nicht von seinem inneren Leitfaden abbringen, nicht von den Schmerzen und den dadurch hochgewirbelten Ängsten und Fantasien. Dies ist *sein Thema*, darüber will er reden. Aber wie sensibel sein inneres Gleichgewicht ist, zeigt sich sehr schnell. Er muss gleich wieder auf die andere Seite wechseln: »Ich habe solche Angst, ich glaube, ich könnte es nicht ertragen.« Wie gefährlich wäre es, die erste Aussage für sich allein als bare Münze und als alleinigen Ausdruck der inneren Verfassung des Patienten zu nehmen, sie als Indiz dafür zu betrachten, ihm nun endlich klaren Wein einzuschenken. Die letzte Aussage des Patienten gehört ebenso zu seiner Befindlichkeit. Erst gemeinsam ergeben sie das seelische Gesamtzustandsbild.

Das Verhalten der Schwester in diesem Verbatim wird sicher nicht als Paradebeispiel einer gelungenen Gesprächsführung gelten können. Es ist jedoch insofern aussagekräftig, als dass es ein deutliches Licht auf die innere Spannung und Ambivalenz des Patienten wirft. Er ist es, der »weiß« und doch »nicht wissen möchte«, der einerseits die innere Spannung der beängstigenden Ahnung kaum aushält, der aber andererseits Angst hat, dass seine Ahnung bestätigt werden könnte, die ihn damit zu einem Sterbenden werden ließe. Um diesen Prozess, in dem Patienten sich befinden, besser zu verstehen, soll im Folgenden kurz auf das psychoanalytische Konzept der »Abwehr« eingegangen werden.

Die Funktion der Abwehr

»Abwehr« wird als Begriff von Sigmund Freud (1856–1939), dem Begründer der Psychoanalyse, erstmalig 1894 aufgegriffen und bezeichnet zunächst die Abwehr des Ichs gegen unangenehme oder unerträgliche Vorstellungen und Affekte (Freud 1894). Später, 1926, differenziert er diesen Begriff und setzt ihn gegen den der Verdrängung ab, der als Unterbegriff eine bestimmte Abwehrmethode bezeichnet, der nach und nach noch andere zur Seite gestellt werden, zum Beispiel Introjektion, Identifikation, Projektion, Rationalisierung etc. (Freud 1894). 1936 greift Freuds Tochter Anna diese Vorstellungen auf und prägt den Ausdruck »Abwehrmechanismen«, der als Oberbegriff für die verschiedenen Abwehrverhalten dienen soll. Solche Abwehrmechanismen finden sich bei allen Menschen, allerdings in unterschiedlicher Ausprägung und Intensität. »Die Abwehrmechanismen gleichen Notfalls- oder Dringlichkeitsfunktionen, die einspringen, wenn die Normalfunktion des Ichs den Konflikt (Triebkonflikt) nicht mehr lösen kann. Sie werden nur in Gefahrensituationen (innere Gefahr) auf ein Angstsignal hin in Bewegung gesetzt, sind aber potentiell ständig vorhandene Bahnen. Sie sind weitgehend automatisiert (daher ihre Bezeichnung als Mechanismen). [...] Die Instanz, die die Gefahr wahrnimmt und daraufhin Angst erzeugt, ist das Ich. Demzufolge lassen sich die Abwehrvorgänge vom Ich her nach Angst und Gefahr gliedern« (Freud 1973).

Manch einer, der mit schwerstkranken Menschen zu tun hatte oder hat, wird ein Phänomen beobachtet haben, das auf den ersten Blick seltsam anmutet. Während eines Krankenbesuchs spricht der Patient relativ eindeutig über seine Prognosen oder das nahe Ende. Vielleicht nennt er die Dinge sogar deutlich beim Namen, spricht davon, dass er nicht mehr lange zu leben hat. Schon kurze Zeit später kann der gleiche Patient ganz anders sprechen, er kann sehr konkrete Pläne für die nähere Zukunft machen, überlegen, welche Arbeit auf ihn wartet, wenn er nach Hause kommt.

Häufig versteht man dann die Welt nicht mehr und reagiert ausgesprochen irritiert. Genau das ist es, was man in der Tiefenpsychologie »Abwehrvorgänge« nennt. Es sind Leistungen der Seele, die dazu da sind, eine Person vor allzu großen Störungen des seelischen Gleichgewichts zu bewahren. Von außen sieht es so aus, als sei diese Reaktion unlogisch. Aber es gibt eine innere Logik, die häufig nicht sofort erkennbar ist. Die Logik solcher »Verhaltensschwenker« liegt darin, dass sich die Seele abschottet, wenn es zu viel oder zu gefährlich wird. Immer dann, wenn eine Person in Gefahr ist, von Angst überflutet zu werden, wird dieser Mechanismus als »Notschalter« ausgelöst. Er ist deshalb zunächst auch nicht etwas »Unnormales« oder gar Pathologisches. Im Gegenteil sind solche Abwehrvorgänge eine wichtige Hilfe bei der Auseinandersetzung mit oder der Annäherung an eine bedrohlich angstbesetzte Wirklichkeit. Wir erleben das auch sonst im Leben. Jemand gibt sich ganz locker, wenn über eine nicht bestandene Prüfung gesprochen wird oder die negativen Folgen eines Misserfolgs werden bagatellisiert, weil man Angst hat vor der Kränkung, die das für das eigene Selbstwertgefühl bedeuten könnte.

Es ist nur zu verstehen, dass eine so gefährliche Situation wie die eigene Lebensbedrohung große Angst und in ihrer Folge entsprechende Abwehrvorgänge auslösen kann. Die »Wahrheit« ist für die Patienten häufig derart gefährlich und bedrohlich, dass sie ihr seelisches Gleichgewicht völlig durcheinanderbringen kann. Um das zu verhindern, schiebt man die bedrohliche Information von sich, verharmlost sie oder will sie auch gar nicht wahrhaben. Dieser Mechanismus ist – im Gegensatz zum neurotischen Hintergrund – ein Verhalten, das als Reaktion auf eine bedrohliche Situation entsteht und sich bei Nachlassen des Angstpegels wieder verändern kann oder auch gänzlich verschwindet. Im Gegensatz zu Kübler-Ross hat sich inzwischen jedoch die Meinung durchgesetzt, dass ein solches Abwehrverhalten nicht nur am Beginn oder bei Bewusstwerden einer lebensbedrohlichen Erkrankung auftritt, sondern dass Abwehrvorgänge den gesamten Krankheitsverlauf mehr oder weniger ausgeprägt begleiten können.

Insofern sollte jeder, der mit Menschen im Finalstadium zu tun hat, nicht nur darum wissen, sondern auch damit rechnen, dass dieser Mechanismus immer wieder einsetzen kann. Denn nur, wenn man innerlich darauf eingestellt ist und die Hintergründe versteht, ist es möglich, angemessen darauf zu reagieren. Der Prozess der Annäherung an die jeweils neue Wirklichkeit braucht Zeit und erfordert von den Beteiligten Geduld, die gerade heute nicht immer aufgebracht wird oder aus Zeitgründen aufgebracht werden kann.

Die Begleiter müssen darauf vorbereitet sein, dass ein Sterbender plötzlich einen radikalen Richtungswechsel vornimmt und zum Beispiel davon spricht, dass er, aus dem Krankenhaus entlassen, eine Reise unternehmen wird. Wenn der »Therapeut« diese vorübergehende Verleugnung toleriert, wird der Sterbende in den meisten Fällen seine Haltung bald wieder aufgeben und zur Realität zurückkehren. Man kann so dem Patienten helfen, durch eine Phase der Verleugnung gut hindurchzukommen. Dass Verleugnung ohne jede Veränderung rigide durchgehalten wird, ist ohnehin relativ selten.

Inzwischen wird häufig gefragt, ob sich nicht schon ein neuer psychologischer »Standard« in Bezug auf die Erwartungen an die Patienten herausbildet: Der bewusst seine Krankheit akzeptierende Patient – und dies möglichst ohne große emotionale Beteiligung. Deshalb stellt sich die Frage: »Haben Patienten auch ein Recht zum »Nichtwissen?« Es ist keineswegs zu erwarten, dass jeder Patient zu jedem Zeitpunkt seiner Erkrankung zu einer bewussten Annahme seiner Situation fähig ist. Es ist nicht möglich, ein ganzes Leben in kurzer Zeit zu verändern. Der Respekt vor dem Geheimnis und der Würde eines jeden einzelnen Menschen gebietet, diese Situation zu akzeptieren. Auch der amerikanische Psychologe Richard S. Lazarus (1922–2002), der sich umfassend mit dem Anpassungsverhalten an schwierige Lebenssituationen beschäftigt hat, betont, dass Wahrheit ein lebendiger Prozess sei, der ständiger Veränderung unterworfen ist (▶ Kap. 4).

Einen interessanten Begriff führt Avery D. Weisman (▶ Kap. 1.4.1) in die Diskussion um die Wahrheitsfrage ein, den man kaum übersetzen kann und der genau den Bereich zwischen Wissen und Nichtwissen beinhaltet: »Middle knowledge«.

3.5 »Middle Knowledge«

Dieser Begriff markiert eine Zwischenstufe zwischen den aufgeklärten, bewusst sich mit ihrer Krankheit auseinandersetzenden Patienten und den Kranken, die sich wehren und versuchen, alle Signale oder Anzeichen der bedrohlichen Erkrankung auszuschalten, nicht zur Kenntnis zu nehmen. Beides kann nebeneinander in ein und derselben Person vorhanden sein.

> »Halbwissen ist unsichere Sicherheit, ein Zwischenstadium zwischen Bewusstheit und Verleugnung« (Weisman 1974, S. 70).

Dies ist ein Zustand, der entweder als »Durchgangssyndrom« auftritt oder sich als längere Phase im Krankheitsprozess erweisen kann. In jedem Fall ist dieser Zustand nur vor dem Hintergrund des sensiblen inneren Gleichgewichts einer Persönlichkeit zu verstehen.

> »Zu keiner Zeit des Verlaufs einer Krebserkrankung ist die Verbindung zwischen Bewusstheit/Akzeptanz und Verleugnung deutlicher zu sehen als in dem Phänomen des Halbwissens. Das zeigt sich folgendermaßen: Ein Patient in einem fortgeschrittenen Stadium einer Krebserkrankung verhält sich und spricht, als sei alles in Ordnung, obwohl er über seine Erkrankung und deren Auswirkungen voll im Bilde ist« (Weisman 1979, S. 49).

Weisman hat, um seine Ausführungen über die Funktion der Verleugnung im Prozess der schweren Krankheit und des Sterbens zu systematisieren und überschaubarer zu machen, drei verschiedene Grade der Verleugnung an den Inhalten festgemacht, auf die sie sich beziehen:

- *Ablenkung 1. Grades:* Kranksein oder Diagnose werden verneint.
- *Ablenkung 2. Grades:* Auswirkungen oder Hintergründe der Erkrankung werden verneint (zum Beispiel eine notwendige Operation wird abgelehnt).
- *Ablenkung 3. Grades:* Die Aussichtslosigkeit der Erkrankung wird verneint.

Gemeinsam mit Th. P. Hackett macht Weisman auf einen weiteren Aspekt unter dem Stichwort »*Verleugnung als soziales Geschehen*« aufmerksam. Weisman geht davon aus, dass Verleugnung nicht nur ein intrapersonelles Geschehen ist, sondern ebenso sehr ein interpersonelles. So kann der Grad der Verleugnung nicht nur zu verschiedenen Zeiten, sondern auch in Bezug auf verschiedene Personen unterschiedlich sein. Ähnlich wie Shneidman sieht auch Weisman die Verleugnung nicht statisch, sondern als Prozess, und damit kommt er meines Erachtens der Wirklichkeit des klinischen Alltags im Umgang mit schwerkranken und sterbenden Menschen deutlich näher als andere Modelle.

3.6 Wahrheit ist kommunikatives Geschehen

Die alte Frage nach dem Entweder-Oder der Wahrheitsmitteilung erübrigt sich damit. Es geht also nicht um den Austausch von Argumenten, um das Für und Wider einer Wahrheitsmitteilung. Die Aufmerksamkeit muss darauf gerichtet sein, was im Einzelfall nötig ist, an welcher Stelle des Prozesses der Verarbeitung dieser Patient oder diese Patientin stehen. Die Verbesserung der Kommunikation zwischen Patienten und allen Beteiligten, vor allem natürlich zwischen Ärzten und Patienten, ist das Gebot der Stunde.

> »Weitere medizinisch-technische Schritte verhindern oftmals, dass eine Krankheit ihren natürlichen Verlauf nimmt. Aber das fällt vielen Ärzten leichter als das persönliche Gespräch mit dem Patienten über Sterben und Tod, das zeitaufwändig und schwierig ist.« (Vollman 2019, S. 69 f.)

Wie schlimm es in diesem Bereich aussieht, hat zum Beispiel der Schweizer Medizinsoziologe Johannes Siegrist (geb. 1934) eindrucksvoll belegt. Er weist darauf hin, dass die Unfähigkeit zur Kommunikation mit der Ohnmacht derer zu tun hat, die im Krankenhaus tätig sind. In der traditionellen Arztrolle gehe es darum, dem Patienten in jeder Situation das Gefühl der Sicherheit zu vermitteln, auch für die Bereiche, in denen es Sicherheit gar nicht geben kann (Siegrist 1986, S. 27). Er interessiert sich für die Frage, wie solche Situationen gestaltet werden, die dann doch unweigerlich das »Bewusstsein des Scheiterns« bei Ärzten hervorrufen. Über die systematische Betrachtung von Stationsarztvisiten und genauer von kleinen Gesprächspassagen, in denen der Patient von sich aus um Informationen bat, versuchte er, dieser Frage nachzugehen. Dabei stellte sich heraus, dass die Beteiligten den Konflikt weitgehend durch asymmetrisches, ungleiches Kommunikationsverhalten lösten, indem sie den Patienten die Gesprächsinitiative entrissen, sie verwandelten, entschärften oder negierten. Er unterscheidet folgende Typen asymmetrischer Aussagen:

Nichtbeachten (Typ 1)

Ein völliges Nichtbeachten fand sich selten, wenn zum Beispiel Ärzte versuchten, an den Betten von schwerkranken Patienten vorbeizukommen, ohne anzuhalten. Häufiger dagegen war das Ausbleiben einer bedeutungsvollen Reaktion, wenn Patientenfragen umgangen wurden mit Floskeln wie: ... na ja, mal sehen, das wird sich zeigen, dem müssen wir nachgehen etc.

Adressaten- oder Themenwechsel (Typ 2)

Anstelle einer adäquaten Antwort auf die Frage des Patienten wird vom Arzt entweder einfach das Thema gewechselt, oder er spricht den Patienten gar nicht mehr an, sondern redet mit der Schwester, die bei der Visite anwesend ist, weiter:

Patient: Ist das Blut gut?
Arzt: Wie bitte?
Patient: Das Blut!
Arzt: (zur Schwester) Ja, wir kommen nicht darum herum, Montag den Magen zu röntgen.

Beziehungskommentar (Typ 3)

Hier geht es darum, dass der Arzt in einer Antwort scheinbar auf den Patienten eingeht, aber nicht den Inhalt thematisiert, sondern die Frage ganz zurückweist, indem er die Kompetenz des Fragens wie im folgenden Beispiel bestreitet:

Patient: Herr Doktor, haben Sie eine Vermutung, was es sein könnte?
Arzt: Ich vermute nicht, ich *sammle* Fakten.

Mitteilung funktionaler Unsicherheit (Typ 4)

In solchen Fällen besitzt der Arzt bereits die entsprechende Information. Er weicht einer inhaltlichen Mitteilung aber durch die Angabe von Nichtwissen aus. Ein Patient mit Magenkrebs fragt:

> *Patient:* Ist schon sicher, was ist?
> *Arzt:* Und, äh, ich habe den Kollegen Doktor ...
> *Patient:* Noch nicht?
> *Arzt:* Äh, mit dem Doktor noch nicht gesprochen, gell.

Bei der Auswertung der Visiten zeigte sich, dass Typ 2 und Typ 4 die häufigsten Reaktionsweisen waren. Das Ergebnis ist eindrucksvoll:

> »Bei schwerkranken, lebensbedrohlich erkrankten Patienten reagieren Ärzte viel häufiger mit den beschriebenen asymmetrischen Reaktionen auf die Bitte um Information als bei leichtkranken [...] (92 gegenüber 36 Prozent) Patienten [...]. Auf der psychosomatischen Station waren 55 Prozent aller ärztlicher Reaktionen asymmetrisch, in den Kreiskrankenhäusern dagegen 92 Prozent« (Siegrist 1986, S. 29 f.)

Und deutet darauf hin, dass die Frage der Ausbildung der Ärzte eine große Rolle spielt, handelt es sich doch bei den psychosomatischen Stationen um psychotherapeutisch geschulte Mediziner.

Ärzte machen sich häufig gar keine Vorstellung von dem, was sie Patienten zusätzlich an emotionalem Leid zumuten, wie die angeführten Beispiele belegen, die sich aus dem Pflegebereich erweitern ließen. Im Hinblick auf Veränderungen ist allerdings mit Schuldzuweisungen an bestimmte Gruppen nichts gewonnen. Andererseits wird sich aber nichts verändern, wenn die Bedingungen nicht angesprochen werden – also der Finger in die Wunde gelegt wird. Nur wer erkennt, was geschieht und wie er/sie reagiert, sich unangemessen oder falsch verhält, wird bereit sein, das eigene Verhalten »unter die Lupe« zu nehmen und zu verändern. Dies ist sicher auch der Grund dafür, warum sich Veränderungen gerade in diesem Bereich nur sehr langsam vollziehen: Weil sie so sehr zu tun haben mit den persönlich gefärbten Einstellungen und Ängsten und deshalb mit den Widerständen und dem Abwehrverhalten der betroffenen Fachkräfte.

> »Es wird Zeit, dass die Medizin ihre einseitige Konzentration auf die technische Machbarkeit aufbricht und sich dem kranken Mensch auch im Sinne einer Heilkunde zuwendet [...]« (Maio 2014b, S. 204).

Es bleibt in dieser Hinsicht noch viel zu tun, um entsprechende Verhältnisse im Sinne eines ganzheitlichen Ansatzes herzustellen (▶ Kap. 7).

3.7 Grundlagen des Umgangs mit der Wahrheit – Zusammenfassung

Ziel im Umgang mit Schwer- und Todkranken ist es, eine vertrauensvolle und solidarische Beziehung zu den Patienten aufzubauen und ihre Isolierung durch emotionale Distanzierung zu verhindern.

Die Auseinandersetzung mit einer tödlichen Krankheit ist ein länger dauernder Prozess. Wenn eine gute Beziehung mit Schwer- und Todkranken verwirklicht werden soll, muss folgendes beachtet werden:

- Stehen Sie dem Kranken dann zur Verfügung, wenn er es wünscht! Ebenso wenig wie der Gesunde will der Kranke immer über Tod und Sterben nachdenken. Versuchen Sie, wenn es sein soll, das Gespräch darüber behutsam zu beginnen.
- Durchbrechen Sie nie von sich aus Abwehrmechanismen von Kranken! Die Patienten müssen für sich ihre Gefühle verarbeiten. So kann es vorkommen, dass ein Kranker eben noch ein realistisches Bild der Situation bei sich zulassen konnte, im nächsten Moment jedoch davon nichts mehr »weiß« oder etwa unrealistische Hoffnungen und Pläne hat. Ermöglichen Sie diese entlastende »Zweigleisigkeit« im Denken. Konfrontieren Sie niemals Patienten gegen ihren Willen mit der Realität.
- Versuchen Sie, auch Gefühle wie Zorn und Depression zuzulassen! Zorn oder auch Depression und ähnliche Emotionen gehören zu der Auseinandersetzung mit der Todkrankensituation dazu. Versuchen Sie, diese Gefühle auch dann zu akzeptieren, wenn sie sich gegen Sie selbst richten (und prüfen Sie für sich, ob es nicht eventuell legitime handfeste Gründe für einen gegen Sie gerichteten Zorn gibt). Gefühle sind vorübergehend. Haben Sie das Vertrauen, dass der Patient für sich selbst in der Verarbeitung vorankommt.
- Über das gute Zuhören hinaus werden weitere wesentliche Elemente notwendig.
- Geben Sie gewünschte Informationen in richtiger »Dosierung« und Form. Geben Sie den Patienten auf gezielte Nachfragen alle Informationen, die Sie auch selbst besitzen (dagegen ist z. B. der vermutliche Todeszeitpunkt fast nie genau vorhersagbar). Gewünscht heißt, die Patienten sollen bestimmen, wie genau sie jeweils informiert werden wollen. Geben Sie nicht mehr Information als sie wünschen (und damit emotional verarbeiten können). Seien Sie darauf eingestellt, dass später weitere Nachfragen kommen können oder dieselben Fragen wiederholt werden, weil die Information wegen innerer Anspannung nicht aufgenommen werden konnte.
- Oft kann nicht alles emotional direkt verarbeitet werden. Geben Sie zu verstehen, dass Sie weiter gesprächsbereit sind.
- Achten Sie darauf, dass Sie nicht hart und sachlich »informieren«. Versuchen Sie, sich in die Gefühlslage ihrer Patienten einzufühlen und die Informationen und die Art der Weitergabe darauf abzustimmen.
- Wichtige Ausnahme: In akut lebensbedrohlichen Situationen (frischer Herzinfarkt z. B.) kann es sinnvoll sein, auch gewünschte Informationen nicht zu geben,

nämlich dann, wenn jede weitere emotionale Anspannung tödliche Folgen haben könnte! Nur hier ist der Platz für die »schonende Lüge«!
- Vermitteln Sie das Gefühl, dass alles Menschenmögliche getan wird. Sagen Sie Ihren Patienten, dass Sie alles daransetzen, ihre Situation günstig zu beeinflussen. Verweisen Sie auf die Möglichkeiten der Schmerzbekämpfung, evtl. auch der terminalen Sedierung. Versichern Sie ihnen, dass sie auch als Todkranke optimal versorgt und gepflegt werden. Dadurch vermitteln Sie Ansätze für Hoffnung (auf einen weiterhin guten Beistand, Schmerzfreiheit, usw.), ermöglichen die schon erwähnte Zweigleisigkeit im Denken und verhindern, dass ein Patient empfinden muss: »Für mich kann nichts mehr getan werden, ich bin ein hoffnungsloser Fall, man hat mich aufgegeben.«

4 Wie wird man mit der Krankheit fertig? – der Beitrag der Bewältigungsforschung

4.1 Entwicklung und Erkenntnisfortschritt

Wie wir gesehen haben, ist das Phasenmodell von Kübler-Ross nur bedingt hilfreich. Es ist etwa komplett überfordert bei der Frage, warum ein Patient seine Situation als Sterbender gut bewältigt und ein anderer überhaupt nicht. Warum haben annähernd gleiche Ausgangspositionen so unterschiedliche Auswirkungen? Ein Modell des Sterbeprozesses ohne Berücksichtigung von individuellen Reaktionsmustern und individuellen Aspekten der jeweiligen Persönlichkeit hat deshalb geringen Aussagewert.

> »Dies erfordert eine Erweiterung des bio-medizinischen Modells zu einem bio-psycho-sozialen von Gesundheit und Krankheit [...] mit Wechselwirkungen zwischen Bedingungen des sozialen Umfeldes [...] sowie den persönlichen Eigenschaften des Patienten« (Egle et al. 2020, S. 45).

Auf der Suche nach weiterführenden Verständnishilfen wird man am ehesten im Bereich der Stressforschung fündig (Kaluza 2011; Feneberg et al. 2020). Das mag zunächst erstaunen, weil Stress eher mit Leben als mit Sterben identifiziert wird. Bei genauerem Hinsehen lässt sich jedoch das, was Patienten im Laufe eines langen, schließlich zum Tode führenden Krankheitsverlaufes erleben und bestehen müssen, sehr zutreffend mit dem Begriff »Stress« erfassen. Und das geschieht in den unterschiedlichen Phasen immer wieder neu. Das hängt damit zusammen, dass Überraschungs- und Notsituationen, auch wenn sie nur seelisch oder emotional ausgelöst worden sind – z.B. durch Angst – den Organismus auf Kampf oder Flucht vorbereiten.

Deutet also eine Person bestimmte Ereignisse als Notfall, so wird parallel dazu eine körperliche Handlungsbereitschaft mit entsprechenden physiologischen Reaktionen ausgelöst. Dauert die Bedrohung für den Organismus an, so müssen auch die Kräfte zur Erhaltung der Abwehrbereitschaft länger aktiv bleiben. Die Störungen, die durch andauernde körperliche beziehungsweise seelische Belastungen/Überlastungen ausgelöst werden, fasste der Kanadier Hans Selye, ebenfalls Physiologe, mit dem Begriff des »allgemeinen Adaptationssyndroms« zusammen. Dieses Phänomen wird im Organismus dann ausgelöst, wenn die Anpassung an die ungewohnten Auslösefaktoren, mit einem hohen Grad an Aktiviertheit des Körpers verbunden, Anstieg von Herzfrequenz und Blutdruck, Ausschüttung von Stresshormonen etc., nicht mehr zu leisten ist. Der Körper kann dann die Stressoren, die auf ihn einwirken, nicht mehr angemessen verarbeiten.

So sehr das Stressmodell ein brauchbares Verbindungsglied zwischen physiologischen Vorgängen auf der einen und psychologischen Überlegungen, Psychoanalyse und Psychosomatik auf der anderen Seite schaffte, so wenig blieb man bei den geschilderten Überlegungen stehen. Im Gegenteil konzentrierte sich die Forschung immer mehr auf die Frage, inwieweit das subjektive Erleben der einzelnen Person die Stresssituation beeinflusst (Binder 2020). Denn die Stressauslöser werden von verschiedenen Personen jeweils unterschiedlich erlebt – je nach Vertrauen in die eigene Leistungskraft, die Erfahrung mit ähnlichen Situationen, die individuelle Einschätzung, Ehrgeiz und so weiter. Die Situationsbewältigung wird also weitgehend mitbestimmt durch die Bedeutung, die die jeweilige Person ihr gibt. So erlebt zum Beispiel der eine den Freitagabendverkehr in einer Großstadt als »stressig« und nervig, während ein anderer in der gleichen äußeren Situation ruhig und gelassen bleibt. Ähnliche Phänomene können auch auf Krankheitssituationen übertragen werden: Eine Gruppe von Patienten bleibt nach einer Diagnosemitteilung relativ gelassen und wird gut mit der Krankheit fertig, während eine andere bei einer ähnlich lautenden Diagnose »aus dem Häuschen gerät« und den Boden, die eigene seelische Stabilität komplett verliert.

Immerhin waren die Überlegungen in diese Richtung insoweit wirksam, als sich aus dieser Fragestellung heraus eine ganz neue Forschungsrichtung etablierte: die Coping- oder Bewältigungsforschung (englisch coping = Bewältigung). Diese inzwischen sehr ausgeweitete Bewältigungs- oder auch Anpassungsforschung ist in der Lage, recht genau darüber Auskunft zu geben, welche Faktoren darüber bestimmen, ob jemand mit einer stressigen Situation gut oder weniger gut zurechtkommt. Da dies für unser Thema mit Bezug auf Krankheitssituationen von größtem Interesse ist, sollen die Ergebnisse dieser Forschungsrichtung, dessen Hauptvertreter der Amerikaner Richard S. Lazarus ist, hier vorgestellt und eingebracht werden.

In der Klinischen Psychologie vollzog sich parallel dazu eine Wende von einer mehr normativen Perspektive zu einer, die den individuellen Reaktionen auf stressreiche Situationen mehr Beachtung schenkte. Besonders in der Wahrnehmungspsychologie wurde dies spürbar, etwa mit der Fragestellung: Wie ist es möglich, dass ein und dieselbe Umweltsituation von verschiedenen Personen unterschiedlich wahrgenommen, erinnert und interpretiert wird? Man vermutete, dass dies zusammenhängt mit den unterschiedlichen Überzeugungen und Reaktionsmustern also letztlich den Denkprozessen, mit der die Person eine neue und für sie stressreiche Situation einschätzt.

In der Folge richtete sich das Interesse der Forscher zunehmend auf die Frage, ob auch kritische Lebensereignisse – sogenannte Life Events, denen eine Person ausgesetzt ist, zum Beispiel der Tod eines Angehörigen, – einen Stressfaktor darstellen und schädigende beziehungsweise krankheitsauslösende Wirkung haben können. Der Hauptgedanke dabei war, dass kritische Ereignisse im Leben eines Menschen, vor allem, wenn sie plötzlich und überraschend auftreten, negative Auswirkungen auf den Organismus haben können und in Folge ihrer langanhaltenden Effekte zur Verringerung der körperlichen Widerstandskraft führen und damit sogar den Ausbruch von Krankheiten beschleunigen können.

Auf diese Forschungsergebnisse folgten viele kritische Anfragen. So ist bis heute unklar, was genau kritische Lebensereignisse im Organismus auslösen, ob sie tatsächlich eine direkte negative Auswirkung haben. Vor allem aber wird bezweifelt, ob sich jedes Ereignis bei jedem Menschen in gleicher Weise auswirkt. Deshalb geht man heute davon aus, dass kritische Lebensereignisse allein kaum für den Ausbruch von chronischen Krankheiten verantwortlich sein können, sondern dass Krankheitsrisiken vermutlich ebenso stark beeinflusst werden durch individuelle Faktoren, zum Beispiel das körperliche oder psychologische Befinden eines Menschen. Deshalb wurde vorgeschlagen, die Zusammenhänge differenzierter zu sehen, indem man bestimmte Ereignisse stärker subjektiv wertet, sich also mehr dafür interessiert, wie jemand das Ereignis für sich persönlich wahrnimmt, wertet und einschätzt, positiv oder negativ (Egle et al. 2020). Wichtig sei dabei ferner, Lebensereignisse danach zu unterscheiden, ob sie mit oder ohne Kontrollmöglichkeit von einer Person erlebt werden. Zudem war man der Meinung, auch die ausgleichende Bedeutung angenehmer Ereignisse (sog. uplifts) in die Überlegungen miteinbeziehen zu müssen.

Erst Richard S. Lazarus gelang der Durchbruch zu einem umfassenden Verständnis der menschlichen Anpassungsvorgänge und ihrer Störungen durch zwei Gesichtspunkte:

1. Lazarus entdeckte, dass ein wesentlicher Baustein des Bewältigungsprozesses darin liegt, wie die Person eine bestimmte Situation für sich erlebt, also subjektiv und vom Kopf her einschätzt, was als kognitives Bewertungsmuster bezeichnet wird.
2. Er erkannte, dass die Frage, über welche Formen und Quellen der Bewältigung von schwierigen Situationen eine Person verfügt beziehungsweise ob diese überhaupt vorhanden sind, eine besondere Rolle spielt.

Die Ergebnisse der Untersuchungen von Lazarus können helfen, einzelne Schritte und Teilabschnitte dieses inneren Prozesses nachzuvollziehen, der sich sowohl im Erleben der betroffenen Person ausdrückt als auch in ihrem Verhalten und in ihren Handlungen. Damit ist die Chance gegeben, schwerkranke Patienten besser zu verstehen und sie intensiver auf ihrem Weg zu begleiten. Das bedeutet: Wenn wir die Abläufe und Mechanismen kennen, die darüber entscheiden, ob jemand gut oder schlecht durchkommt, dann erhöht sich die Chance, helfend einzugreifen, Defizite auszugleichen und fehlerhafte Entwicklungen zu korrigieren. Das Konzept, das sowohl für kurzfristige Anpassungsprozesse gilt, wie sie uns im täglichen Leben immer wieder zugemutet werden, als auch für solche, die längere Zeit in Anspruch nehmen, soll in seinen Grundzügen vorgestellt werden.

4.2 Bewältigungsforschung bei Richard S. Lazarus

Das leitende Interesse von Lazarus lag darin herauszufinden, nach welchen allgemeinen Gesetzlichkeiten stressende Einflüsse die Funktionstüchtigkeit von Menschen beeinträchtigen. Die traditionelle Reiz-Reaktions-Auffassung in der Stressforschung erwies sich dafür nicht als brauchbares Werkzeug. Lazarus nimmt sowohl für kurzfristige Anpassungsprozesse als auch für die, die längere Zeit in Anspruch nehmen, zum Beispiel Trauerprozesse nach dem Tod wichtiger Bezugspersonen, dauernde Veränderungen im Person-Umwelt-Gefüge an. Ja, er postuliert sogar die Notwendigkeit zu immer neuen Anpassungsprozessen über die gesamte Lebensspanne hinweg. Das heißt, wenn man stressreiche Erfahrungen annähernd realitätsgerecht erfassen will, dann darf man nicht nur auf die großen und einschneidenden Ereignisse schauen, sondern muss die vielen kleinen Widrigkeiten des Alltags, mit denen jeder fertig werden muss, miteinbeziehen. Zu solchen Widrigkeiten könnten zum Beispiel zählen: Etwas zu verlieren, schlechtes Wetter im Urlaub zu haben, aber ebenso auch unangenehme Wortwechsel, Vorwürfe von Seiten der Kinder beziehungsweise des Ehepartners oder zu wenig Zuwendung an Zeit und Aufmerksamkeit zu bekommen. Umgekehrt gehören zu den kleinen Freuden des Alltags, die solche frustrierenden Erfahrungen zum Teil wieder ausgleichen können, durchaus so normale Dinge wie gut geschlafen zu haben, gute Nachrichten zu erhalten, einen aufmunternden Brief von einem befreundeten Menschen zu bekommen. Weitere Studien haben bestätigt, dass diese Überlegungen richtig waren und Untersuchungen ohne die Einbeziehung der alltäglichen Widrigkeiten wenig Aussagekraft zum Beispiel über eine Risikodisposition der betreffenden Person beinhalten.

4.3 Das transaktionale Stresskonzept

Lazarus geht davon aus, dass Stress für eine Person dann entsteht, wenn sie in eine schwierige oder kritische Situation gerät, die die Möglichkeiten der körperlichen und/oder psychischen Bewältigungsmechanismen herausfordern oder übersteigen. Er geht ferner davon aus, dass Stress nicht nur als Reiz von außen verstanden werden kann (zum Beispiel Hitze), noch ausschließlich als Antwort des Organismus auf diesen Reiz. Für ihn steht fest, dass sowohl die objektiven Merkmale einer Situation als auch die subjektive Einschätzung ihrer Gefährlichkeit durch die betroffene Person sowie die der Person zur Verfügung stehenden Möglichkeiten, mit dem Problem oder der Situation fertig zu werden, mitberücksichtigt werden müssen. Diese drei Faktoren sind in einem ständigen Wechselspiel zu sehen und bedingen das Ausmaß der Stress-Reaktion. Das ist auch der Grund dafür, warum Lazarus den Begriff »Transaktion« gebraucht und nicht von Interaktion spricht, welcher an eine kausale Kette von gezielter Abfolge denken ließe.

> »Psychologischer Stress liegt weder in der Situation noch in der Person, er ist die Folge einer Wechselwirkung zwischen beiden und hängt davon ab, wie jemand ein Ereignis einschätzt und wie er damit fertig wird […]. Wichtig ist, wie er die Situation wahrnimmt […]« (Lazarus 1981, S. 199 f.).

4.3 Das transaktionale Stresskonzept

Lazarus misst dabei der Frage die entscheidende Bedeutung zu, wie eine Person für sich die Situation einschätzt. Wenn zum Beispiel eine Frau einen Knoten in ihrer Brust tastet, dann hängt von der Bedeutung, die sie dieser Entdeckung gibt, entscheidend die weitere innere und äußere Reaktion ab. Hat eine Frau überhaupt kein medizinisches Vorwissen – was es durchaus gibt –, dann wird sie dieser Entdeckung möglicherweise keinerlei weitere Aufmerksamkeit widmen, sie als für ihr Wohlbefinden irrelevant einschätzen und zur Tagesordnung übergehen – bis sich vielleicht weitere Beschwerden einstellen und sie auf diese Weise hellhörig wird. Die meisten Frauen werden jedoch bei solch einem Tastbefund alarmiert einen Arzt aufsuchen. Stellt sich der Knoten nach weiteren Untersuchungen als harmlose Zyste heraus, kann die Alarmierung aufgehoben werden, weil von diesem Ereignis keine weitere schädigende Wirkung erwartet wird. Die stressreiche Situation ist damit beendet. Stellt sich der Knoten jedoch als bösartig heraus, ist damit eine neue stressreiche Situation entstanden, die ihrerseits neu eingeschätzt und bewertet wird und entsprechend der getroffenen primären Einschätzung (gefährlich) neue Bewältigungsanstrengungen herausfordert.

Die Bedeutung der subjektiven Einschätzung für das Krankheitsgeschehen und ihre Folgen wird deutlich am Fall einer Patientin, die lange Zeit einen gravierenden Befund von Brustkrebs verheimlicht hatte. Ein halbes Jahr nach dem Tod ihres Ehemannes stellte sie einen Knoten fest, den sie vor sich selbst herunterspielte nach dem Motto: »Es wird schon nichts Schlimmes sein.« Die nächste Stufe der Einschätzung bei einer deutlich wahrnehmbaren Vergrößerung hieß: »Wenn ich denn daran sterben soll, dann ist es gerade recht, dann folge ich bald meinem Mann nach.« Nachdem die Brust inzwischen aufgebrochen war (zu einer Zeit, als sie sich innerlich wieder dem Leben zugewandt hatte), bekam sie große Angst, dass mit diesem riesigen Befund ihr Leben ernsthaft bedroht sei. Sie nahm daraufhin die Brust möglichst nicht mehr zur Kenntnis, schaute sich nicht mehr im Spiegel an und schätzte für sich das Ganze als nicht so schlimm ein, also als irrelevant/neutral für ihr weiteres Wohlbefinden. Erst als sie nach einem Sturz zu Hause mit einem Oberschenkelhalsbruch im Krankenhaus behandelt werden musste, wurde der schlimme Befund entdeckt und eine sofortige Operation eingeleitet. Da sich inzwischen Metastasen im Kopf und im Lendenwirbelbereich gebildet hatten, wurde ihre Situation als lebensbedrohlich angesehen. Die durch die Angst gesteuerte falsche Bewertung »es wird schon nicht so schlimm sein« kann also das Leben kosten. Dieses Beispiel erinnert sehr an die vorher beschriebene Patientin, die ihren Brustkrebs lange zu verheimlichen suchte, weil sie überzeugt war, dass dann ihr gesamtes Lebenskonzept zusammenbrechen würde. Sie glaubte, sie würde dann mit ihrer Tochter »auf der Straße landen«. Auch in diesem Fall spielte die subjektive Bewertung die entscheidende Rolle.

Nach Lazarus und Folkman (1984) nehmen Personen bei der Konfrontation mit einem potentiell stressreichen Ereignis wie einer Erkrankung zwei kognitive Bewertungen vor: Sie entscheiden, ob das Ereignis stressrelevant ist (Primärbewertung) und wie gut ihre persönlichen Ressourcen es ihnen erlauben, mit dem Ereignis umzugehen (Sekundärbewertung). Beide Bewertungen sind eng assoziiert und können trotz der durch die Nomenklatur implizierten Reihenfolge auch gleichzeitig oder in umgekehrter Reihenfolge ablaufen (Rauers und Knoll 2020, S. 238).

In beiden zuvor aufgeführten Beispielen wird die Funktion der primären Bewertung im Sinne des »alles in Ordnung« oder »es wird schon nicht so schlimm sein« sehr schnell deutlich: Sie soll eine beruhigende Wirkung haben. Die Angst lässt hier keine angemessene Bewertung zu, weil die Sorge um Bedrohung oder Verlust (der Brust, der Lebensperspektive) allzu hoch war (Krohne 2010). Deshalb kann es zu keiner sekundären Bewertung im weiteren Sinn des »wie kann ich die Bedrohung nun am besten bestehen« kommen. Offenbar war kein großes Vertrauen in die Möglichkeiten der eigenen Bewältigungsfunktionen oder auch der objektiv möglichen Maßnahmen gegeben. Insgesamt ist ein solches Verhalten der Selbstberuhigung in der Phase der primären Bewertung gar nicht selten.

Primäre Bewertung

Lazarus versteht unter primärer Einschätzung jenen Vorgang, innerhalb dessen die Bedeutung einer Transaktion mit der Umwelt für das eigene Wohlbefinden eingeschätzt wird. Weil die primäre Bewertung durch eine Person dazu dient, eine zunächst generelle Orientierung für eine neue Situation zu erreichen, kann diese erste Orientierung nach drei Seiten hin ausfallen:

1. irrelevant
2. günstig/positiv
3. bedrohlich/stressend.

Wird ein Vorgang als *irrelevant* betrachtet, kann man sozusagen zur Tagesordnung übergehen – es sind keine Auswirkungen auf das Wohlbefinden zu erwarten. Jedoch kann diese Haltung jederzeit durch das Auftreten neuer Reize oder Überlegungen verändert werden.

Die Einschätzung eines Ereignisses oder Zustandes als *günstig/positiv* bedeutet: Es ist alles in Ordnung – man fühlt sich sicher – beziehungsweise beurteilt die Lage der Dinge positiv – man kann sich entspannen oder sich anderen relevanten Dingen zuwenden. Anpassungs- oder Bewältigungsleistungen sind nicht gefordert.

Wird jedoch eine Situation oder ein Ereignis als *bedrohlich/stressend* eingeschätzt, kann diese Art der Einschätzung wiederum auf drei verschiedene Weisen erfolgen:

1. Schädigung/Verlust
2. Bedrohung
3. Herausforderung

Schädigung/Verlust bezeichnet etwas, das bereits eingetreten ist als Erschütterung des eigenen Selbst- oder Weltbildes, des Selbstwertgefühls, zum Beispiel Kränkung im Bereich der sozialen Anerkennung, als zwischenmenschlicher Verlust oder auch als Verlust eines Körperteils (zum Beispiel der Brust nach Amputation) oder einer Körperfunktion (zum Beispiel als Verlust der sexuellen Potenz).

Bedrohung bezeichnet eine Schädigung oder einen Verlust, der noch nicht eingetreten ist, aber bereits vorweggenommen wird. Vorwegnehmende Bewältigung schließt andere Gesetzmäßigkeiten ein als die Bewältigung einer Schädigung, die bereits eingetreten ist.

Beide Komponenten können sich aber auch miteinander verbinden. Dies kommt oft bei schweren, beeinträchtigenden Verletzungen oder Operationen vor.

Herausforderung unterscheidet sich von der vorhergehenden Kategorie wohl am ehesten durch die Überzeugung der betroffenen Person, dass sie ein Ereignis meistern oder durchstehen kann aufgrund der Umweltdisposition und der eigenen Bewältigungsfähigkeit und dass dies mit positiven Folgen verbunden sein wird. Es gibt Personen, die eher zu »Herausforderung« als zu »Bedrohung« neigen. Es kann also sein, dass der gleiche Auslöser bei einer Person zur kognitiven Bewertung »Bedrohung« führt, bei einer anderen aber zu der Bewertung »Herausforderung«.

Sekundäre Bewertung

Während die Bedeutung der ersten Bewertung in der Einschätzung lag: »Ist alles in Ordnung, oder bin ich in Schwierigkeiten?« bezieht sich die sekundäre auf die *Bewertung der Bewältigungsmöglichkeiten*. Die Person muss nunmehr analysieren, mit welchem Bewältigungsverhalten sie dem Problem oder der Gefahr am besten begegnen kann, welche Möglichkeiten es grundsätzlich gibt und welche ihr zur Verfügung stehen. Denn ist in der ersten Einschätzung »Gefahr« signalisiert worden, muss nun die Situation richtig eingeschätzt, müssen Informationen abgerufen werden, zum Beispiel, ob Ähnliches schon vorgekommen ist und was damals geholfen hat. Hier läuft nun ein hochkomplexer Prozess ab – teils bewusst und gezielt, teils unbewusst und automatisch. Es muss eine Entscheidung getroffen werden für ein bestimmtes Bewältigungsverhalten und es muss auch gleich wieder das Risiko einbezogen werden, welches das eine oder andere Verhalten oder Reagieren mit sich bringt.

Primäre und sekundäre Einschätzung sind untrennbar miteinander verbunden und wirken auch wieder aufeinander zurück. Wenn etwa eine Herausforderung gemeistert werden konnte, fühlt man sich nicht länger bedroht; konnte jedoch eine Bedrohung nicht abgewendet werden, besteht sie fort und zieht als Konsequenz einer neuen primären und sekundären Einschätzung möglicherweise eine andere Reaktion und einen anderen Bewältigungsversuch nach sich. Am Beispiel einer Krebserkrankung sollen die unterschiedlichen Fakten einer sekundären Einschätzung deutlich gemacht werden:

Eine Patientin in der Frauenklinik fiel nach der Mitteilung ihrer Diagnose – Brustkrebs mit Metastasen – durch eine zunehmend deprimierte Haltung auf. Sie wurde wortkarg und einsilbig, aß wenig und zog sich immer mehr zurück, so dass kaum noch jemand an sie herankam – weder von der Mitpatientin noch vom Stationsteam. Wie sich später herausstellte, hatte sie die Mitteilung Metastasen gleichgesetzt mit Lebensende. Da sie auch aus der – nicht guten – familiären Situation keine Unterstützung erwartete, hatte sie sich innerlich aufgegeben. Im selben Zimmer lag eine Patientin, die ihre zweite Chemotherapie bekam. Vor der Behandlung hatte sie zwar einige schlaflose Nächte gehabt, und sie fürchtete sich vor den mehr als unangenehmen Begleiterscheinungen dieser Therapie. Aber sie sagte:

»Ich weiß ja, wozu ich das tue. Ich lebe gern, und ich muss jetzt da durch. Außerdem weiß ich, dass ich in guten Händen bin. Ich werde es schon schaffen.«

Die sekundäre Bewertung im ersten Beispiel verstärkt die primäre, dass alles hoffnungslos ist. Depressive Gefühle und Handlungsblockierung sind mögliche Folgen. Im zweiten Beispiel findet die Patientin in der sekundären Bewältigung jedoch Hinweise für hoffnungsvolle Perspektiven. Dahinter steht die Überzeugung, dass ihr geholfen werden kann, was Hoffnung mobilisiert und vermutlich ihre Bereitschaft zur Mitarbeit in der Therapie deutlich erhöht. Sie wird voraussichtlich auch besser aufgestellt sein, was die Zuwendung der Station angeht, weil ihre Bereitschaft zur Mitarbeit hoch ist, während im anderen Fall die depressive und hoffnungslose Haltung der Patientin auch auf die Umwelt wirkt und bei den Mitarbeitenden vermutlich Gefühle von Hilflosigkeit auslöst, was diese häufig mit Rückzug beantworten.

4.4 Bewältigungsfunktionen

Fragt man nach dem Sinn beziehungsweise dem Ziel von Bewältigungsverhalten, so kann man es wohl am besten als den Versuch bezeichnen, einen Zustand inneren Gleichgewichts, der für eine Person verlorengegangen ist, wiederherzustellen und mit einem Problem oder einer Schädigung möglichst ohne hohe Investition an Kraft und Energie fertig zu werden und weitgehend destruktive Folgen zu vermeiden (Finke und Schächinger 2020).

Bewältigungsverhalten sollte möglichst den Umständen angemessen sein, was eine gewisse Variationsbreite bei der betroffenen Person voraussetzt, um beim Misserfolg eines Bewältigungsversuchs auf eine andere Form überzuwechseln. Lazarus berichtet beispielsweise von Befragungen, die er am Tag vor kleinen Operationen bei Patienten durchgeführt hat. Zwei Bewältigungsstrategien zeigten sich vorrangig: Gespannte Aufmerksamkeit (Patienten in Alarmbereitschaft, die alles genau wissen wollten, um die Situation in den Griff zu bekommen), auf der anderen Seite Verleugnung (Patienten, die weder an die Krankheit noch an die Operation denken wollten und die davon überzeugt waren, dass sie bei ihrem Arzt gut aufgehoben seien). Als Ergebnis stellte sich heraus, dass die, die nicht so viel wissen wollten, früher das Krankenhaus verließen, kaum Beschwerden hatten und weniger ängstlich waren. Lazarus erklärt dieses Ergebnis damit, dass in einer solchen Situation ein aktiver Bewältigungsstil fehl am Platz ist, weil der Patient/die Patientin sowieso nicht viel tun kann oder auch tun soll und deshalb verleugnen besser hilft, gut durchzukommen.

Auch an diesem Beispiel wird noch einmal deutlich, dass Verleugnung als Bewältigungsmodus in bestimmten Situationen durchaus seine Bedeutung im Sinne eines beruhigenden Effekts haben kann. Wird dieser Bewältigungsmechanismus jedoch als alleiniger rigide durchgehalten, kann er sich ins Gegenteil verkehren, und aus der hilfreichen entsteht eine gefährliche Situation, wie am Beispiel der Patientinnen gezeigt wurde, die ihren Brustkrebs auch bei deutlichen Krankheitsanzeichen nicht zur Kenntnis nehmen wollten und versuchten, allein mit Verleugnung durchzukommen. Ziel einer guten Anpassung wird es deshalb sein, flexibel zu bleiben und zu einer anderen Haltung überzuwechseln, wenn der gewählte Bewältigungsstil nicht zum Erfolg führt.

Dementsprechend ist Bewältigungsverhalten gewöhnlich nicht einlinig angelegt, sondern als Anstrengung einer Person sowohl auf *gedanklicher* als auch auf *verhaltensmäßiger* Ebene zu verstehen, um Anforderungen von außen, innere Anforderungen oder auch Konflikte zwischen beiden zu meistern. Das Ziel solcher Bewältigungsprozesse kann auf der einen Seite sein, die problematische *Situation zu verändern oder aufzuheben*. Auf der anderen Seite ist aber häufig ein zweites Ziel ebenso wichtig: *Sich selbst zu beruhigen und die körperliche und seelische Erregung in Grenzen zu halten*. Soll eine Bewältigungsfunktion effektiv sein, schließt sie üblicherweise beide Aspekte mit ein. In einer wissenschaftlichen Untersuchung von Lazarus und Folkman konnte gezeigt werden, dass erwachsene Personen bei ca. 98 % aller Stressereignisse, an die sie sich innerhalb eines Jahres rückblickend erinnerten, beide Bewältigungsstrategien einsetzten.

Diese beiden Grundfunktionen von Bewältigung werden im Wesentlichen durch vier prinzipielle Formen der Bewältigung realisiert, die zur Verfügung stehen, um stresshafte Situationen beziehungsweise Transaktionen zu meistern. Es handelt sich dabei um

1. Informationssuche,
2. direkte Aktionen,
3. Aktionshemmung,
4. intrapsychische Verarbeitung.

Informationssuche

Informationssuche kann die Funktion haben, Grundlagen zu liefern für eine Handlung zur Änderung der Transaktion; sie kann auch dazu bestimmt sein, eine Situation durchschaubarer und damit kontrollierbarer zu machen und auf diese Weise das Wohlbefinden der Person zu heben oder auch zu einer angemessenen Einschätzung der entsprechenden Situation zu kommen. Auf diese Weise wird häufig schon eine Erleichterung erreicht. Auch die Suche nach einseitigen, die eigene Einschätzung stützenden Informationen gehört hierher, ebenso der Mechanismus, durch Beschönigung oder Linderung negative Seiten seines Wissens oder der verfügbaren Informationen zu übersehen. Wenn sich eine Situation nicht verändern lässt, kann der Zustand der Unsicherheit dazu beitragen, Hoffnung und Wohlbefinden und das Interesse am Leben aufrechtzuerhalten. Dies hat besondere Bedeutung für Patienten in terminalen Krankheitsprozessen, die bisweilen auf diese Weise ihr seelisches Gleichgewicht wenigstens einigermaßen stabilisieren können.

Direkte Aktionen

Unter »direkten Aktionen« werden all diejenigen Aktivitäten gefasst – ausgenommen die Kognition – mit denen Menschen versuchen, stressreiche Situationen durch unmittelbares Handeln in den Griff zu bekommen. Sie können die eigene Person im Blick haben oder die Umweltsituation, weil ja die Veränderung von jedem der beiden Anteile potentiell die stressreiche Situation verändern und erleichtern kann. Sie können instrumentell sein, also zum Beispiel dazu dienen, Vorkehrungen zu treffen, um sich vor Naturgewalten zu schützen oder sie können darauf gerichtet sein, die eigenen Emotionen zu regulieren oder zu beschwichtigen, indem man sich etwa Tabletten besorgt oder autogenes Training durchführt. Aktionen können das Ziel haben, vergangene Kränkungen oder Verluste zu bewältigen, indem man sich in die Arbeit stürzt, oder sie können sich auf künftige Bedrohungen beziehen. Im Grunde gehört jede Art von Aktivität dazu, die die Funktion hat, zum Bewältigen einer stressreichen Transaktion beizutragen – egal, ob es um das Ausleben von Ärger geht, um die Suche nach Revanche, um eine Flucht vor realen oder fantasierten Anforderungen – ob es sich um einen Suizidversuch handelt oder ob man versucht, eine neue Beziehung anzuknüpfen.

Aktionshemmung

Dass auch die Kategorie »Aktionshemmung« zu den Bewältigungsformen gehört, will auf den ersten Blick nicht unbedingt einleuchten. In Wirklichkeit ist es aber so, dass die Unterdrückung eines Handlungsimpulses eine angemessene und effektive Art der Anpassung sein kann. So wird es nicht in jeder Situation günstig sein, zum Beispiel Wut oder Ärger auszudrücken oder auszuleben. Um eines anderen Handlungszieles willen kann es im Gesamtzusammenhang besser sein, diesen affektiv gefärbten Handlungsimpuls lieber zu unterdrücken, um etwa die Zuwendung des Personals im Krankenhaus nicht zu verlieren.

Intrapsychische Verarbeitung

Diese Kategorie umfasst – kurz gesagt – alles, was eine Person zu sich selbst sagt beziehungsweise was sie sich einredet, das heißt alle kognitiven Prozesse, die dazu dienen sollen, Emotionen zu regulieren und das Wohlbefinden zu steigern oder zu erhalten. Hierher gehören ebenso alle Formen der Aufmerksamkeitslenkung wie etwa Meidung und der Versuch, sich von einer Bedrohung zu distanzieren, um auf diese Weise das Gefühl der Kontrolle über eine Situation zu erhalten. Intrapsychische Bewältigungsformen umfassen auch alle Mechanismen der Selbsttäuschung beziehungsweise Abwehrmechanismen wie Verleugnung, Projektion und Reaktionsbildung, ebenso Isolierung und Intellektualisierung. Diese Bewältigungsformen sind meist lindernder Art, indem sie das Wohlbefinden der Person steigern und die emotionale Belastung reduzieren. Diese Bewältigungsform ist ebenfalls offen auf Vergangenheit oder Zukunft hin (oder auch auf die Neuinterpretation eines Ereignisses in der Gegenwart) gerichtet, und sie kann wiederum auf die eigene

Person bezogen sein (»Auch wenn ich in dieser Situation versagt habe, bin ich eigentlich doch ganz in Ordnung«) oder auf die Umwelt (»Diese Situation ist nicht gefährlich für mich«).

Aufgrund von Untersuchungen führen die amerikanischen Psychologen Francis Cohen und Richard S. Lazarus für den Krankheitsprozess eine neue, besonders wichtige fünfte Bewältigungsform ein.

Hinwendung zu anderen

Es ist leicht einsichtig, dass in der Krankheitssituation, in der viele innere und äußere Stabilitäten bedroht sind oder ganz wegfallen, das Aufrechterhalten von befriedigenden menschlichen Kontakten für das Lebens- und Selbstwertgefühl des Patienten von herausragender Bedeutung ist. Gemeint ist hier als Bewältigungsform das bewusste Suchen, Aufrechterhalten und Nutzen von sozialen Beziehungen, ganz gleich, ob sich dies auf familiäre oder freundschaftliche Kontakte bezieht oder auf Kontakte zu Ärzten und Krankenpflegepersonal.

Die Wahl der Bewältigungsform

Welche der oben geschilderten Bewältigungsformen von einer Person gewählt werden, hängt von sehr unterschiedlichen Faktoren ab. Vier dieser Faktoren nennt Lazarus ausdrücklich:

Ein hoher Grad der *Ungewissheit oder Mehrdeutigkeit*. Die Ungewissheit führt aller Voraussicht nach eher zur verstärkten Informationssuche und weniger zur direkten Aktion. Wenn man allerdings auch nicht herausbekommt und nicht voraussagen kann, wann was mit welchen Folgen passieren wird, dann wird die Person auf intrapsychische Reaktionen wie Leugnung, Vermeidung oder ähnliches ausweichen müssen. Die Alternative hieße sonst: Chronische und vielleicht sich steigernde Angst zu ertragen. Dies dürfte vor allem in der progredienten chronischen Erkrankung von Bedeutung sein.

Wenn der Grad der *Bedrohung stark ansteigt*, scheint dies zunehmend zu verzweifelten und primitiven Bewältigungsformen anzuregen, zum Beispiel zu Wutausbrüchen, Panik oder Abwehrmechanismen, auch wenn realistischere und flexiblere Bewältigungsformen weiterhelfen würden.

Konflikte sind deshalb so schwierig, weil sie eine Lösung ohne Schaden nicht zulassen. Denn wenn man in die Richtung des einen Impulses handelte, würde das die Vereitelung des anderen nach sich ziehen. Deshalb ist unter einem Konflikt psychologischer Stress unvermeidbar. Direkte Aktion ist als Bewältigungsform praktisch lahmgelegt. Die Person kann lediglich auf intrapsychische Bewältigungsmechanismen zurückgreifen. Eine Schädigung oder ein Verlust, der schon eingetreten ist, und unvermeidbare künftige Schädigungen können nicht durch Aktionen verhindert werden, man muss sie akzeptieren, tolerieren oder neu interpretieren. Die Einsetzung der Bewältigungsform »sekundäre Bewertung« hängt davon ab, dass man durch die sekundäre Bewertung zu dem Schluss kommt: Ich kann etwas tun ..., um zu vermeiden, dass eine künftige Schädigung eintritt. Wenn jedoch Hilflosigkeit sich weiter zur Hoffnungslosigkeit steigert, gerät man in einen Zustand völliger Lähmung jeglicher Aktion und reagiert auf der emotionalen Ebene entsprechend mit Gefühlen von Depression (Lazarus und Launier 1981).

4.5 Die Relevanz für die Patientenbegleitung

Lazarus veranschaulicht und systematisiert sehr detailliert das komplexe Gebiet von menschlichen Anpassungsprozessen unter den Bedingungen von Stress. Menschliches Bewältigungsverhalten wird bei ihm nicht »eingeordnet«, sondern als ein Prozess verstanden, der sich immer wieder unter sich wandelnden Bedingungen vollzieht. Diese *prozessorientierte Sicht von Bewältigung* entspricht meines Erachtens sehr viel mehr der Realität menschlichen Lebens. Es stellt sich nun die Frage, inwieweit die neuen Erkenntnisse über Bewältigungsprozesse, und hier insbesondere bei schwerer Krankheit, im klinischen Alltag helfen können, die psychische Situation des Patienten richtig einzuschätzen und hilfreich zu begleiten.

Ich habe die Erfahrung gemacht, dass diese Erkenntnis vor allzu schneller Bewertung im Sinne der Einordnung bewahren kann, wenn verstehbar wird, dass ein zunächst unverständliches Sprechen oder Verhalten der Versuch dieser Patienten ist, im Rahmen ihrer Mittel mit der Situation innerlich und/oder äußerlich fertig zu werden. Damit wird eine vorschnelle, häufig negative Bewertung solch schwerverständlichen Verhaltens vermieden und die damit üblicherweise verbundene Blockierung einer guten und persönlichen Kommunikation zwischen Patienten und Umwelt im Krankenhaus verhindert.

Außerdem kann der Blick für Situationen geschärft werden, in denen Patienten im Bewältigungsprozess nicht weiterkommen. Bei gezielter Beobachtung und ruhigem Eingehen auf sie wird man relativ leicht erkennen können, warum sie sich so verhalten: Liegt es an einer unangemessenen Bewertung oder falschen Einschätzung der eigenen Situation? Finden sie keinen für die Situation angemessenen Bewältigungsstil, oder sind sie in »ihrem« Bewältigungsstil so »festgefahren«, dass sie das in dieser Situation nicht weiterbringt? Brauchen sie möglicherweise zusätzliche Informationen, die ihre Situation durchschaubarer und verständlicher machen?

Gleichzeitig kann das Wissen um die hochkomplexen Anpassungsprozesse Angehörige, Ärzte und Pflegepersonal des Patienten nicht nur entlasten, weil sie die schwierigen seelischen Vorgänge bei Patienten in schwerer Krankheit besser verstehen, sondern sie können auch gezielter wahrnehmen, wie sich Patienten verhalten, um dann angemessen auf sie eingehen zu können. An einem einfachen Beispiel mag das deutlich werden:

Erbittet ein Patient oder eine Patientin eine sachliche Information zu einem notwendigen Eingriff, dann geht es um etwas anderes, als wenn sie zwar auch eine Frage stellen, aber in einer mehr suggestiven Art: »Nicht wahr, Herr Doktor, ich werde schon wieder aufwachen?« Hinter den Fragen steht nicht nur ein unterschiedliches Interesse, sondern die beiden haben auch eine sehr unterschiedliche

Form der Bewältigung des gleichen Ereignisses »Operation«. Im ersten Fall helfen Patienten genaue Informationen, die Situation einzuschätzen, Kontrolle zu erlangen und so Angst zu begrenzen. Ihnen hilft das Gefühl: »Ich weiß, was gemacht wird und wie die Operation abläuft«. Da würde eine Antwort des Arztes im Sinne des: »Das kriegen wir schon hin, machen Sie sich keine Sorgen«, sicher nicht helfen.

Umgekehrt würden detaillierte Angaben über den Eingriff und den Verlauf der Operation, ihre Risiken und Folgeerscheinungen im zweiten Fall nur noch weiter ängstigen und vielleicht sogar in Panik versetzen. Denn in diesem Fall wird signalisiert: deutliche Verunsicherung. Da hat jemand Angst! Deshalb braucht es hier Beruhigung und Trost anstelle genauer Informationen. Das bedeutet: Nur wenn die Verfassung und das Interesse des jeweiligen Patienten genau wahrgenommen werden, kann seine Umgebung hilfreich und angemessen reagieren und grobe Fehler bei der Begleitung vermeiden. Auch hier gilt: Ich sehe nur das, was ich »kenne«. Wer über die Hintergründe von Bewältigungs- und Anpassungsprozessen nichts weiß, wird auch nicht mitbekommen, was im Patienten vor sich geht. Oder anders ausgedrückt: Ein hoher Grad an Bewusstheit macht erst eine gezielte und geschärfte Wahrnehmung möglich. In jedem Fall gilt auch hier – wie schon früher ausgeführt – als oberstes und wichtigstes Gebot: Der Patient, die Patientin sind das Maß aller Dinge! Auch dies kann das differenzierte Konzept von Lazarus bewusstmachen: Selbst dann, wenn man verleugnet oder verdrängt, ist auch das ein Bewältigungsverhalten, das seine »innere Logik« hat in der Persönlichkeit oder der lebensgeschichtlichen Erfahrung dieses Menschen. Wichtig ist also, das Verhalten von Patienten nicht gewaltsam zu durchbrechen, sondern allenfalls zunächst zu verstehen, welche Funktion es für die Patienten hat, um dann mit ihnen gemeinsam dieses Verhalten zu verändern beziehungsweise zu verbessern oder auch es auszuhalten, wenn jemand in dieser (Krisen-)Situation nicht dazu fähig ist, daran etwas zu verändern (vgl. den »inneren Prozess« ► Kap. 2.2.8: Ich habe immer diesen ausgezehrten Körper vor Augen).

Wenn dies möglich sein sollte, könnte das zu einer erheblich verbesserten und angemesseneren psychischen Versorgung der Patienten beitragen. Da gerade Krebspatienten gewöhnlich zu wiederholten oder längeren Aufenthalten im Krankenhaus sind, würde auch das Argument nicht greifen, dass eine schnelle Einordnung und Eingrenzung des Bewältigungsverhaltens nicht möglich seien. Im Gegenteil ist anzunehmen, dass es in seiner Differenziertheit individuellen Gegebenheiten sehr viel gerechter werden kann als die häufig starre und normativ ausgerichtete Therapie von Tumorpatienten, wie sie häufig praktiziert wird.

4.6 Weitere Konzepte der Bewältigungsforschung

Das Forscherteam unter der Leitung von R. S. Lazarus ist nicht das einzige, das versucht hat, die Erkenntnis- und Verständnismöglichkeiten innerhalb der Anpassungsprozesse an schwierige innere oder äußere Situationen voranzutreiben. Aus den vielen inzwischen vorliegenden Konzepten sollen deshalb im Folgenden noch zwei weitere kurz vorgestellt werden, weil sie sich speziell auf Krankheitssituationen beziehen.

Einen wichtigen Forschungsbeitrag speziell im Bereich der Bewältigung von Krebserkrankungen erbrachte Avery D. Weisman, der schon in den 1970er Jahren im Rahmen des »Projekts Omega« arbeitete, das am Massachusetts General Hospital in Boston angesiedelt war.

A. D. Weisman und sein Kollege, der amerikanische Arzt und Trauerforscher James William Worden fassen positive Bewältigung unter folgenden Stichworten zusammen (Weisman und Worden 1976, S. 8):

- Information suchen
- Kontakt mit anderen haben
- Möglichkeiten haben, sich emotional zu entlasten

Für sie ist Bewältigung ein prozesshaftes Geschehen, das sich immer wieder unter den sich verändernden äußeren und inneren Bedingungen innerhalb des Krankheitsverlaufes wandelt. Sie schließen sich damit einem Kreis von Wissenschaftlern an, die in der Krankheitsanpassung nicht mehr von festen Verlaufsbahnen oder habitualisierten Vorgängen ausgehen, sondern Bewältigungsprozesse verlaufsorientiert betrachten.

Weisman geht davon aus, dass im Prozess der Bewältigung einer stressreichen langen Krankheit verschiedene Formen und Typen von Strategien gebraucht und zum Teil auch miteinander verbunden werden, die vom jeweiligen Problem und den vorhandenen Möglichkeiten der Persönlichkeit abhängen. Nach seiner Beobachtung haben sich Unterdrückung von Gefühlen und Passivität, Fatalismus, Isolation, Projektion und Selbstbeschuldigung als besonders ungünstig für den Krankheitsverlauf erwiesen.

Weisman benennt insgesamt folgende Bewältigungsstrategien:

- Informationssuche (rational inquiry),
- Beziehungspflege und Aussprache mit anderen (mutuality),
- sich darüber lustig machen (affective reversal),
- versuchen zu vergessen, es aus dem Bewusstsein halten (suppression),
- sich zur Ablenkung mit anderen beschäftigen (displacement/redirection),
- Aktionen, die auf dem gegenwärtigen Kenntnisstand beruhen (confront),
- akzeptieren, aber nach Angenehmem suchen (redefine/revise),
- stoisches Akzeptieren des Unvermeidbaren, Fatalismus (passive acceptance),
- irgendetwas tun, aber kopflos und unüberlegt (impulsivity),
- Überlegen oder Zustandebringen von möglichen Alternativen (if x, then y),
- Spannungsminderung durch exzessives Trinken, Drogen und sich Gefahren aussetzen (life threats),
- Rückzug in Isolation (disengagement),
- etwas oder jemandem die Schuld geben (externalize/project),
- Ausweg suchen, tun, was einem gesagt wird (cooperative compliance),
- Selbstanklage, Buße tun (moral masochism).

4.6 Weitere Konzepte der Bewältigungsforschung

Als Praktiker insistiert Weisman immer wieder darauf, sich um den persönlichen Zustand der Patienten zu sorgen und den Bewältigungsstil zunächst einmal kennenzulernen. Um das herauszufinden und den Patienten in ihrem Versuch der Bewältigung weiter auf die Spur zu kommen, hat er sieben Fragen formuliert:

- Welche Probleme entstehen durch diese Krankheit für Sie?
- Wie wollen Sie damit umgehen?
- Wenn Sie sich dem Problem gegenübersehen und darauf reagieren müssen, was passiert dann, wie werden Sie sich verhalten?
- Wie lösen sie so etwas üblicherweise?
- An wen wenden Sie sich, wenn Sie Hilfe brauchen?
- Was passierte in der Vergangenheit, wenn Sie um Hilfe gebeten haben?
- Welche Art von Problemen macht Sie üblicherweise fertig, mit welchen werden Sie gut fertig?

Dies sind scheinbar harmlose Fragen, die für die Praxis jedoch durchaus dazu geeignet sind, nicht nur etwas über das Befinden der Patienten zu erfahren, sondern auch etwas über ihre Art und Strategie der Lösung von Problemen.

Das folgende Modell der Krankheitsbewältigung versucht der Komplexität der Bewältigungsprozesse dadurch Rechnung zu tragen, dass das System durch (kybernetische) Rückkopplungsvorgänge charakterisiert wird. Das Bewältigungsmodell ist in drei Hauptschritte gegliedert (Heim et al. 1983).

1. Wahrnehmen
2. Kognitive Verarbeitung
3. Bewältigungsformen

Aus dem Wohlbefinden heraus stellen Patienten plötzlich gewisse Veränderungen an sich fest. Daran schließt sich das Wahrnehmen der körperlichen Veränderung an, die nun beurteilt und auf ihre Konsequenzen hin überprüft werden müssen. In einem letzten Schritt kommt es zur eigentlichen Krankheitsbewältigung, die auf verschiedenen Ebenen (handelnd, kognitiv, intrapsychisch) erfolgt und entsprechend vielfältige Bewältigungsformen einschließen kann. Die nachfolgende Darstellung bringt diesen Vorgang in vereinfachter Form zum Ausdruck.

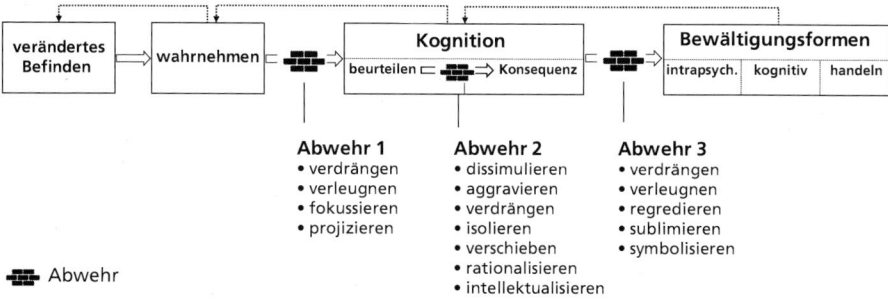

Abb. 4.1: Krankheitsbewältigungsmodell (Coping) (nach Heim et al. 1983)

4 Wie wird man mit der Krankheit fertig? – der Beitrag der Bewältigungsforschung

Das bekannteste deutsche Instrument, der Freiburger Fragebogen zur Krankheitsverarbeitung (Muthny 1989), umfasst in der Form FKV 102 zwölf Coping-Strategien. In der verkürzten Form FKV-LIS sind fünf Copingstrategien angegeben:

- F1: Depressive Verarbeitung
- F2: Aktives, problemorientiertes Coping
- F3: Ablenkung und Selbstaufbau
- F4: Religiosität und Sinnsuche
- F5: Bagatellisierung und Wunschdenken

In der Zwischenzeit gab es unter dem Aspekt »Copingstil und Überlebenszeit« viele Studien.

> »Diese [...] Untersuchungen sind insofern bedeutsam, als auch heute noch häufig, sowohl im »common sense« als auch bei vielen Professionellen in der Psychoonkologie, Aussagen über die generell positive Wirkung von ›Kampfgeist‹, ›aktivem‹ Coping oder ›Herauslassen der Gefühle‹ auf einen günstigeren somatischen Krankheitsverlauf und eine längere Überlebenszeit anzutreffen sind. Dies ist so nicht haltbar« (Isermann 2006, S. 137).

5 Wie wir wurden, was wir sind – Grundzüge einer Persönlichkeitspsychologie

Für alle, vor allem aber für soziale Berufe, die mit Menschen zu tun haben, scheint es für den Umgang hilfreich, etwas zu wissen über die Hintergründe und Wirkmechanismen, die das Erleben und Verhalten von Menschen bestimmen. Einerseits ist jeder ein Individuum. Jeder Daumenabdruck unterscheidet uns. Auf der anderen Seite gibt es mehr Übereinstimmungen in grundlegenden Verhaltensweisen, als wir uns das üblicherweise vorstellen können. Gemäß dem Motto: Man sieht nur, was man kennt, kann das Wissen über bestimmte Grundstrukturen der Persönlichkeit hilfreich sein. Es geht darum, Andere in ihrem Erleben, ihren Reaktionen und den mitmenschlichen Kontakten besser zu verstehen (Rottmann 2021; Schirach 2016).

Aus der Neurosenlehre der Psychoanalyse hat sich ein Wissen über charakterliche Strukturen entwickelt. Das ist der Grund, warum Charaktere bis heute mit entsprechenden (psychoanalytisch orientierten) Begriffen bezeichnet werden.

Man spricht z. B. vom schizoiden, depressiven, hysterischen oder zwanghaften Persönlichkeitstypus. Das erscheint auf dem ersten Blick fremd und irritierend. Taucht man etwas tiefer ein in die Inhalte und Erkenntnisse, die sich daraus ergeben, verändert sich der Eindruck schnell. Man könnte auch von spannenden Erkenntnissen sprechen, die das Verständnis von Menschen und ihren unterschiedlichen Verhaltensweisen wesentlich erleichtert. Vor allem Reaktionen, die uns merkwürdig oder fremd erscheinen, erschließen sich in ganz neuer Weise. Der Zugang wird wesentlich erleichtert, wenn wir verstehen, warum andere sich so anders verhalten, als wir das aus unserem eigenen Verständnis erwarten würden. Denn mehr oder weniger selbstverständlich gehen wir davon aus, dass andere uns ähnlich sind, auch ähnlich reagieren wie wir selbst. Das allerdings ist ein großer Trugschluss, der zu vielen Missverständnissen führt.

Wenn wir irritiert sind, ist die übliche Reaktion, den anderen mit einem Etikett zu belegen: Er oder sie ist grantig, nicht kooperativ, nervig, undiszipliniert oder anklammernd. Die Kenntnis grundlegender Persönlichkeitstypologien gibt dagegen Erklärungen für das Verhalten und vermindert dadurch entsprechende Irritationen und Blockierungen in der Kommunikation. Ein in diesem Sinne hilfreiches Instrumentarium legt Fritz Riemann (1902–1979), in Chemnitz geborener Psychologe und Psychoanalytiker, in seinem Buch vor: »Grundformen der Angst«. Es wurde im September 2021 in der 46. Auflage neu herausgebracht.

Den größten Einfluss bei der Entwicklung der Charaktere haben nach ihm die Erfahrungen des Kindes in den ersten Lebensjahren. Dabei spielt die genetische Anlage eine große Rolle. Darüber hinaus gilt das vor allem für die Erfahrung in den Interaktionen mit den wichtigen Bezugspersonen. Vor diesem Hintergrund hat jeder Mensch eine Persönlichkeitsstruktur entwickelt und lässt sich damit in eine bestimmte Typologie einordnen, wobei es selten eine klare Zuordnung zu einem einzigen Schwerpunkt gibt. Üblicherweise hat man es mit Mischformen mehrerer Strukturtypen zu tun. Je mehr allerdings ein Typus in den Vordergrund rückt, um so einseitiger wird die Persönlichkeit und desto weniger flexibel wird sie sich unterschiedlichen Herausforderungen im Lebensablauf stellen können.

Schwierig in der Interaktion zwischen Patienten und Personal wird es immer dann, wenn ein Verhaltensmodus ausdrücklich dominiert: Das distanzierte Verhalten ebenso wie das anklammernde, das verbissene ebenso wie das undisziplinierte. Damit sind wir bei den wesentlichen Grundstrukturen der Persönlichkeit.

Riemann betitelt sein bekanntes Buch nicht ohne Grund mit: »Grundformen der Angst«. Er geht davon aus, dass bestimmte Grundängste für die Ausprägung der Persönlichkeit konstituierend sind (▶ Tab. 5.1).

- Der Angst vor Abhängigkeit und Vereinnahmung entspricht ein Streben nach Eigenständigkeit und Autonomie.
- Der Angst vor Isolation und Verlassensein entspricht der Wunsch nach Kontakt und Geborgenheit.
- Der Angst vor Unsicherheit und Vergänglichkeit entspricht ein Streben nach Struktur, Sicherheit und Ordnung.
- Der Angst vor Einengung und fehlender Möglichkeit zur eigenen Entfaltung entspricht der Wunsch nach Unternehmungslust, Aktion und Abwechslung.

Tab. 5.1: Die Grundformen der Angst nach F. Riemann

Typus	Einflusskraft	Angst vor ...	Streben nach ...
A	Autonomie	Abhängigkeit, Vereinnahmung	Eigenständigkeit, Unabhängigkeit
B	Resonanz	Ungeborgenheit, Verlassensein	Geborgenheit, Kontakt
C	Beharrung	Unsicherheit, Vergänglichkeit	Sicherheit, Ordnung
D	Veränderung	Festgelegtsein, Einengung	Abwechslung, Unternehmungslust

Riemann entwickelt die Auffassung Freuds von der psychogenetischen Charakterentwicklung weiter. Er akzentuiert Grundängste als Kern der charakterlichen Eigenart (Schmidbauer 2007).

Darüber hinaus präzisiert er sie auf die jeweils spezifische Art der Beziehungsgestaltung und in ihrer besonderen Reaktion in Krisen. Deshalb erscheint mir dieses Modell gut verständlich und hilfreich, um menschliches Verhalten, vor allem auch in der letzten großen Lebenskrise, verstehbar und handhabbar zu machen.

5.1 Der Wunsch nach Eigenständigkeit und Abgrenzung: Die schizoide Persönlichkeit

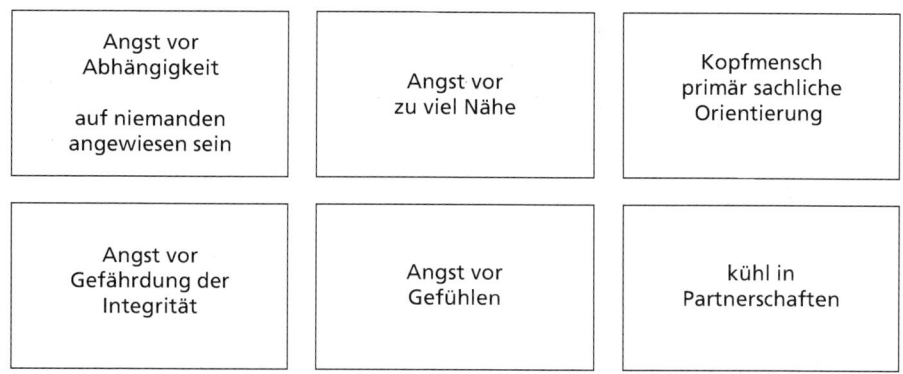

Abb. 5.1: Die schizoide Persönlichkeit

Nach Riemann wird die Tendenz zum Selbstbezug und zur Eigenständigkeit bei der schizoiden Persönlichkeit (▶ Abb. 5.1) tendenziell überbetont.

> »Sein Streben wird vor allem dahin gehen, so unabhängig und autark wie möglich zu werden. Auf niemanden angewiesen zu sein, niemanden zu brauchen, niemandem verpflichtet zu sein ist ihm entscheidend wichtig. Deshalb distanziert er sich von den Mitmenschen, braucht er Abstand zu ihnen, lässt er sie nicht zu nahe kommen, lässt er sich nur begrenzt mit ihnen ein [...]. So entwickelt er die für ihn typische Angst vor mitmenschlicher Nähe« (Riemann 2021, S. 32 f.).

Deshalb erscheinen solche Menschen eher kühl und distanziert. Man wird nie so richtig »warm« mit ihnen. Sie versuchen die Kontaktlücke, die so häufig entsteht, durch das Ausweichen auf eine sachliche Ebene zu kompensieren. Denn das ist für sie ungefährlich. Das ist ihre Welt, da fühlen sie sich sicher, weshalb solche Personen eher beruflich in der Bürokratie oder dem Elfenbeinturm der (Natur-)Wissenschaft zu finden sind.

Damit entgehen sie der Gefahr, dass jemand zu nahe kommt. Entsprechend schwierig sind partnerschaftlich enge Beziehungen. Sie bewegen sich primär in einem Hin und Her von Nähewünschen und Distanzierungsbestreben.

Lebensgeschichtlicher Hintergrund

Entwicklungsgeschichtlich verbirgt sich dahinter ein Zuwenig oder Zuviel an konstanter Zuwendung der wichtigsten Bezugspersonen. Häufig wechseln sich Phasen ab von emotionaler Nähe und andererseits von Deprivation (emotionaler Minderversorgung). Die Konstanz einer sicheren Geborgenheit fehlt. Auf der anderen Seite steht häufig auch eine wenig empathische und bedrängend besorgte Mutter, besorgter Vater, die bzw. der den Wunsch nach eigener Entwicklung und

Eigenständigkeit behindern oder gar unmöglich machen. Die eigene Beschäftigung mit sich und den eigenen Impulsen wird für das Kind auf diese Weise behindert.

In diesem Falle wird sich Nähe mit dem Gefühl von Bedrängtsein und der Angst vor Verlust der Eigenständigkeit verbinden. Reflexhaft folgt dann auch im späteren Leben emotionaler Rückzug, weil emotionale Nähe als bedrängend, regelrecht unangenehm empfunden wird.

Da sich ein solcher Typus emotional abschottet gegenüber seiner Umwelt, stehen ihm seine Gefühle als innere Orientierung wenig zur Verfügung. Das führt nicht selten zur eigenen Irritation: Inwieweit kann ich mich auf meine Wahrnehmung verlassen? Blickt mich das Gegenüber merkwürdig, vielleicht sogar spöttisch an? War jemand heute besonders freundlich zu mir oder habe ich das völlig falsch interpretiert?

Verhalten in Krisen

In Krisensituationen werden solche Menschen dazu tendieren, ihre Gefühle »wegzustecken« und zu verdrängen. Sie versuchen sich vorrangig auf ihren Verstand zu verlassen. Es fällt ihnen schwer, um Hilfe zu bitten, weil sie sich dadurch emotional abhängig fühlen würden. Entsprechend schwer findet das Personal im Krankenhaus Zugang zu solchen Personen. Hier treffen häufig verschiedene Bedürfnisse aufeinander: Beim Personal, dieser Person etwas Gutes zu tun, worauf auf der anderen Seite dagegen eher reserviert reagiert wird.

Trotzdem lohnt es sich, solche Menschen immer mal wieder darauf anzusprechen, wie es ihnen geht, wie sie sich fühlen. Bisweilen geschieht dann doch eine Wandlung in der Krise und der oder die Andere kann sich öffnen.

Umgekehrt wäre auf jeden Fall falsch, die Tendenz zur Distanz auf sich persönlich zu beziehen und gekränkt zu reagieren, nach dem Motto: dann eben nicht!

Dazu verhilft das Wissen, dass es diese Struktur gibt. Ich sollte sie registrieren und trotz allem entsprechend versuchen, vorsichtig zugewandt und damit für sie angemessen zu reagieren. Salopp gesprochen würde das bedeuten: Händchenhalten wäre in einem solchen Fall das Verkehrteste, was ich machen kann.

5.2 Der Wunsch nach Kontakt und Nähe: Die depressive Persönlichkeit

Eine depressive Persönlichkeitsstruktur (▶ Abb. 5.2) ist keineswegs gleichzusetzen mit einer depressiven Erkrankung. Wie anfangs schon angemerkt, stammt diese Bezeichnung aus dem psychoanalytischen Gedankengut. Erst in einer extremen Ausprägung können sich entsprechende Tendenzen zu einer Psychopathologie im engeren Sinne entwickeln. Die depressive Persönlichkeit kann man bezeichnen als Gegentypus des Schizoiden.

5.2 Der Wunsch nach Kontakt und Nähe: Die depressive Persönlichkeit

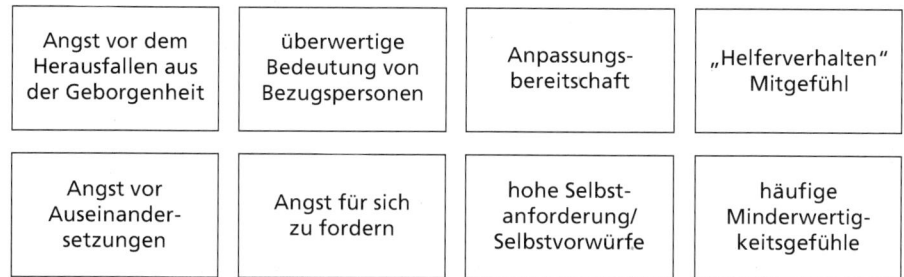

Abb. 5.2: Die depressive Persönlichkeit

Wie bei den meisten anderen Typologien, liegt die Grundlage zu einer depressiven Strukturentwicklung in einer Zeit, in die unsere Erinnerung meist nicht zurückreicht, nämlich in den Lebensumständen des ersten und zweiten Lebensjahres. Grundlegend ist eine Störung der Interaktion zwischen Mutter und Kind. Beschrieben wird dieser Charakter unter dem Vorzeichen einer Angst vor der »Selbstwerdung« und der Entwicklung zur Eigenständigkeit.

Menschen mit dieser Grundausrichtung sind Beziehungen gerade zu den bedeutenden Bezugspersonen wichtiger als alles andere, ja wichtiger als sie selbst. Auf den Punkt gebracht könnte die Grundausrichtung lauten: Wie soll ich sein, damit ihr mit mir zufrieden seid? Ich tue alles, damit es den anderen gut geht. Der depressive Mensch zahlt (fast) jeden Preis, um Zuwendung zu gewinnen und zu erhalten. Eigene Bedürfnisse werden hintangestellt und werden kaum angemeldet, geschweige denn durchgesetzt. Das könnte ja zu Spannungen führen und die sollen so weit wie möglich vermieden werden. Sich auseinanderzusetzen im ursprünglichen und übertragenen Sinne des Wortes ist dem Depressiven ein Graus. Er braucht die Harmonie, die Nähe erfahrbar macht. Forderungen zu stellen und Wünsche deutlich zu artikulieren gehört nicht zum Verhaltensrepertoire.

Der Depressive ist üblicherweise hilfsbereit, zuvorkommend und friedfertig. Mit Aggressionen, vor allem auch den eigenen, können solche Menschen schlecht umgehen.

> »Er idealisiert die Menschen eher, vor allem die ihm Nahestehenden, verharmlost, entschuldigt ihre Schwächen oder übersieht ihre dunklen Seiten. Er will nichts Erschreckendes oder Beunruhigendes an ihnen wahrnehmen, weil das eine vertrauen wollende Beziehung gefährden würde.« (Riemann 2021, S. 81)

In diesem Sinne sind solche Menschen häufig einfach zu »gutgläubig«.

Für die erstrebte Harmonie muss man dann aber richtig sein, möglichst in allem. Daraus entstehen hohe Selbstanforderungen. Ist man nicht perfekt, stellt das den selbst verordneten Perfektionismus in Frage. Das wiederum macht dem Selbstwertgefühl heftig zu schaffen und führt nicht selten zu Selbstvorwürfen und dem Gefühl zu versagen. Dass sich dann Enttäuschung über sich und nachfolgend deprimierte Gefühle einstellen, ist die logische Folge.

Das unerreichbar Beste erscheint gerade gut genug vor dem Hintergrund des verinnerlichten Leistungsanspruchs – in der Schule, im Beruf, in der Ehe, im sozialen Einsatz ... Gerade dazu fühlen sie sich immer wieder aufgefordert: zum

Einsatz für andere. Das alles geschieht, um dafür geliebt und belohnt zu werden und auch, um vor sich bestehen zu können. Wobei die große Gefahr darin besteht, von anderen ausgenutzt zu werden. Nicht selten führt das zu einer dauerhaften Überforderung und letztendlich zum Burnout.

Lebensgeschichtlicher Hintergrund

Ideal ist es, wenn die Mutter sich dem Kind entspannt und doch aufmerksam und fürsorglich zuwendet. Störungen dieser sensiblen Interaktion und Kommunikation können nach Riemann grundlegend werden durch drei mehr oder weniger traumatische Erfahrungen:

- Eltern, die das Kind klein halten und alle Widrigkeiten von ihm fernhalten wollen. Das führt oft zu einem späteren regressiven Verhalten in personaler Abhängigkeit und Unselbstständigkeit.
- Umgekehrt führt übermäßige erzieherische Strenge häufig zu einem ausgeprägten Gefühl von Minderwertigkeit und Unzulänglichkeit. Ein starkes Ich kann sich so nicht entwickeln.
- Aggressive und autonome Impulse beim Kind werden von den Eltern unterdrückt und dürfen nicht gezeigt werden. Dazu gehört etwa die Trotzphase oder später auch die Pubertät. Das wiederum führt nicht selten zur Aggression gegen das eigene Selbst, verbunden mit Schuldgefühlen und Selbstablehnung. Die Folge ist ein schwach ausgeprägtes Selbstwertgefühl.

Verhalten in Krisen

Innere Verunsicherung durch Krisen führt bei solchen Menschen üblicherweise zu einer noch größeren Tendenz zur Regression mit einem häufig fast kindlich anklammernden Verhalten. Eigene Impulse werden zurückgestellt. Anpassung an die Vorgaben der Institution und an pflegerische oder medizinische Autoritäten ist an der Tagesordnung. Als Folge häufig bekannt, aber nicht unbedingt positiv konnotiert, ist anklammerndes Verhalten. Man macht sich klein und gibt sich abhängig und unselbstständig. Solche Patienten wollen oft das Krankenhaus gar nicht verlassen und kämpfen mit allen Mitteln um den einen oder anderen Tag Verlängerung. Denn hier werden sie versorgt, gepflegt und fühlen sich sicher und aufgehoben.

Dass sich umgekehrt viele Mitarbeitende aus sozialen Berufen in dieser Charakterstruktur finden, ist naheliegend. Sie brauchen für ihr Leben die Beschäftigung, die Arbeit mit Menschen. Akten zu bearbeiten in einer Institution oder Behörde wäre ihnen unerträglich.

> »Beruflich neigen sie vor allem zu gleichsam mütterlich-sorglichen, zu den helfenden, dienenden, pflegenden Tätigkeiten, wo sie aufopferungsfähig, geduldig und einfühlend, wie sie sind, ihre besten Möglichkeiten entfalten können. […] Der Beruf ist ihnen selten nur ein Job« (Riemann 2021, S. 127).

5.3 Das Bedürfnis nach Dauer und Sicherheit: Die zwanghafte Persönlichkeit

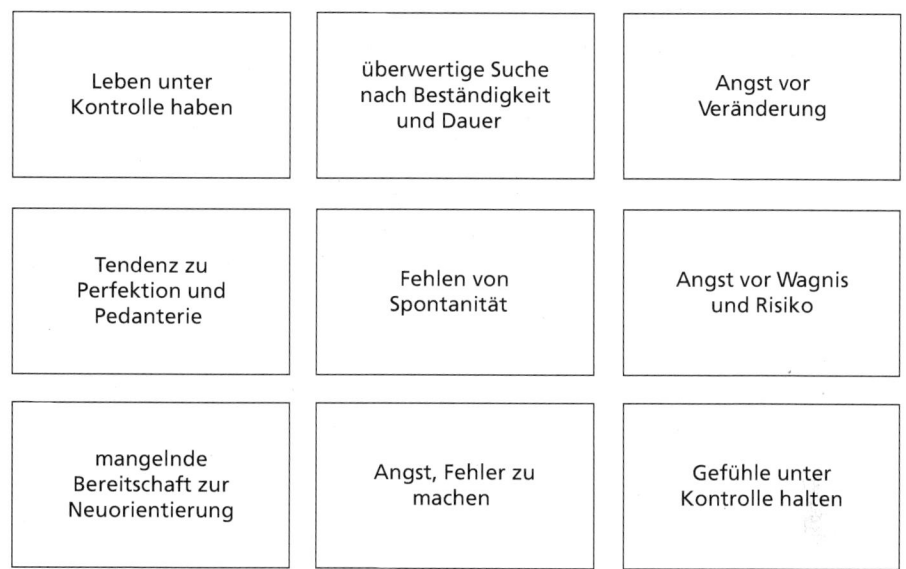

Abb. 5.3: Die zwanghafte Persönlichkeit

Das Bedürfnis zwanghafter Menschen (▶ Abb. 5.3) ist das nach Beständigkeit, Dauer und Sicherheit. Sie wünschen sich das Vertraute und Bekannte. Es möge bitte alles so bleiben, wie es ist. Jegliche Art von Wandel und Vergänglichkeit ist ihnen unangenehm. Sie möchten alles so belassen wie sie es kennen.

Wenn sich etwas verändert, fühlen sie sich gestört, beunruhigt und beängstigt. Deshalb werden sie versuchen, jegliche Veränderungen zu vermeiden, wenigstens einzuschränken. Denn allem Neuen wird misstraut. Sie wollen einfach nicht zugestehen, dass Leben Werden und Vergehen ist. Schon die alten Griechen formulierten: Panta rei – alles ist im Fluss.

Man kann ahnen, wie mühselig es sein muss, sich diesen Grundgesetzen des Lebens entgegenzustemmen. Sehen kann man das z. B. an Ritualen, an denen zwanghaft festgehalten wird. Das geschieht etwa im familiären Rahmen mit immer festgelegten Zeiten, Plätzen am Tisch, Tages- und Essensplänen. »Um zwölf Uhr muss das Essen auf den Tisch …«

Auch hier zeigt sich im Kleinen der Versuch, die Angst vor dem Wandel durch Wiederholung des immer Gleichen in geradezu magischer Weise zu bannen.

»Man wird etwa an Meinungen, Erfahrungen, an Einstellungen, Grundsätzen und Gewohnheiten eisern festhalten und sie nach Möglichkeit zum immer gültigen Prinzip, zur unumstößlichen Regel, zum ewigen Gesetz machen wollen« (Riemann 2021, S. 131).

So kann eine ganze (Familien-)Struktur, ein ganzer Lebenslauf in den Sog von (Zwangs-)Ritualen und Kontrollzwängen geraten. Riemann zählt dazu auch die Tendenz zu Geiz und Pedanterie. Häufig dominiert diese Grundhaltung des Zwanghaften auch eine partnerschaftliche Beziehung, wenn genauestens über Geld, Zeit und Zuwendung »Buch geführt wird«, was beim anderen Partner dazu führt, dass er oder sie sich kontrolliert, abgewertet oder auch gedemütigt fühlt. Da bleibt wenig Raum zu Wachstum, Reifung und persönlicher Entfaltung.

Es regiert eher ein starres und strenges Über-Ich (Gewissen), mit dem sich die Tendenz zur Perfektion und Pedanterie verbindet.

Unbewusst verbirgt sich dahinter nicht selten der Wunsch, dafür von seinen Mitmenschen Bestätigung zu erhalten. Ähnlich wie man von seiner Mutter für pünktliches Verhalten und ein erwünschtes, ordentliches Funktionieren belobigt wurde. Für Mitarbeitende im Krankenhaus sind solche Patienten häufig anstrengend:

»Der ordnet jeden Morgen erst penibel das Tablett mit dem Frühstück. Und seine T-Shirts im Schrank sind sogar nach Farben geordnet.«

Eine Patientin mit einer akut aufgetretenen Leukämie hatte sich darauf eingestellt, dass sie nun sterben werde. Sie habe alles geordnet. Nun könne sie sich von diesem Leben verabschieden. Als sich die Werte durch die Therapie deutlich verbesserten, mochte sie das zunächst gar nicht glauben, auch als die Ärzte ihr das wiederholt zu überbringen versuchten. Sie hatte sich doch jetzt innerlich auf das Ende eingestellt und dabei sollte es auch bleiben. Nur mühsam konnte sie sich an die neue Realität herantasten. Außerdem erklärte sie, immer ein skeptischer Mensch gewesen zu sein. »Dann wird man nicht so schnell enttäuscht.« Ausdruck einer defensiven Einstellung zum Leben.

Lebensgeschichtlicher Hintergrund

Der Zwang ist die Folge einer strengen, vor allem auch rigiden Ordnungs- und Sauberkeitserziehung. Natürlich ist das Bedürfnis nach Beständigkeit, Berechenbarkeit und Wiederkehr des Vertrauten ein wesentlicher Bestandteil unserer frühen Existenz. Es gibt Sicherheit und stärkt das Urvertrauen in die Verlässlichkeit der wichtigsten Bezugspersonen und damit in die Verlässlichkeit der eigenen Wahrnehmung. Sie gibt Orientierung, weil dadurch die vertraute kleine Welt, die eigene Umgebung, einschätzbar wird.

Erinnert sei an die abendlichen Rituale der kleinen Kinder vor dem Schlafengehen. Wie wir gesehen haben, ist die verlässliche Wiederkehr des Gewohnten und Vertrauten in unserer Kindheit ungemein wichtig für unsere Entwicklung, für die Ausbildung von Vertrauen.

Hier zeigt sich erneut, dass sich aber erst eine Überbetonung bestimmter Prinzipien zu einer einseitigen Ausrichtung der Persönlichkeit auswachsen kann. Das ist immer dann der Fall, wenn eine zu frühe Sauberkeitserziehung durchgesetzt werden soll, wenn Eltern sehr aversiv auf Unordnung und Schmutz reagieren oder alles verhindern, was die Ordnung in der Familie stört.

Dann wird die Eroberung der Welt durch das Kind, die Entdeckerfreude und das Lernen durch Versuch und Irrtum in eklatanter Weise behindert. Wenn das zusätzlich mit Strafe sanktioniert wird, entsteht das rigide Über-Ich, das die spätere Entwicklung behindert, die mit der Lust am Neuen, am Entdecken und eben auch mit Kreativität zu tun hat.

Verhalten in Krisen

In Krisensituationen wird sich diese Haltung üblicherweise verstärken. Patienten werden sich z. B. wehren, in ein anderes, für sie »fremdes« Zimmer verlegt zu werden, nachdem er oder sie sich schon mühsam an die neue Situation mit den unbekannten Menschen gewöhnt hat. Häufig muss auf dem Nachtschränkchen oder in der Schublade alles »seine Ordnung haben«.

Ein Patient bat mich, dass seinem Bett gegenüberliegende Bild gerade zu hängen. Das sei schief. Das könne er nicht ertragen. Auch begegnen solche Menschen verordneten Medikamenten gegenüber häufig sehr skeptisch. Am liebsten möchten sie gar nichts einnehmen, aus Angst vor Kontrollverlust. Oder sie beäugen misstrauisch die Tablettenschachtel und möchten detailliert wissen, wozu genau welche Tablette gegeben wird.

Solche Patienten werden oft als »nervig« erlebt. Es ist gut zu wissen, dass das Misstrauen nicht primär den Ärzten oder dem Pflegepersonal gilt, sondern einer zwanghaften Persönlichkeit entspringt.

Sich der Unberechenbarkeit des Sterbens und damit der Vergänglichkeit zu überlassen, fällt diesen Menschen naturgemäß besonders schwer. Sie lieben es nicht, die Dinge nicht selbst in der Hand zu haben und sich dem schicksalhaften Verlauf ihrer Erkrankung zu ergeben. Entsprechend erkundigte sich die eben geschilderte Patientin nach der Möglichkeit eines ärztlich assistierten Suizids. Sie möchte alles in der Hand behalten, am besten bis zum letzten Atemzug.

5.4 Das Bedürfnis nach Wandel, Ablenkung und Veränderung: Die hysterische Persönlichkeit

Menschen mit einer solchen Grundstruktur (▶ Abb. 5.4) scheren sich nicht um Vergangenes. Das interessiert sie nicht. »Was kümmert mich mein Reden von vorgestern …« Insofern bleibt vieles beliebig. Während der Zwanghafte zu einer Verabredung eher zu früh, als zu spät kommt, kann es hier auch eine halbe oder eine ganze Stunde später werden. Soll sich der Andere doch nicht so aufregen! Es gab Wichtigeres zu tun oder zu erleben …

Hier dominiert die Angst, sich festlegen zu müssen. Vorrangig ist es die Angst vor dem Endgültigen und der Begrenztheit unseres Freiheitsdrangs, den wir üblicherweise alle mehr oder weniger in uns tragen. Natürlich ist es spannend, Neues zu

5 Wie wir wurden, was wir sind – Grundzüge einer Persönlichkeitspsychologie

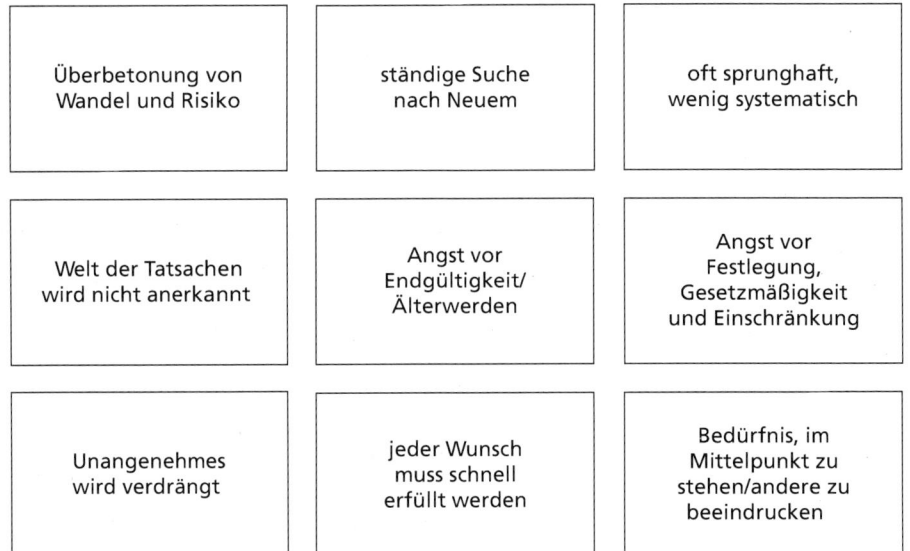

Abb. 5.4: Die hysterische Persönlichkeit

erleben, andere Menschen, auch aus anderen Kulturkreisen kennenzulernen, neue, bereichernde Erfahrungen zu machen und unseren Horizont zu erweitern.

»Wenn der zwanghafte Mensch die Freiheit, die Wandlung und das Risiko scheute [...], bei den [...] hysterischen Persönlichkeiten geht es um genau das Gegensätzliche. Sie streben ausgesprochen nach Veränderung und Freiheit, probieren alles Neue, sind risikofreudig. Dementsprechend fürchten sie nun alle Einschränkungen, Traditionen und festgelegten Gesetzmäßigkeiten, die gerade die Werte für den zwanghaften Menschen waren. [...] Nichts ist letztlich verbindlich und verpflichtend, nichts hat Anspruch auf ewige Gültigkeit. Für sie soll alles relativ, lebendig und farbig bleiben« (Riemann 2021, S. 187 f.).

Das würde bedeuten, dass man von Augenblick zu Augenblick lebt, nicht mit festen Zielen und Plänen, sondern immer in der Erwartung von etwas Neuem: Auf der Suche nach neuen Eindrücken und Abenteuern, ablenkbar.

»Man fürchtet am meisten die uns unvermeidlich begrenzenden Seiten des Lebens und der Welt, die wir als die Wirklichkeit, ›die Realität‹, zu bezeichnen pflegen. Die Welt der Tatsachen also, an die wir uns anpassen, die wir hinnehmen müssen aus der Erkenntnis unserer Abhängigkeit von Lebensgesetzmäßigkeiten« (Riemann 2021, S. 188).

In einer solchen Welt findet man immer ein Hintertürchen, um sich etwaigen Konsequenzen seines Handelns möglichst zu entziehen.

Solche Menschen sind zwar in ihrem Verhalten sprunghaft, aber es wird auch nie langweilig mit ihnen. Sie können begeisternd und mitreißend wirken. Ihnen fällt immer etwas Neues ein. Häufig geht von ihnen eine starke Suggestionskraft aus. Sie gelten als unternehmungslustig und risikofreudig. Geht nicht, gibt's nicht!

Beruflich findet man solche Personen vorrangig in der Popkultur, bei Sängern, Künstlern, kreativ Schaffenden oder auch bei Schauspielern. In Beziehungen sind sie leidenschaftliche Liebhaber, auch wenn das häufig nicht von langer Dauer ist. Denn irgendwann bietet sich immer eine neue Möglichkeit. Es herrscht die illusionäre Suche nach dem ungetrübten Glück vor, das einem ohne große Anstrengung in den Schoß fallen soll in einer sprunghaften und diskontinuierlichen Suche nach immer wieder Neuem.

»Natürlich muss man dann am meisten das fürchten und wenn möglich meiden, was uns nun einmal unausweichlich festlegt und begrenzt: Biologische Gegebenheiten wie die Geschlechtsrollen von Mann und Frau, das Altern und den Tod, aber auch Spielregeln aller Art […].« (Riemann 2021, S. 188).

Lebensgeschichtlicher Hintergrund

Der Hintergrund dieser Charaktertypologie bildet sich heraus etwa zwischen dem vierten und siebten Lebensjahr in einer Zeit, in der das eigene Geschlecht bewusster in den Vordergrund tritt. Unklarheiten in den Vorbildern der elterlichen Geschlechterrollen irritieren, so dass kein wirklich tragfähiges Vorbild für die eigene Identität entstehen kann: Wie ist man eigentlich als Mann oder als Frau?

Hinzu kommt häufig ein Mangel an Klarheit über das, was an Regeln oder Abmachungen gilt. Was heute verboten ist, wird morgen erlaubt.

Ein weiteres Problem entsteht, wenn das Kind in unglücklichen Beziehungen oder nach Trennung als Partnerersatz missbraucht wird. Das Nebeneinander von Erwachsen- und Kindsein irritiert und verunsichert zutiefst. Das psychische Chaos in der Herkunftsfamilie mit unklaren Grenzen zwischen Erwachsenen und Kindern, wechselnden Koalitionen, ein unsteter und widersprüchlicher Erziehungsstil und verschwommene Leitbilder spiegeln sich in einer Identitätsdiffusion. Das sind keine Rahmenbedingungen, die gut auf das Leben vorbereiten.

Wenn man sich diese Hintergründe bewusst macht, wird es einfacher, die bisweilen als »Chaostypen« titulierten Menschen zu verstehen. Das gilt vor allem immer dann, wenn sie sich mal wieder an keine Regeln und Abmachungen halten oder die halbe Station aufmischen. Sie tun das nicht, um uns zu ärgern, sondern weil ihr Verhalten der eben beschriebenen inneren Logik folgt.

Verhalten in Krisen

Geraten solche Personen in Krisen oder werden sie krank, versuchen sie, unangenehme Wahrheiten zu überspielen oder ganz zu verleugnen. Sie sind wahre »Verdrängungskünstler«. Was nicht sein darf, das kann nicht sein! Wenn sie mit unangenehmen letzten Wahrheiten konfrontiert werden, kommt es häufig zu dramatischen Szenen. Immer wieder erleben wir auch die Tendenz zur Somatisierung. Gerade in der Schmerztherapie wird es häufig schwer, zu einer realistischen Abstimmung und Abmachung mit solchen Patienten zu kommen.

Es scheint, als wenn in solchen Fällen der seelische Schmerz – nicht mehr ausweichen zu können vor dem Endgültigen, dem lebensbegrenzenden Realitätsrahmen – den körperlichen Schmerz verstärkt. Solche Patienten verlangen immer zu früh und immer häufiger nach Schmerzmitteln, als mit ihnen abgesprochen ist.

»Nicht selten ist dies auch eine Möglichkeit, die Aufmerksamkeit der sie umgebenden Personen auf sich zu ziehen!« (Adler und Hemmeler 1992, S. 145).

Solche Patienten sind nicht leicht zu führen, weil ihnen klare Absprachen und das Akzeptieren des Unabänderlichen so schwerfällt – etwas, was sie ein Leben lang vermieden haben. Sie können ihre Impulse nur schwer kontrollieren und versuchen häufig, ihre Sicht der Dinge durchzusetzen. Sie sind wenig empathiefähig und nicht selten auch ungeduldig. Jeder Wunsch sollte möglichst schnell erfüllt werden. Ist dies nicht der Fall, reagieren sie gekränkt oder unleidlich.

5.5 Zusammenfassung

Wie bei Kübler-Ross unter anderen Bedingungen, besteht auch bei dem Konzept von Riemann die Gefahr, Menschen damit zu kategorisieren und sie mit einer Art »Etikett« zu belegen. Deshalb ist es wichtig zu betonen, dass die vier Charaktertypologien im Alltag nicht in dieser Eindeutigkeit vorkommen. Es gibt sie üblicherweise in unterschiedlich ausgeprägter Kombination als »Mischtypen«. Im folgenden Schaubild (▶ Abb. 5.5) werden die Stärken, die zugleich immer auch bestimmte Schwächen implizieren, für jeden Charaktertypus dargestellt.

Darüber hinaus gibt es als Beispiel das Raster mit den vier Polen, die je nach Typologie ein unterschiedliches Rechteck mit den persönlichen Schwerpunkten ergeben. Das vorgestellte Schaubild (▶ Abb. 5.6) zeigt ein schwerpunktmäßig zwanghaft depressives Profil, das mehr zum Pol Ordnung und Resonanz/Nähebedürfnis verschoben ist. Die Anteile von Autonomie und Bewegung erscheinen weniger ausgeprägt.

Auf diese Weise kann man versuchen, sich ein Bild vom jeweiligen Gegenüber zu machen. Man kann es auch dazu nutzen, sich das eigene Profil durch Darstellung bewusst zu machen (▶ Abb. 5.6). Daraus ergibt sich dann häufig schnell die Lösung, warum die »Chemie« zu bestimmten Patienten nicht stimmig ist.

Einen weiteren Vorteil des Konzeptes sehe ich darin, dass nicht ein bestimmtes Persönlichkeitsprofil als idealtypisch präferiert wird. Es ist tröstlich zu sehen, dass jeder positive Schwerpunkt gleichzeitig seine Schwächen hat und es nicht die eine, positiv anzustrebende »Idealtypologie« gibt. (▶ Abb. 5.7 gibt die Möglichkeit, ein Profil für sich selbst oder eine andere Person zu erstellen.)

Im Gegenteil wäre es wünschenswert, Aspekte von allen Anteilen in sich zu vereinen, um den unterschiedlichen Herausforderungen des Lebens gerecht zu werden.

Die Tatsache, dass Riemanns Werk so breit rezipiert wurde und inzwischen in so hoher Auflage vorliegt, ist ein Hinweis darauf, dass es von vielen Lesern als hilfreicher Anstoß empfunden wird, bei sich selbst und beim Gegenüber gezielter hinzuschauen und hinzuhören.

5.5 Zusammenfassung

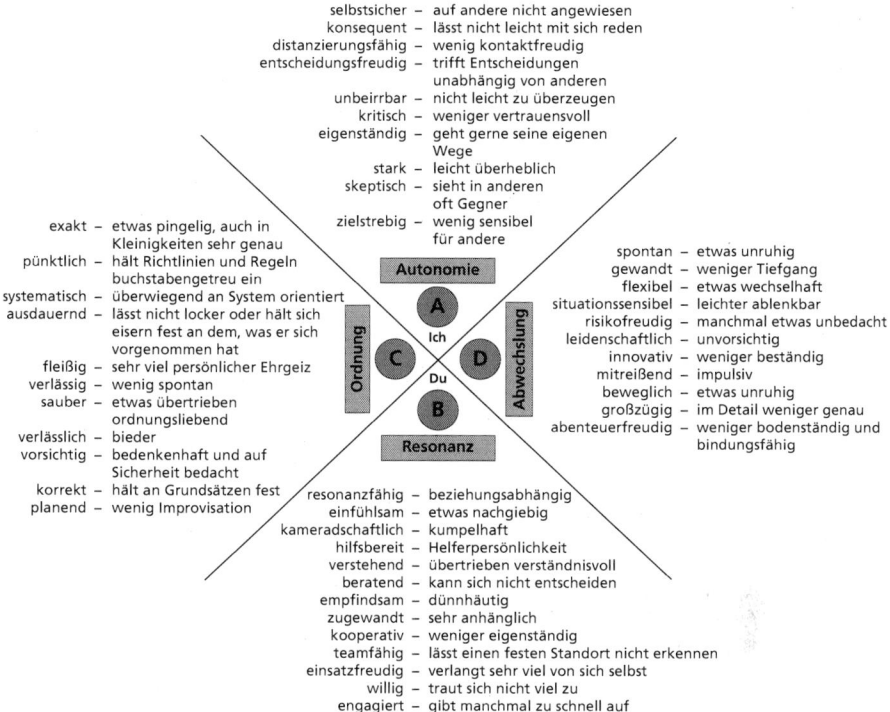

Abb. 5.5: Stärken und Schwächen der jeweiligen Charaktertypologie

Ein tieferes Verständnis für seinen oder ihren psychischen Hintergrund und die dazu gehörende Lebensgeschichte vermag das Verständnis und den Zugang zu der entsprechenden Person um Einiges erleichtern und darüber hinaus Missverständnisse beseitigen. Dies gilt gerade auch in der letzten Lebensphase. Besonders dann sollten Konflikte oder Irritationen in der Kommunikation so weit wie möglich vermieden werden.

5 Wie wir wurden, was wir sind – Grundzüge einer Persönlichkeitspsychologie

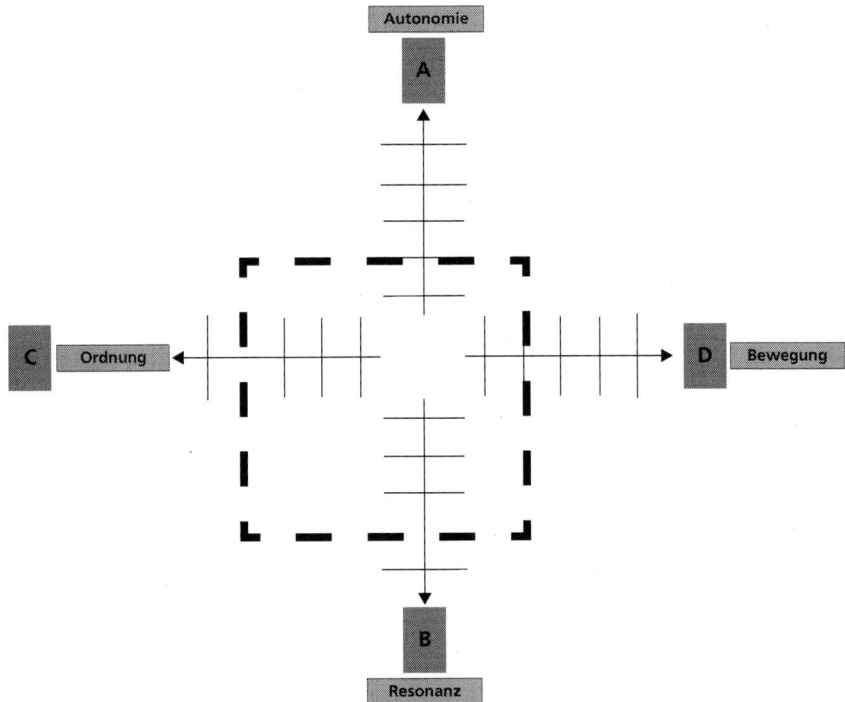

Abb. 5.6: Charakterprofil für eine primär depressiv-zwanghafte Persönlichkeitsstruktur

5.5 Zusammenfassung

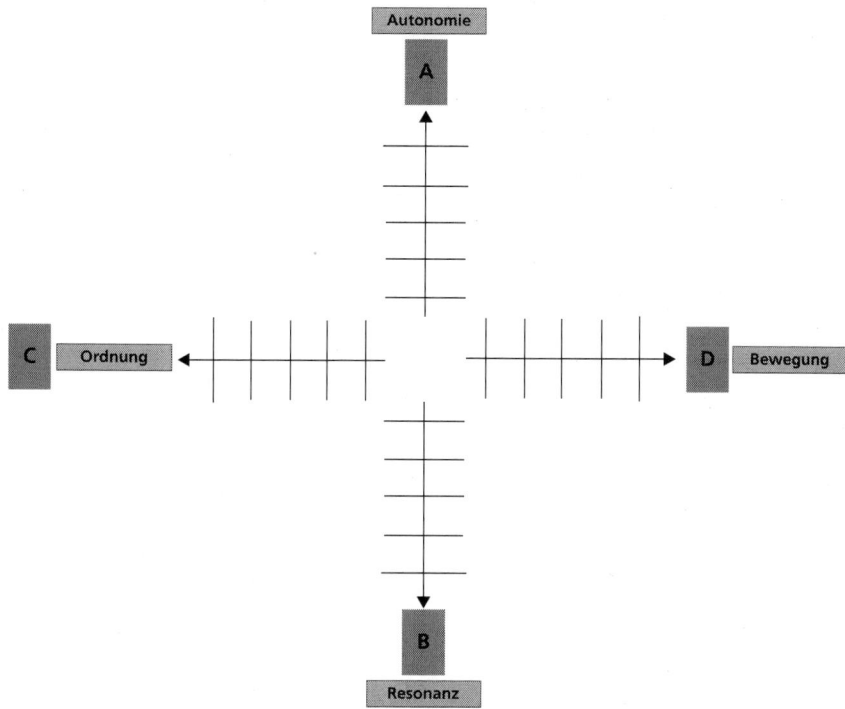

Abb. 5.7: Charakterprofil zur Selbstanalyse

6 Die Angehörigen – das noch größere Problem?

6.1 Auch Angehörige brauchen Hilfe

Bei vielen Seminaren, die ich zum Thema Sterbebegleitung gehalten habe, gab es von den Teilnehmenden eine fast immer gleiche Rückmeldung: Mit unseren Patienten kommen wir schon irgendwie klar. Das eigentlich viel größere Problem stellt für uns häufig der Kontakt mit den Angehörigen dar. – Was steckt hinter dieser Aussage und welche Problematik drückt sich darin aus?

Wenn wir genauer hinschauen, wird sichtbar: Auch für die Angehörigen besteht die größte Herausforderung in der Bewältigung ihres emotionalen Erlebens. Dieses Erleben überschneidet sich in vielen Ebenen mit dem inneren Prozess, den wir schon bei den Sterbenden genauer analysiert haben:

- Auch sie müssen hergeben und loslassen,
- auch sie müssen sich darauf einstellen, dass vieles sich verändern wird,
- dass es Veränderungen im Umgang und in der Kommunikation gibt, und
- dass sie plötzlich mit einer komplett veränderten Beziehungsdynamik konfrontiert werden.

Es ist keineswegs so, dass den Weg der Trauer und des Los-lassens nur die Sterbenden gehen müssen. Der bleibt auch denen nicht erspart, die als Betroffene – als Ehepartner, Kinder, Verwandte oder Freunde – auf der anderen Seite stehen. Nicht selten sind sie es, die viel mehr als der Sterbende selbst stützende Zuwendung brauchen. Wie wesentlich die mit-menschliche Begleitung im Sterben für den betroffenen Patienten ist, beginnt langsam durch eine Fülle von Publikationen auch in das Bewusstsein einer breiteren Öffentlichkeit zu dringen. Margaret I. Filsch, Ausbildungsleiterin für Krankenschwestern in Toronto (Kanada), berichtete auf einem internationalen Krebskongress, dass Patienten häufig klagen, niemand komme sie besuchen, seitdem sie wüssten, dass die sterben müssen. Die Vereinsamung liegt nach ihrer Meinung darin, dass Freunde und Angehörige nicht wissen, wie sie mit Todkranken reden sollen. Aus Furcht davor gehen sie den Kranken dann lieber aus dem Weg, wie es der Patient mit dem Gallengangskarzinom im Verlauf seines Krankheitsprozess schilderte.

> »Dein Sterben hält den Menschen an deinem Sterbebett einen Spiegel vor. Sie sehen dich und sich dort liegen und vielen kommt es vor, als stürmten Fragen auf sie ein. Wer bin ich. Was ist Leben. Wie nur weiter. Am Bett eines Sterbenden zu stehen, das zwingt dazu,

innezuhalten. Manchen Angehörigen macht das Angst, sie fliehen davor. Manche aber zieht es an, sie sammeln sich am Sterbebett wie um ein Lagerfeuer« (Schulz 2021, S. 57).

Auch Angehörige verlieren eine wichtige Bezugsperson – auch sie müssen mit einem herben Verlust fertig werden. Und doch ist für sie mit dem Tod eben nicht alles zu Ende. Der noch schwierigere Teil der Trauerarbeit für sie beginnt dann häufig erst. Während der letzten Lebensphase eines Kranken geht es schon darum, sich auf eine Wirklichkeit einzustellen, die unausweichlich auf einen zukommt. Entsprechend vielfältig sind die Reaktionen, mit denen sie versuchen, die äußeren Veränderungen innerlich zu verarbeiten (▶ Tab. 6.1). Auch bei ihnen findet man eine ganze Palette von Reaktionen: vom Verharmlosen bis zur kompletten Verdrängung.

Tab. 6.1: Belastungsfaktoren Angehöriger (nach Hodges et al. 2005; Brandstätter und Fischinger 2012, S. 39)

Belastungsfaktor	Reaktionsmuster
Äußere Belastungsfaktoren Angehöriger	• Rollenveränderung, Übernahme weiterer Aufgaben • Bedrohte Zukunftsplanung • Einschränkung eigener positiver Aktivitäten und Kontakte • Finanzielle Schwierigkeiten, karrierebezogene Nachteile
Emotionales Erleben Angehöriger als Belastungsfaktor	• Ungewissheit bezüglich Krankheitsverlauf • Angst vor Trennung, Verlust, Zukunft, Existenzangst • »Gewissensbisse«, auftretende Klärungsbedürfnisse • Hilflosigkeit, Schuldgefühle, Wut • Konfrontation mit eigener Sterblichkeit, Sinnfrage
Mögliche Probleme im Umgang zwischen Patienten und Angehörigen	• Schwierigkeiten, eigene Belastung/Überforderung einzugestehen • Vernachlässigen eigener Bedürfnisse • Schwierige (evtl. unterdrückte) Gefühle (Wut, Angst, Trauer) • Unsicherheit im Umgang mit dem Patienten/der Patientin • Kommunikationsprobleme, gegenseitiges Schonen • Unterschiedliche Stufen der Krankheitsakzeptanz

Ich erinnere mich an den Ehemann einer noch jungen Krebspatientin, der mit dem nahen Tod seiner Frau einfach nicht fertig werden konnte. Er hatte panische Angst davor, mit der elfjährigen Tochter allein zurückzubleiben. Entweder versuchte er die Ärzte zu immer neuen Therapieversuchen zu bewegen, oder – was weitaus schlimmer war – er bedrängte seine Frau: »Du musst einfach wieder gesund werden. Lass dich nicht so gehen – wir brauchen dich doch!« Die Ehefrau war in ihrem eigenen Prozess schon viel weiter als ihr Mann. Sie hatte sich mit dem Unvermeidlichen schon mehr oder weniger abgefunden. Umso schlimmer war es, dass ihr Mann sie aus seiner Angst heraus nicht in Ruhe sterben lassen konnte.

Dies ist nur ein Beispiel von vielen, wo nahe Angehörige bis an den Rand ihrer psychischen Stabilität belastet sind. Häufig sind sie mit ihrem eigenen »Prozess« schon gänzlich überfordert, geschweige denn, dass sie den ihres Partners oder ihrer Partnerin zusätzlich begleiten können. Sie sind viel zu sehr mit sich beschäftigt, als dass sie sich auch noch um den sterbenden Menschen an ihrer Seite kümmern könnten. Sie brauchen selbst Aufmerksamkeit und Zuwendung, häufig auch einfach jemanden, der sie im übertragenen Sinn an die Hand nimmt. Es geht darum, dass sie in ihrer Irritation jemand führt oder ihnen die Informationen bereitstellt, die sie brauchen, um das so unbekannte, fremde und beängstigende Geschehen verstehen und verarbeiten zu können.

Ein vom Sterben eines nahestehenden Menschen betroffener Angehöriger braucht Rückhalt durch andere. Allein zu trauern ist schwierig – eigentlich sogar unmöglich. Nicht verarbeitete Trauer kann verheerende Folgen haben. Sie kann nicht nur psychische Störungen hervorrufen, sie kann regelrecht krank machen.

Aufgrund mangelnder Kompetenzen im Umgang besonders mit schwerkranken und sterbenden Menschen fühlen sich Angehörige, und häufig ebenso professionelle Helfer oft verunsichert und fragen: Wie mache ich es richtig? Was darf ich sagen, wie soll ich mich verhalten? Ich möchte nichts falsch machen!

Die große Gefahr liegt nicht darin, einen Fehler zu machen – weitaus schlimmer ist es, aus Angst etwas falsch zu machen, sich gar nicht mehr zu verhalten, indem man sich aus dem Kontakt mit einem Sterbenden zurückzieht. Kranke spüren sehr schnell, ob man sich wirklich für sie interessiert und sich an ihnen orientiert. Das wird für so viel Vertrauen in der Beziehung sorgen, dass man sich ruhig auch Fehler leisten kann. In der Sterbebegleitung geht es nicht darum, perfekt zu sein, sondern authentisch »Mensch zu bleiben«. Wenn jeder Fehler das »Aus« des Kontaktes wäre, hätten wohl viele Gespräche zu Ende sein müssen, ehe sie überhaupt begonnen wurden. Eines meiner ersten Gespräche in der Heidelberger Strahlenklinik zu Beginn meiner Ausbildung ist ein gutes Beispiel dafür. Aus heiterem Himmel und mitten aus einem harmlosen Gespräch heraus über die Schönheiten des Odenwaldes – aus dem die Patientin stammte – sah mich die Frau mit durchdringenden Augen an und fragte: »Was glauben Sie, werde ich hier jemals wieder herauskommen?«

Ich weiß heute noch, wie mir das Blut in den Kopf stieg und die beklemmende Pause bedrohlich lang wurde. Ich war völlig durcheinander und erzählte ihr etwas von guten Spezialisten hier im Hause und dem Rückhalt ihrer Familie, von dem sie erzählt hatte. Aber wirklich helfen konnte ich ihr in meiner Panik nicht. Ich versuchte, für mich wieder Boden unter die Füße zu bekommen, also ein Thema zu finden, das nicht so bedrohlich war. Bald darauf verließ ich fluchtartig das Zimmer. Das Thema war mir zu heiß! Ich bin einige Zeit später wieder hingegangen, nachdem ich mich mit einem erfahrenen Kollegen besprochen hatte – aber wieder mit zitternden Knien.

Man kann lernen – sicher mit Mühe und gegen innere Widerstände –, die eigene Angst zu bestehen und sich nicht von ihr beherrschen zu lassen. Und das ist dann schon sehr viel: Hinzugehen und da zu sein! Wenn der andere das ehrliche Bemühen spürt, dann, so habe ich es oft erlebt, helfen mir die Patienten sogar über meine eigenen Klippen hinweg, denn sie spüren ja häufig auch meine Grenzen. Wenn wir so weit kommen, dass wir uns nicht nur die »Schokoladenseiten« zeigen, sondern auch die anderen: unsere Verunsicherung, Verletzlichkeit, unsere Ängste und Sorgen, sowie unsere Bedürftigkeit und Sehnsucht nach Kontakt, Nähe und Verständigung, dann geschieht bereits das Entscheidende. Ich habe nur sehr langsam verstanden, inwieweit Sterben zum Leben dazugehört, ein Teil des Lebens ist, der sehr wohl wert ist, gelebt zu werden – häufig sogar als sehr intensives Geschehen. Ich habe erlebt, wie hilflos und ausgeliefert, ja wie ohnmächtig ich oft darin bin, wie sehr ich an die Grenzen meiner Möglichkeiten stoße, wie wenig ich das Geschehen in der Hand habe, wie schutzlos ich auch bin. Aber zugleich habe ich auch erfahren, dass daraus eine ganz neue Gemeinsamkeit und Solidarität entstehen kann. Weil das genau die Gefühle sind, die auch die Kranken häufig erleben, nur mit dem Unterschied, dass sie vor ihnen sehr viel schwerer flüchten können als ich oder seine ihm oder ihr nahestehenden Menschen.

Diese Gesetzmäßigkeiten gelten sowohl für Angehörige oder Freunde als auch für Mitarbeiter im Krankenhaus. Auch für sich wünscht man sich zunächst einen einfach »menschlichen« Umgang. Denn niemand möchte nur eine Nummer sein. Immer wieder reden wir auf der Station oder bei unseren regelmäßigen Besprechungen über Patienten/Angehörige, deren Schicksal, Krankheitsverlauf und Erleben uns »unter die Haut gehen«, wenn z. B. unversorgte Kinder mitbetroffen sind. Sterbende und ihre nahestehenden Bezugspersonenhaben haben ihrerseits zuallererst neben fachlich guter medizinischer und pflegerischer Betreuung den Wunsch nach Verständnis, ihre Liebsten und ebenso sich selbst als diese einmalige Person gesehen und aufgehoben fühlen zu können.

Die Verhaltensweisen der Professionellen dagegen beziehen sich häufig auf das, worauf sie sich verstehen, was sie gelernt haben, wo sie sich sicher fühlen: Auf das Bettenmachen und Blutdruckmessen, auf Körperpflege und das Anlegen von Infusionen auf der einen Seite oder gegenüber den Angehörigen, indem sie über den rein medizinischen Anteil der Erkrankung sprechen. Häufig verbirgt sich dahinter die pure Unsicherheit: Wie soll ich denn mit all dem umgehen, was an Erwartungen auf mich zukommt? Wie soll ich das alles verkraften, wenn ich das an mich heranlasse? So geraten Mitarbeiter fast zwangsläufig in einen inneren Zwiespalt zwischen den Ansprüchen an die Qualität der eigenen Arbeit, der auch den emotionalen Bereich mit einbezieht und der Angst, aufgesogen zu werden. Außerdem führt die Stellenknappheit immer mehr zu einer unzumutbar hohen Arbeitsbelastung. Hilfreich im Sinne eines Mittelweges ist das, was man als »selektive Empathie« bezeichnet. Ich bin in meinem Verhalten einfühlsam und gehe auf die jeweiligen Patienten ein, bin auch innerlich-emotional anwesend im Kontakt mit ihnen, hüte mich aber davor, mich mit ihnen zu sehr zu identifizieren, ihr Schicksal zu meinem eigenen zu machen. Letzteres würde unweigerlich zu einer Art Symbiose führen, zu einer intensiven emotionalen Verwicklung, aus der ich mich nur schwer befreien könnte. Ich darf meine Eigenständigkeit nicht verlieren. Denn sonst werde ich auf Dauer handlungsunfähig. Dann geschieht das, was häufig mit den Worten: »ich nehme die Patienten mit nach Hause« beschrieben wird. Ich kann und darf aber nicht mit jedem mitsterben!

Wie eben schon angesprochen, führen die Stellenknappheit und Dokumentationspflicht zu einer hohen Arbeitsverdichtung. Für die »emotionale Arbeit,« die Zeit kostet und durchaus als wichtiger Teil der eigenen Aufgabe und beruflichen Identität erlebt wird, bleibt häufig kaum zeitliche Ressourcen.

Über die Auswirkungen dieser Belastungen stellte der Arzt Andreas Ullrich bei einer Untersuchung durch das Münchener Max-Planck-Institut für Psychiatrie an zwölf repräsentativ ausgewählten bayerischen Kliniken mit aller Deutlichkeit fest: Psychovegetative Erschöpfungszustände sind an der Tagesordnung. Schwestern, die durch die Wund- und Körperpflege, das Bettenmachen etc. näher am Patienten sind und deshalb emotional auch stärker am Schicksal des Patienten und seiner Umgebung teilhaben, klagen zu 80 % über Müdigkeit und Reizbarkeit, aber auch 15 % der Mediziner. 40 % leiden unter Kopfschmerzen und 30 % an Herz- und Magen-Darm-Beschwerden. Erschreckend ist auch, dass fast die Hälfte der Befragten familiäre Krisen auf ihre Arbeitssituation zurückführen.

Deshalb wird unter Mitarbeitern im Krankenhaus, die direkt konfrontiert sind mit Schwerkranken, Sterbenden und ihren Angehörigen, immer wieder der Ruf nach Praxisanleitung beziehungsweise der Wunsch nach berufsbegleitenden Gesprächsgruppen laut, in denen einerseits das eigene Erleben verarbeitet werden kann und andererseits Hilfen gegeben werden, wie man anders und besser, weil im besten Sinne professioneller, auf konkrete Situationen reagieren kann. Dabei wird ausgedrückt, dass der Kontakt mit den Angehörigen häufig als deutlich belastender empfunden wird als der mit den Patienten selbst.

Die beiden ausführlichen Interviews am Ende dieses Kapitels mit betroffenen Angehörigen zeigen, welch hohe emotionale Anstrengung im Sinne der äußeren und inneren Belastung ihnen, auch im Hinblick auf den zu bewältigenden Trauerprozess, abverlangt wird. Nicht zuletzt deshalb haben auch sie nicht gerade selten eine Begleitung im weitesten Sinne des Wortes nötig. Emotionale Belastung, wie etwa Trauer, ist im Wesentlichen zu bewältigen, wenn und indem sie ausgesprochen und ausgedrückt werden kann.

Mit sich selbst und ihren gefühlsintensiven Reaktionen möchten Angehörige meistens die Schwerkranken oder Sterbenden nicht zusätzlich belasten. Dafür brauchen sie dann ein empathisches, menschliches Gegenüber, z. B. ein Mitglied aus dem ärztlichen oder pflegerischen Team, einen Seelsorger oder den Psychotherapeuten. Welche Inhalte dieser vor allem auch emotionalen Dimension auf der Beziehungsebene bewältigt werden müssen, wird in den folgenden Ausführungen spezifischer thematisiert.

6.2 Rollentausch

Er war gewohnt, den Ton anzugeben als Geschäftsführer in einem mittelständischen Unternehmen. Das galt sowohl für den beruflichen als auch für den privaten Bereich. Im Frühjahr plagten ihn Unterbauchschmerzen. Die Diagnostik lief an und es zeigte sich ein Pankreaskopfkarzinom mit Metastasierung im Bauchbereich und in den Knochen.

Die Chemotherapie vertrug er gut und er schien auch positiv darauf anzusprechen. Er hatte eine relativ entspannte Zeit im Sommer und im Herbst. Aber gegen Jahresende plagten ihn zunehmend Schmerzen im Rücken, im Becken und im Bauchbereich. Er kam stationär zur Schmerzeinstellung. Die Morphindosis wurde erhöht, doch ein durchgreifender Erfolg wollte sich nicht einstellen. Die Schmerzen plagten ihn zunehmend und mit ihnen wurde er immer unruhiger: »Das muss doch mal was werden, da schlucke ich das ganze Zeug, aber es wird einfach nicht besser.« Wieder eine stationäre Aufnahme, ein weiterer Versuch mit einem Schmerzperfusor. Auf einer Skala von 0–10 gab er seine Schmerzen nach wie vor mit 8–9 an, also heftig und schwer erträglich.

Und darüber hinaus war er nur noch schwer zu führen. Er wurde immer unruhiger und hatte auch regelrecht aggressive Phasen in einem Delir ähnlichen Zustand. Als das überstanden war, spürte er wohl, dass es eng wurde mit dem Verlauf seiner Erkrankung. Er sprach davon, dass das doch kein Leben mehr sei und dass er nicht verstehen könne, dass sie die Schmerzen einfach nicht in den Griff bekämen.

Bei meinen Besuchen kam immer mal wieder: »Dann besser krepieren, als das hier …« Hinzu kam eine zunehmende körperliche Schwäche. Er kam kaum noch allein auf die Toilette. Für ihn war es schwer erträglich, so hinfällig zu sein, so angewiesen, so hilfsbedürftig und ausgeliefert.

Er beklagte sich zunehmend über seine Ehefrau: »Immer dies: ›Das schaffen wir.‹ Ich kann es nicht mehr hören! Sie versucht dauernd, mir das auszureden. Aber das bringt doch alles nichts.« Gleichzeitig konnte es sein, dass er sie schon morgens um 05:00 oder 06:00 Uhr anrief, um ihr mitzuteilen, wie schlimm die Nacht gewesen war.

Auch mich rief er häufiger an und bat außer der Reihe um einen Besuch. Wenn ich sowieso auf der Station sei, solle ich doch bei ihm vorbeikommen. Ich war so etwas wie seine »Klagemauer«. Ich hörte ihm einfach zu, ohne ihm etwas auszureden.

Bei einem Besuch zu Hause wurde mir das ganze Ausmaß seiner Verzweiflung bewusst. Er hatte immer das Steuer in der Hand gehabt – beruflich und privat. Seine Frau hatte kaum Auto gefahren. Ihm dagegen hatten auch längere Fahrten in den Urlaub nichts ausgemacht. Und jetzt: Kraftlos, mit den Schmerzen kämpfend, hin und her gerissen zwischen Hoffen und Bangen und richtig Angst zu haben, das war in seinem Lebenskonzept nicht vorgesehen. Jetzt auf seine Frau in allem angewiesen zu sein – einfach furchtbar! Sie musste ihm helfen beim Toilettengang, beim Waschen und Anziehen. Abendlich die Treppen zum Schlafzimmer hochzukommen: eine echte Katastrophe und das dauerte für ihn eine kleine Ewigkeit. Halb schob sie ihn, halb zog sie ihn. Und dann maulte er sie auch immer noch an. Sie dagegen fühlte sich unfair und ungerecht behandelt. »Ich mache alles für dich, bin den ganzen Tag um dich herum, aber nie kann ich es dir recht machen!«

Genau darin liegt oft ein großes Problem in der Beziehung: in der »Rollenumkehr«. Ein ganzes langes gemeinsames Leben waren die Rollen klar verteilt: Er war »Außen-« und sie »Innenminister«. Er verdiente das Geld, sie machte den Haushalt und erzog die Kinder. Er gab vor, was und wie es laufen sollte. Er hatte buchstäblich das Steuer in der Hand. Aber die Krankheit zwang ihn in die genau umgekehrte Position: Er wurde *be-*handelt, er wurde *ge-*pflegt, er war praktisch in allem auf Hilfe angewiesen.

Wir haben oft darüber gesprochen, wie sehr ihm das zuwider war, wie sehr er darunter gelitten hat. Bis zuletzt hat er es kaum geschafft, sich da hineinzufügen, diese Rollenumkehr zu akzeptieren. Bis zuletzt gab es bei ihm dieses Aufbegehren: Ich will nicht, dass es so ist – ich kämpfe gegen diese »Wahrheit« an. Deshalb konnte er auch lange nicht mit seiner Erkrankung und der aus ihr resultierenden Situation seinen Frieden machen.

Für die Beziehung zu seiner Frau war diese Haltung natürlich eine echte Belastung. Sie hat viel abbekommen von seinem »Frust«. Manchmal tat sie mir leid. Sie war immer wieder der Prellbock und sie meinte es wirklich gut mit ihm. Sie versuchte ihn, wie sie es nannte, »auf die andere Seite zu ziehen«, ihm deutlich zu machen, dass er nicht immer alles schwarz sehen solle, dass es wichtig sei zusammen zu sein, diese Krise zusammen durchzustehen, wie sie das immer auch in der Vergangenheit geschafft hatten.

Er fühlte sich in seiner Verbitterung und Verzweiflung nicht verstanden. Sie dagegen fühlte sich unfair angegangen, obwohl sie alles für ihn tat, zu Hause natürlich, aber auch bei ihren täglichen Besuchen im Krankenhaus. Und so kamen sie buchstäblich nicht auf einen Nenner.

Sein Jammern hatte für sie immer auch den Unterton eines Vorwurfs. Ihre »Ablenkungsmanöver« hatten für ihn immer auch den Unterton eines Nicht-Verstanden-Werdens. Und so quälten sich beide nicht nur mit der Erkrankung und ihren Folgen, sondern auch mit den Dissonanzen in ihrer Beziehung.

Obwohl ich immer mal wieder versucht habe, das zum Thema zu machen, sozusagen eine Vermittlerposition einzunehmen zwischen beiden, sind diese Versuche mehr oder weniger gescheitert. Zu festgefahren waren die jeweiligen Positionen. Er konnte nicht aufhören, ihr gegenüber seinen »Frust loszuwerden.« Sie konnte nicht aufhören, ihm die Situation, wie er es nannte, »schönzureden«. So kam es kaum dazu, sich die gegenseitige Verunsicherung zuzugestehen, die Ängste und die tiefe Verzweiflung zu teilen, sie sich gegenseitig mit-zu-teilen und sich dadurch auf einer tieferen, emotionalen Ebene zu begegnen.

Die letzte Lebensphase wurde auf diese Weise nicht noch einmal zu einer Zeit der inneren Entwicklung oder auch einer Reifung miteinander, wie Dürckheim sie beschrieben hat oder auch der Heidelberger Gerontologe Andreas Kruse sie beschreibt mit dem Begriff der »sich wandelnden Ich-Identität im Lebenslauf« (Kruse 2021, S. 60 ff).

An diesem Beispiel wird deutlich, wie wichtig es ist, sich als Lebenspartner bzw. nahestehenden Menschen auf einer tieferen Ebene zu verständigen, die Gefühle miteinander zu teilen, auch wenn das auf den ersten Blick scheinbar belastend ist. Es führt dazu, dass man sich auch in dieser tiefen Krise emotional verständigen und dadurch verstehen kann und dass ein intensives Wir-Gefühl erhalten bleibt.

6.3 »Ich muss bleiben, bis sie 18 ist« – trotz Pankreastumor

Ein weiteres, beeindruckendes Beispiel für einen Rollentausch habe ich bei Frau S. erlebt. Auf dem Überweisungsschein der Hausärztin stand als Diagnose: »Neuroendokriner Pankreastumor« und unter Befund: »Zustand nach schwerstem Krankheitsverlauf und multiplen Komplikationen mit massiven Veränderungen in Alltag und Familienleben.«

Was das im Letzten bedeutete, habe ich erst langsam nach und nach verstanden. Frau S. ist verheiratet und hat eine 9-jährige Tochter. Wegen der zunächst unklaren Situation wollten sie zwei Universitätskliniken nicht operieren, bis sie darauf gedrungen hat, dass etwas passieren müsse. Wegen erheblicher Komplikationen war sie postoperativ drei Monate stationär: »Ich wurde mit Schläuchen und Flaschen entlassen und habe 30 Kilo abgenommen während dieser Zeit.«

Warum ihr die OP so wichtig war, habe ich dann recht schnell begriffen. Ihre Tochter ist neun Jahre alt. Ein Kind hatte sie schon verloren, deshalb habe sie so darum gekämpft, ihre Tochter zu bekommen. »Schon in der 22. Woche wollte sie heraus. Deshalb musste ich die letzten drei Monate liegend im Krankenhaus verbringen.« Und dann später diese schlimme Krankheit, weshalb sie ihre Tochter mehrere Wochen aufgrund von Corona nicht sehen durfte.

»Ich war so wütend auf all die Menschen, die heil durchs Leben kommen und auch auf Gott. Sie soll doch nicht das gleiche Schicksal erleiden wie ich!«

Und dann brach es förmlich aus ihr heraus, mit Weinen und tiefem Schluchzen. Als Frau S. neun Jahre alt war, ist ihre Mutter in Russland an einem Pankreastumor gestorben. Ihr kleiner Bruder war sieben Jahre alt. Am 25. Dezember war die OP und in der Nacht vom 30. auf den 31. Dezember ist ihre Mutter an einer Blutvergiftung gestorben. »Nachts kamen Vater und Tante nach Hause und haben uns geweckt: ›Mutter ist tot.‹ Und damit wurden wir dann – mehr oder weniger – allein gelassen.« Der Vater musste in der Landwirtschaft schwer arbeiten und konnte sich kaum um die beiden Kinder kümmern. Deshalb hatte er bald wieder geheiratet, eine Frau, die ihrerseits zwei Kinder mitbrachte, damit auch seine Eigenen versorgt waren. Versorgt hieß aber: es wurde gekocht und die Wäsche gemacht. Sie war wie die böse Stiefmutter in Grimms Märchen: Keine Liebe, keine Fürsorge, und immer wurden die eigenen Kinder vorgezogen. Es war eine schlimme Zeit für die beiden Geschwister.

»Können sie jetzt verstehen, was ich durchgemacht habe, wie ich gekämpft habe, wie schlimm das war, meine Tochter wochenlang allein zu lassen? Es war die Hölle! Ich tue alles dafür, dass sie nicht das gleiche Schicksal erleidet wie ich.«

»Was kann ich dabei für sie tun?« war meine Frage.

»Das muss ich einfach mal erzählen können. Ich ersticke fast daran. Mein Mann will von alledem nichts wissen. Er ist gutmütig und hilfsbereit. Er organisiert und tut alles. Aber er kann nicht reden, nicht zuhören und schon gar keine Gefühle zeigen – und meine machen ihm nur Stress.«

»Wir hatten schon eine dicke Krise, weil er so zugeknöpft ist und ich meine körperliche Schwäche so schwer ertragen kann. Ich bin nur eine Last für meine Familie und das halte ich nicht aus. Aber kämpfen geht auch nicht mehr. Ich habe mich zu Hause um alles gekümmert, den Haushalt, den Schriftkram, die Schularbeiten meiner Tochter … und jetzt bin ich nur noch eine Last, weil sie Angst um mich haben und sich Sorgen machen. Eigentlich muss ich noch einmal ins Krankenhaus wegen einer neuerlichen Operation. Der Darm stülpt sich schon vor und ich muss ein Bruchband tragen. Aber ich kann nicht noch mal von zu Hause weggehen.«

»Als ich davon berichtet habe, hat mein Bruder bitterlich geweint und meine Tochter war wütend und aggressiv auf mich. Als ich sie gefragt habe, warum sie so böse zu mir ist, hat sie geschrien: ›Du stirbst doch sowieso!‹ Wieder ins Krankenhaus bedeutet für sie: Jetzt wird's endgültig ernst. Mutter stirbt. Sie kommt nie wieder und lässt mich allein. Deshalb die unbändige Wut aus dieser puren Verzweiflung! Deshalb kann ich jetzt nicht gehen. Ich muss es aufschieben, bis sich alle wieder etwas beruhigt haben.«

Die Therapiesitzungen wurden jetzt dringend notwendig mit unterschiedlichem Hintergrund:

- Frau S. musste noch einmal an ihr altes Trauma heran: Die Mutter geht ins Krankenhaus, kommt nicht wieder und sie und ihr Bruder bleiben allein zurück, schutzlos ausgeliefert einer hartherzigen Stiefmutter.
- Sie musste ihre Angst bearbeiten, ihrer Tochter ein ähnliches Schicksal zuzumuten. Sie weiß nur zu gut, wie sich das anfühlt.
- Sie muss die Beziehung zu ihrem Mann reflektieren und verstehen lernen, dass sich seine »Liebesbeweise« in anderer Form ausdrücken, als sie es sich wünscht: Vielleicht nicht im Zuhören oder einer liebevollen Umarmung, aber indem er im gleichen Haus unten z. B. eine Wohnung freihält, falls sie auf Rollator oder Rollstuhl angewiesen ist.
- Sie hält es kaum aus, die Rollen zu tauschen, nicht zu helfen, sondern Hilfe von anderen anzunehmen, bisweilen auf sie angewiesen zu sein. Sie war immer die, die alles in der Hand hatte. Der Kontrollverlust durch ihre körperliche Schwäche ist ihr ein Graus. »Geben ist seliger als nehmen«, könnte so ein Wahlspruch sein. Und sie hat früh lernen müssen, dass sie sich letztlich nur auf sich selbst verlassen kann: »Hilf dir selbst, dann hilft dir Gott.«
- Und was so schwer zu akzeptieren war: die Tatsache, dass sie »eine Last« war für ihr Umfeld. Wobei sie doch immer die anderen versorgt hatte. Dass ihre Tochter, ihr Mann, ihr Bruder, ihre Tante sich Sorgen machten ihretwegen. Ganz schlimm! Dass sie Angst haben, sie zu verlieren und dass sie dagegen nichts tun und das nicht ändern kann.

Inzwischen sind sie mit ihrer Beziehung, wie sie es ausdrückt, wieder auf »Vorkrankheitsniveau«.

Die Ehepartner haben sich dann doch noch aussprechen können. Sie hat besser zu akzeptieren gelernt, ihn so zu nehmen, wie er ist, und dass Verhaltensweisen in Krisen sich eher verhärten als auflösen, sie also von ihm nicht zu viel an Veränderung erwarten darf.

Was noch bleibt als Herausforderung: Sie hat einen Antrag gestellt auf Erwerbsminderungsrente, was ihr schwer genug gefallen ist. Aber in ihrem Beruf muss sie Tragen und Heben, was ihr nicht mehr möglich ist. Hinzu kommt, dass sie ihren Darm nicht unter Kontrolle hat: Zwei bis drei Stunden nach Essen oder Trinken bekommt sie heftige Durchfälle. Der Gutachter aber meint, sie könne noch sechs

Stunden arbeiten. »Wie soll ich das verbinden mit einer regulären, regelmäßigen beruflichen Tätigkeit?«

Also wieder kämpfen an dieser neuen Front. Es hört nicht auf mit den Herausforderungen. Aber sie sagt: »Egal, ich brauche Zeit – und dafür tue ich alles! Ich muss wenigstens bleiben, bis meine Tochter 18 ist, damit sie nicht das gleiche Schicksal erleidet, wie ich es zu tragen hatte.«

Und dann passierte etwas Unerwartetes, das dieser Entwicklung noch einmal eine ganz neue Dynamik gab. Es war der Tod des Schwiegervaters, der ihren Mann zum Sprechen brachte. »Plötzlich begann er zu erzählen von der Kindheit und seiner Jugend, was er erlebt hatte an früheren Verhältnissen.« Dass er eher gelernt hatte, sein Erleben und seine Gefühle mit sich auszumachen und wie wenig über Persönliches gesprochen wurde. Augen zu und durch, sei die Devise gewesen.

Frau S. war überglücklich. Endlich passierte das, was sie sich immer so sehr gewünscht hatte. Er konnte reden – über sich und sein Erleben. »Das hat uns noch einmal in einer ganz neuen Weise zusammengebracht. Es ist ein ganz neues Wir-Gefühl entstanden. Wie schön, dass das zwischen uns doch noch möglich geworden ist«.

An diesen Beispielen wird deutlich, dass es nicht nur um die Bewältigung der eigentlichen Krankheit und ihrer körperlichen Folgen geht, sondern dass häufig das gesamte familiäre Umfeld mit einbezogen ist und sich auch die Angehörigen einer heftigen Herausforderung ausgesetzt sehen. Sie sind Betroffene nicht nur durch das Mit-leiden mit der vertrauten und geliebten Person, die erkrankt ist. Sie sind es auch dadurch, dass die alten Rollenmuster nicht mehr passen, dass sie häufig quasi auf den Kopf gestellt werden und alle Beteiligten sich an komplett neue Rahmenbedingungen herantasten müssen. Dass das nicht konfliktfrei und unproblematisch geschehen kann, dürfte unmittelbar einsichtig sein. Genau hier braucht es häufig Hilfestellung von außen, damit die neue Realität nicht nur angesprochen, sondern die daraus entstehenden Missverständnisse und Konflikte so weit wie möglich aufgelöst werden können.

6.4 Wie umgehen mit der Angst vor dem Ende?

Irving D. Yalom (geb. 1931) ist einer der renommiertesten Psychotherapeuten der USA. Während meiner Lehrjahre an der Universitätsklinik in Heidelberg, in denen ich unter anderem in der Abteilung für Psychosomatik der Inneren Medizin gearbeitet habe, las ich mit Begeisterung und Gewinn sein Erstlingswerk »Gruppenpsychotherapie«. Seitdem sind viele weitere Bücher von ihm erschienen.

Seine Frau Marylin war Literaturwissenschaftlerin und ebenfalls Autorin vieler Veröffentlichungen. Kennen und lieben gelernt hatten sie sich an der Johns Hopkins University in Baltimore, an der er seine Facharztausbildung in Psychiatrie absolvierte und sie im Fach vergleichende Literaturwissenschaften promovierte. 65 Jahre waren sie verheiratet. Als klar war, dass sie sich nicht würde erholen können von ihrem Multiplen Melanom, beschlossen sie, noch einmal ein gemeinsames Buch zu schreiben, in dessen verschiedenen Kapiteln mal sie und dann wieder er ihre Gedanken und Gefühle im Verlauf der Erkrankung zu Papier bringen wollten. Entstanden ist daraus ein eindrucksvolles Zeugnis darüber, wie sie aus unterschiedlicher Perspektive diesen Weg durch die Krankheit zum Tode erlebt und bewältigt haben. Da sie immer auch ihr Erleben mit seinen tiefen Empfindungen und Gefühlen teilen konnten, wurde diese Zeit noch einmal ein Prozess der Reifung und des tiefen Erlebens von Gemeinsamkeit, die aber auch immer mal wieder problematisch war, also keinesfalls durchgängig konfliktfrei. In dem Buch »Unzertrennlich – über das Leben und den Tod« schreiben sie im Vorwort:

> »Wir leben nun jeden Tag mit dem Wissen, dass unsere gemeinsame Zeit begrenzt ist und äußerst kostbar. Wir schreiben, um unserer Existenz einen Sinn zu verleihen, auch wenn es uns in die dunkelsten Zonen des körperlichen Verfalls und des Todes befördert. Dieses Buch soll zuallererst und vor allem dabei helfen, mit dem Ende des Todes zurecht zu kommen« (Yalom et al. 2021, S. 12 f.).

Was dieser Weg ihnen beiden physisch und emotional abverlangen wird, das erleben sie erst langsam nach und nach im Prozess dieser Krankheit zum Tode. Wie sie es meistern und trotz allem schaffen, miteinander zu bleiben, dem zolle ich höchsten Respekt.

Zunächst wird Marylin mit einer Chemotherapie behandelt, die ihr alles abverlangt, da die Nebenwirkungen mehr als heftig sind. Irv, wie er genannt wird, hat sich auch früher schon intensiv mit dem Thema »Endlichkeit« beschäftigt und viele Patienten in ihrer letzten Lebensphase therapeutisch begleitet. In seinem Buch »In die Sonne schauen« setzte er sich mit dieser Thematik ausführlich auseinander. Trotzdem trifft ihn die Krankheit seiner Frau emotional bis ins Mark. Er kann und will einfach nicht glauben, dass sie lebensbedrohlich erkrankt ist.

Seine Frau dagegen setzt sich intensiv mit einem möglichen Ende auseinander und meditiert über das Wort der Bibel aus dem Buch Prediger: »Ein jegliches hat seine Zeit [...] geboren werden und sterben.«

Hier wird deutlich, was ich immer wieder sehe: Das Erleben der Betroffenen unterscheidet sich häufig eklatant vom Erleben der nahestehenden Menschen. Während diese Angst haben, die geliebte Person zu verlieren, leben die Betroffenen in einem anderen Bewusstsein. Die Umstehenden bekommen häufig nicht so klar und direkt die Empfindungen mit, die die Patienten buchstäblich hautnah erleben: Die körperlichen Nebenwirkungen, die innere Unruhe, die Schwäche, die Intensität der Schmerzen ... So verbleiben die Umstehenden häufig in einer Position der Abwehr: Die Verlustangst sucht sich immer neue Wege im Bewusstsein, weil ja nicht sein darf, was nicht sein kann. Sie wollen oder können einfach nicht glauben, dass der geliebte Mensch sterben wird. Sie schwanken zwischen Hoffen und Bangen, klammern sich an jeden Strohhalm, der sich in der Hoffnung auf Besserung bietet.

> »Wir haben fast unser ganzes Leben miteinander verbracht, aber nun zwingt mich ihre Diagnose, mir ein Leben ohne sie vorzustellen. Zum ersten Mal scheint mir ihr Tod nicht nur real, sondern greifbar zu sein. Es ist entsetzlich für mich, mir ein Leben ohne Marylin vorzustellen und der Gedanke, mit ihr aus dem Leben zu scheiden, geht mir durch den Kopf« (Yalom et al. 2021, S. 81).

Auch er versucht, ihr klarzumachen, wie wertvoll die gemeinsame Zeit ist, und dass das Thema »Sterben« nicht einen so dominanten Anteil in ihrem gemeinsamen Bewusstsein haben sollte. Sie jedoch antwortet darauf: »Ich begreife die Kostbarkeit des Bewusstseins, aber ich schaffe es nicht, dir klarzumachen, wie elend ich mich die meiste Zeit fühle. Du hast das nie erlebt. Wenn du nicht wärest, hätte ich schon längst einen Weg gefunden, um es zu beenden.«

Und weiter heißt es:

> »Auch ich habe keine Angst vor dem Tod an sich, aber der Prozess zu sterben in kleinen Dosen pro Tag ist oft unerträglich. Ich habe mich nun seit Monaten an die Vorstellung meines bevorstehenden Todes gewöhnt« (Yalom et al. 2021, S. 98).

Am Ende wird der Tod sogar zum Freund, der all die körperliche Mühsal von ihr nehmen wird.

> »Obwohl er [Irv] natürlich rational weiß, dass ich sterben werde, hält er immer noch an einer Form von Verdrängung fest. Als ich mich laut gefragt habe, ob ich wohl an Weihnachten noch da sein werde, hat er mich nur ungläubig angesehen – natürlich würde ich wie immer bei unserem Familientreffen den Vorsitz führen. »Ich weiß nicht, ob es besser ist, ihn an die kurze Zeit, die mir noch bleibt, zu erinnern oder ihn in der Verdrängung zu lassen« (Yalom et al. 2021, S. 145).

Es ist fast tröstlich, dass auch diesen beiden so hoch intellektuellen und bewusst lebenden Menschen dieser innere Prozess der Bewältigung nicht reibungslos gelingt. Er hatte bereits zuvor ein Buch über den bewussten Umgang mit Tod und Vergänglichkeit geschrieben. Er hat in seiner Praxis unzähligen Patienten geholfen, besser mit dem bevorstehenden Lebensende umzugehen. Und jetzt, in dem Augenblick, da es ihn selbst trifft und er begreifen sollte, dass seine geliebte Frau Marylin nach so vielen Jahren eines gemeinsam geteilten Lebens gehen wird, greift auch sein Bewusstsein zu den Mitteln der Verdrängung. Er kann und will es einfach nicht wahrhaben und auch er muss sich erst langsam an die neue, kommende Realität herantasten, an ein Leben ohne sie.

Das Beispiel dieses Ehepaares stärkt gleichzeitig die Zuversicht, dass es trotz allem gelingen kann, diesen Weg gemeinsam zu gehen. Wenn es möglich wird, sich gegenseitig auch die tiefen Gefühle mitzuteilen, die Angst, die Verzweiflung, die Wut, die Traurigkeit, kann es offenbar gelingen, innerlich beieinander zu bleiben.

Auch in diesem Fall ist das Krankheits*erleben* von beiden Seiten sehr unterschiedlich. Sie leidet heftig an ihrer Krankheit und den Folgen der Therapie und kommt zu dem Ergebnis: Es ist genug! Er hingegen will die Hoffnung nicht aufgeben, dass es vielleicht doch noch eine Möglichkeit gibt, wenn die Therapie mit Immunglobulinen fortgesetzt wird.

Aber letztlich finden sie dann doch wieder zueinander in dem Bewusstsein: Der Weg ist vorgezeichnet und er wird allein weiterleben müssen ohne sie, obwohl er kurz den Gedanken in Erwägung zieht, gemeinsam mit ihr aus dem Leben zu scheiden. So bleibt, trotz aller Trauer, das Gefühl der Dankbarkeit für so viele intensive gemeinsame Jahre. Und in diesem Bewusstsein gelingt es auch ihm, sie loszulassen, innerlich ja zu sagen zu dem, was unausweichlich geworden ist.

Nachvollziehbar ist auch, dass dieser Weg leichter ist, wenn keine Tabus mehr im Wege stehen, kein unausgesprochener Groll zurückbleibt, wenn alles gesagt, geteilt und ausgesprochen ist, wenn beide für sich und auch gemeinsam das Gefühl haben, mit sich im Reinen zu sein.

6.5 Die Irritation der Professionellen – Gespräch mit der Tochter einer Patientin

Das folgende Gespräch wurde von einer Krankenschwester für die Bearbeitung in einer Supervisionsgruppe aufgeschrieben. Dort wird versucht, das Kommunikationsverhalten zwischen Mitarbeitern und Patienten zu analysieren und gleichzeitig zu verbessern. Es gibt dazu verschiedene Techniken. In diesem Fall wird der Verlauf aus dem Gedächtnis möglichst genau nachgezeichnet und aufgeschrieben.

Auf diese Weise lässt sich mit dieser Art der Analyse die Gesprächs- und die darin enthaltene Beziehungsdynamik ergründen: Wo gibt es Brüche im Gespräch, wo wird abgelenkt, wo weicht die Schwester aus und warum verhält sie sich gerade an dieser Stelle so? Was ist die innere, verborgene, meist emotionale Logik dafür?

Der Kontakt von Seiten der Schwester beginnt mit der Wahrnehmung der Tochter am Ende des Flures, als sie von einem Zimmer zum nächsten wechselt.

Frau K. ist nach der Untersuchung aus dem MRT zurück. Als ich aus einem Zimmer komme, sehe ich die Tochter von Frau K. am Ende des Flures stehen. Sie hat ein Taschentuch in der Hand und sie scheint von regelrechten Weinkrämpfen geschüttelt zu werden. Ich gehe zu ihr und stelle mich eine Zeit lang neben sie.

Als ich ihr vorsichtig den Arm um die Schulter lege, beginnt sie wieder heftig zu weinen. Einige Zeit stehen wir so wortlos nebeneinander. Dann frage ich sie:

Schwester: Ist es wegen der Ergebnisse der Untersuchung?
Tochter: (nickt) Ja. (schluchzend)
Schwester: Waren Sie bei dem Gespräch dabei?
Tochter: Ja, Mama wollte das so. Der Arzt war auch sehr nett und hat uns alles ausführlich erklärt. Aber was er uns gesagt hat, war einfach furchtbar!
Schwester: Aber Frau B., manchmal hört es sich am Anfang schlimmer an, als es dann in Wirklichkeit ist. Die Medizin ist ja heute doch schon ziemlich weit.
Tochter: Ja, ja, das habe ich auch immer gedacht. Und damals hat Mama den Brustkrebs ja auch gut überstanden, auch wenn der Schlaganfall ihr immer noch sehr zu schaffen macht. Aber jetzt haben sie ein apfelsinengroßes Gewächs im Bauch gefunden. Ich kann mir das gar nicht vorstellen, dass so etwas möglich ist.
Schwester: Das glaube ich gerne, Frau B. Kaum denkbar, wie so etwas Großes da Platz haben soll. Aber damit sind wohl auch die Unterbauchbeschwerden Ihrer Mutter zu erklären.

6.5 Die Irritation der Professionellen – Gespräch mit der Tochter einer Patientin

Tochter: Und als ich gefragt habe, ob man das nicht einfach wegoperieren kann, hat der Arzt gesagt, dass das nicht geht, weil das mit der Darmwand verwachsen ist. Die einzige Möglichkeit ist Chemotherapie.

Schwester: Hat der Arzt auch etwas zur Prognose gesagt?

Tochter: (schaut mich fragend und irritiert an)

Schwester: Ich meine, was die Aussichten angeht?

Tochter: Er wollte sich nicht festlegen. Man will versuchen, auf diese Weise den Krebs zu verkleinern. Aber ob das was bringt, hat er offengelassen. Mein Gott, was soll das bloß werden? (Sie beginnt wieder heftig zu weinen.)

Tochter: (nach einer Pause) Wissen Sie, unser Verhältnis war in den letzten Jahren nicht besonders gut. Ich bin schon damals ziemlich früh ausgezogen. Meine Eltern sind so konservativ! Und ich bin so anders als sie! Aber als ich mich hab scheiden lassen, da haben sie mir heftige Vorwürfe gemacht. Das gehört sich nicht, einfach zu gehen ... Und meine Tochter braucht einen Vater und so ... Da habe ich mich ziemlich zurückgezogen. Sie müssen mir glauben, Schwester, das war nicht einfach für mich! Meine Nerven lagen ziemlich blank. Ich konnte das damals nicht ertragen! Aber jetzt mache ich mir solche Vorwürfe. Wenn Mama was passiert, das wäre einfach schrecklich für mich. Papa war immer ein Sturkopf, aber zu Mama hatte ich eigentlich immer einen guten Draht. Sie kann doch nicht einfach gehen! (beginnt wieder heftig zu weinen)

Schwester: Aber Frau B. beruhigen Sie sich doch! Vielleicht ist ja alles gar nicht so schlimm! Und außerdem gibt es ja auch noch die Chemo.

Tochter: (nach einiger Zeit) Aber der Arzt hat gesagt, man will erst einmal drei probieren und sehen, ob der Krebs darauf anspricht. Ich habe natürlich nachgefragt. Aber er meinte, es gibt keine Sicherheit, ob der Krebs dadurch kleiner wird – und wenn nicht? (Sie beginnt wieder heftig zu weinen)

Schwester: Frau B., es kann doch auch alles gut ausgehen! Ich gehe jetzt erst einmal in die Küche und hole einen Kaffee für Sie. Das wird Ihnen guttun! Ich komme gleich wieder.

Schwester: (an die Supervisionsgruppe gewandt) Gibt es noch andere Möglichkeiten, das Gespräch zu beenden? Ich konnte die innere Spannung kaum noch aushalten. Ist es in Ordnung, das Gespräch von meiner Seite aus zu beenden, wenn es mir zu viel wird?

Gesprächsanalyse

Das folgende Gespräch wurde in einer Supervisionsgruppe besprochen. Dabei wird versucht, den Verlauf aus dem Gedächtnis möglichst genau nachzuzeichnen, und zwar – ganz wichtig – in Rede und Gegenrede. Selbst wenn das nicht wortwörtlich gelingt: Wichtig ist, die Schwester reagiert ja als die Gleiche, die sie auch im Gespräch war. Auf diese Weise lässt sich mit dieser Art der Gesprächsanalyse, auch Verbatim genannt, ziemlich genau die Realität der Gesprächs- und der darin enthaltenen Beziehungsdynamik ergründen.

Der Kontakt beginnt mit der Wahrnehmung der Tochter durch die Schwester. Ich finde es mutig und gleichzeitig angemessen, dass die Schwester nicht einfach im nächsten Zimmer verschwindet als sie die Tochter sieht, sondern zu ihr geht.

Als sie ankommt, beginnt sie nicht gleich, sie anzusprechen, sondern stellt sich erst einmal ruhig neben sie und lässt der Tochter und vor allen auch sich selbst die Zeit, sich auf die neue Situation einzustellen: Die offensichtliche Erschütterung der Tochter.

Danach legt sie ihr behutsam den Arm um die Schulter, so wie man ein kleines Kind liebevoll beruhigen würde. Erst dann spricht sie die Tochter behutsam an mit der Frage: »Ist es wegen der Ergebnisse der Untersuchung?« Sie weiß, dass ein Aufklärungsgespräch mit dem Arzt stattgefunden hat und eröffnet damit die Möglichkeit für die Tochter, auszusprechen, was sie innerlich so erschüttert. »Der Arzt hat uns alles ausführlich erklärt. Aber was er uns gesagt hat, war einfach furchtbar!« Jetzt ist sie bei dem angekommen, was für sie so niederschmetternd ist.

An dieser Stelle knickt die Schwester allerdings ein, wird es ihr offenbar schon zum ersten Mal zu viel der emotionalen Dramatik. Sie drängt die Tochter deutlich zurück und hat offensichtlich den Eindruck, dem etwas entgegensetzen zu müssen, anstatt »Raum zu geben«, den die Tochter braucht, um sich ihren Kummer von der Seele zu reden.

Ihre spontane Reaktion macht das deutlich: Sie beginnt mit: »Aber Frau B., manchmal hört es sich am Anfang schlimmer an, als es dann in Wirklichkeit ist. Die Medizin ist ja heute doch schon ziemlich weit.«

Diese Aussage ist sicher nicht besonders hilfreich, auch wenn sie gut gemeint ist. Sie ist offenbar aus der Not geboren: Ich muss dem etwas Positives entgegensetzen. Aber die Tochter geht gar nicht auf dieses Angebot ein. Zu heftig beschäftigt sie das eben Gehörte: Das mit dem apfelsinengroßen Gewächs im Bauch der Mutter. Wie ist so etwas möglich?

Immerhin bleibt die Schwester jetzt wieder näher am Erleben der Tochter. Die wiederum nimmt ihren Faden auf mit dem, was die Diagnose zur Folge haben wird: eine OP ist nicht möglich. Dann bleibt nur die Chemotherapie.

Es folgt die Frage zur Diagnose. Damit allerdings treibt sie die Gesprächsdynamik »mutig« voran: Hat die Mutter überhaupt eine Chance? »Aber ob das was bringt, hat er offengelassen. Mein Gott, was soll das bloß werden?« Was ist, wenn die Chemotherapie als letzte Chance nicht gelingt? Und damit ist die Tochter bei ihren schlimmsten Befürchtungen: Was ist, wenn die Therapie nicht anschlägt und erfolgreich ist? Die Tochter hat sich langsam, jedoch zielgerichtet an diese Möglichkeit herangewagt: Dass ihre Mutter vielleicht nicht überleben wird.

Und dann entsteht eine mit innerer Erschütterung und Weinen erfüllte Pause, die die Schwester Gott-sei-Dank nicht unterbricht und mit neuerlichem Reden beendet.

Denn der folgende Abschnitt macht deutlich, dass die Tochter sich bereits intensiv mit der Möglichkeit eines tödlichen Ausgangs beschäftigt. Mit diesen Überlegungen wird eine neue Dimension angestoßen: die Beziehungsdynamik dieser beiden Frauen, ihr Verhältnis zueinander. Sie mutet an wie eine Beziehungsbilanz:

6.5 Die Irritation der Professionellen – Gespräch mit der Tochter einer Patientin

Wie stehen/standen wir beiden zueinander? »Papa war immer ein Sturkopf, aber zu Mama hatte ich immer einen guten Draht.« Zwar gab es auch da schwierige Zeiten, als sie sich scheiden lassen wollte. Doch trotz der damaligen Vorbehalte und wohl auch Vorwürfe haben wir uns alles in allem gut verstanden … »zu Mama hatte ich eigentlich immer einen guten Draht. Sie kann doch nicht einfach gehen!«

Jetzt ist es heraus, das ist die Verlustangst, die mit Macht aus der Tiefe in ihr aufgebrochen ist, das, was ihr fast den Atem nimmt. Einfach schrecklich, dieser Gedanke!

Und auch hier interveniert die Schwester nicht besonders angemessen. Sie hätte z. B. sagen können: »Das ist ein ganz neuer Gedanke, der sie tief im Inneren erschüttert.« …Sie wäre damit beim emotionalen Erleben der Tochter geblieben. Stattdessen folgt wieder eine Beschwichtigung, weil sie offenbar die emotionale Dichte der Gefühle nicht aushalten kann: »Frau B., es kann doch auch alles gut ausgehen.« Damit versucht sie zu beschwichtigen. »Vielleicht ist ja alles gar nicht so schlimm.«

Doch – es ist schlimm! Er ist furchtbar, dieser Gedanke, dass Mutter das alles nicht überleben könnte. Als wolle sie sich jetzt schon mit einem möglichen Ende auseinandersetzen. Sie will dieser neuen Realität nicht ausweichen, auch wenn die Schwester sie immer wieder dazu einlädt. Und wieder greift die Schwester zu ihrem Standardinstrumentarium von Verharmlosung und Beschwichtigung: »Frau B., es kann doch auch alles gut ausgehen!« Jetzt ist sie am Ende mit ihrem Repertoire.

In fast autoritärer Manier beendet sie das Gespräch, aber nicht ohne ihr noch etwas anzubieten. Sich selbst anzubieten als einfühlsames Gegenüber ist ihr nicht weiter möglich. An dieser Stelle bietet sie alternativ den Kaffee an. Sie selbst ist raus! Sie beendet den Kontakt klar und deutlich mit dem Hinweis auf die Küche: Damit darf sie sich entfernen und für sich erst einmal Luft holen. Sie kann einfach nicht mehr und deshalb kommt wohl am Ende der Gesprächsaufzeichnung auch die Frage an die Supervisionsgruppe: »Gibt es noch andere Möglichkeiten, das Gespräch zu beenden?« »Ich konnte die innere Spannung kaum noch aushalten. Ist es in Ordnung, das Gespräch von meiner Seite aus zu beenden, wenn es mir zu viel wird?«

Die eindeutige Antwort darauf lautet: Natürlich darf sie den Kontakt beenden, wenn es ihr zu viel wird. Auch die Schwester hat eine Belastungsgrenze – und die ist jetzt erreicht. Dann muss sie sogar eine Grenze setzen, weil sie sich andernfalls hoffnungslos überfordern würde. Und das ist ganz klar zu betonen: Sie sollte, nein sie muss sogar Acht geben auf ihre eigene Grenze. Allerdings könnte sie das Gespräch ein wenig behutsamer beenden, etwa mit den Worten: »Frau B., wir haben jetzt ausführlich darüber gesprochen, was sie so erschüttert und belastet. Es ist gut, dass sie ihre Befürchtungen ausgesprochen haben. Vielleicht machen wir jetzt fürs erste eine Pause. Sie können mich gerne jederzeit wieder ansprechen. Aber jetzt brauchen wir beide etwas Zeit, die Nachricht zu verarbeiten. Wenn es ihnen recht ist, hole ich ihnen jetzt einen Kaffee. Der wird ihnen sicher guttun.«

Natürlich hat die Krankenschwester die Möglichkeit, das Gespräch zu beschränken. Vielleicht ist es sogar gut und sinnvoll, an dieser Stelle das Gedankenkarussell, in dem sich die Tochter befindet, zu begrenzen. Damit hat sie die Möglichkeit, von außen eine Struktur zu geben, wozu die Tochter in ihrer emotionalen Erschütterung gar nicht in der Lage ist. Niemand vom Team muss auch noch zu einem Psychotherapeuten werden, dazu gibt es Fachpersonal. Aber die Tatsache, dass sie, wenn auch begrenzt, ein Ohr hatte für die Sorgen und Befürchtungen der Tochter, war mit Sicherheit für diese schon sehr viel wert.

Das, was ihr möglich war, hat sie gegeben. Darüber hinaus macht es Sinn, den Fachmann oder die Fachfrau einzuschalten, was in diesem Falle auch geschehen ist.

Es fand auf Bitte der Tochter und der Patientin an einem Sonntagmorgen ein Familiengespräch statt, an dem neben den beiden, Mutter und Tochter, auch der Ehemann der Patientin und ihr Sohn teilnahmen. Die Dynamik war ausgesprochen spannend. Die Mutter ergriff die Möglichkeit, ihrerseits die »beiden Männer« darüber aufzuklären, dass sie mit einem tödlichen Ausgang ihrer Erkrankung rechnen müsse. Danach wurde das Gespräch zu einer kleinen »Abrechnung« mit ihrem Ehemann.

Sie hätte sich gewünscht, dass es mehr schöne Momente in ihrem gemeinsamen Leben gegeben hätte. Es gab immer nur Arbeit und Schuften auf dem Bauernhof. Die Möglichkeit, wenigstens mal kurz in Urlaub zu fahren, wurde von ihm immer mit Hinweis auf die Arbeit und die Tiere abgeblockt. Jetzt formuliert sie ihren Wunsch ganz präzise: »J., ich wünsche mir, dass du dir mehr Zeit nimmst für mich und für uns. Ich wünsche mir, dass wir beiden gemeinsam noch einmal einen Urlaub an der See verbringen. Jetzt möchte ich, dass du meinen Wunsch wirklich ernst nimmst.«

Nach einer kurzen Pause nahm er die Hand seiner Ehefrau, drückte sie fest und dabei kamen ihm die Tränen. Sie war offenbar mit ihrem Wunsch bei ihm angekommen, und er wollte ihr auf diese Weise mit Kopfnicken deutlich machen: Ich habe verstanden und ich werde deine Wünsche ernst nehmen. Auf diese Weise kam es doch noch zu einem versöhnlichen Ausgang und so hatte die Diagnose etwas in Gang gesetzt, was in der Beziehung der beiden offenbar über lange Zeit immer wieder verschoben wurde.

Alle gingen wir nach diesem Gespräch tief bewegt auseinander. Es hatte auch mich sehr berührt, dass es zu diesem versöhnlichen Ende kam.

6.6 Begleitung der Angehörigen nach Eintritt des Todes

Dies soll an einer Situation verdeutlicht werden, die mit zu den schwierigsten für alle Betroffenen gehört: Der Begleitung der Angehörigen in der Todesstunde eines Menschen, der ihnen nahegestanden hat. Wie soll man sie mit der Tatsache konfrontieren, dass zum Beispiel der Ehemann, die Ehefrau, der Vater, die Mutter, die kurze Zeit vorher noch lebte, nun plötzlich tot ist? Dies sind im Leben der unmittelbar Betroffenen nicht nur die schwierigsten Augenblicke, sondern gleichzeitig im Sinne der Bewältigung von Wirklichkeit auch die größten Herausforderungen, die das Leben abverlangt. Es soll gezeigt werden, wie in kleinen Schritten versucht werden kann, die psychisch-emotionalen Grundgegebenheiten der Beteiligten mit einzubeziehen.

- Die wichtigste Aufgabe wird zunächst darin bestehen, die Beteiligten mit der neuen Situation, die furchtbar und angstbesetzt ist, zu konfrontieren: Der Ehemann, der Vater, die Mutter z. B. ist tot. Konfrontieren heißt in diesem Fall zunächst im ursprünglichen und dann auch im übertragenen Sinn: Heranführen an die neue Wirklichkeit, und das bedeutet konkret: Heranführen an den Toten, die Tote. Allein dies ist schon eine schwierige Herausforderung, da möglicherweise mit Panikreaktionen zu rechnen ist: vom gellenden Schreien bis zum erstarrten Verhalten. Hier ist ein Klima zu schaffen, das akzeptierend ist, das Raum schafft, in dem Emotionen – auch in sonst ungewohnter Heftigkeit – sich äußern und entladen können, weil diese Emotionen Lebensäußerungen der verwundeten Seele sind, psychische Reaktionen auf diese schlimme neue Wirklichkeit.
- Andererseits machen heftige Emotionen auch den Beteiligten selbst oft Angst, weil sie fürchten, von ihnen fortgespült zu werden, die Kontrolle über die eigenen seelischen Vorgänge und damit sich selbst zu verlieren. Deshalb müssen solche Emotionen zunächst einmal zugelassen werden, um sie dann zu begrenzen. Das gefühlsmäßige Chaos muss in eine äußere Struktur eingebunden werden, die Halt gibt und dadurch der Angst entgegenwirkt.
- Vielen Menschen fällt die »Annäherung« ausgesprochen schwer. Sie heben abwehrend die Hände, schlagen sie vor das Gesicht, um nicht wirklich hinschauen zu müssen, oder bleiben gar an der Tür stehen, weil sie die neue Realität nicht an sich heranlassen wollen. Oft müssen Angehörige dazu aufgefordert beziehungsweise ermutigt werden, nach dem anfänglichen Schock doch etwas näher an das Bett heranzutreten und sich dem/der Toten zu nähern. Nicht selten wird ein gerade Verstorbener noch als lebend erlebt, weil nicht sein kann, was nicht sein darf: »Er atmet doch noch«. – »Nein, er atmet nicht mehr, er ist tot«. Wenn diese Worte mit der Einladung verbunden werden, näher an den Verstorbenen heranzutreten oder sich zu setzen, ihn/sie zu berühren, zu ertasten, kann dies ein erster wichtiger Schritt auf dem Weg in die neue Realität sein.
- Nach der »Hinführung« ist dann ein weiterer Schritt zu tun: Das »Berühren«. Da unser Erleben immer ganzheitlich ist, leben wir davon, Dinge und Wirklichkeiten »hand-greiflich zu er-fassen«, sie dadurch zu erfahren, dass wir sie spüren und berühren und nicht nur sehen und »wissen«. Gerade unter diesem Vorzeichen ist es wichtig, den toten Leib zu berühren. Damit ist ein wesentlicher Schritt zum »Erfassen« der neuen Wirklichkeit gegeben und die Voraussetzung dafür geschaffen, dass eventuell sogar letzte Dinge am toten Leib vollzogen werden können.
- Nicht selten ist zu beobachten, dass dann, wenn Angehörige aufgefordert werden, den Mann oder die Frau, den Vater oder die Mutter noch einmal zu berühren, ihnen noch einmal über die Stirn und die Wangen zu streicheln, die ganze innere Betroffenheit herausbricht. Unter Tränen und Stammeln wird noch einmal erlebt, wer der/die Andere für mich war und was jetzt verlorengegangen ist. In diesem Sinne ist es wichtig, das Klagen quasi anzustoßen, fast herauszufordern, damit die Trauer nicht unterdrückt und zurückgehalten wird mit der Gefahr, den

Trauerprozess zu blockieren. Gleichzeitig sollte sie für den Anfang in Grenzen gehalten werden, damit sich die Betroffenen nicht übermäßig ängstigen.
- Gerade unter dem Aspekt der Trauer sei noch einmal auf die ordnende und Sicherheit gebende Funktion des rituellen religiösen Geschehens hingewiesen. Der Ritus will ja nicht nur unter formalen Gesichtspunkten Hilfe anbieten, sondern auch unter inhaltlichen. Es ist wichtig, Worte zu finden, um die aktuelle Wirklichkeit und das eigene Erleben auszudrücken, wenn den Betroffenen selbst oft die Worte fehlen. Es geht darum, die erlebte Ohnmacht und Traurigkeit auszudrücken, das Unbegreifliche zu benennen, noch einmal in ein Gebet oder Lied zu fassen, um es dann – häufig erst viel später – hinnehmen und annehmen zu können.
- Wer kann so etwas tun? Wenn es um einen gläubigen Menschen geht, wird am ehesten der Pfarrer/die Pastorin Ansprechpartner sein, falls verfügbar und das gewünscht wird. Häufig wird auch nach dem Arzt/der Ärztin und dem Pflegepersonal gerufen. Natürlich wird dies, wo es möglich und in einer dringenden Situation notwendig ist, von ihnen übernommen werden. Aber das kann nicht immer und selbstverständlich gefordert werden. Die starke emotionale Belastung provoziert nicht selten die eigene Einschätzung, für eine solche Situation nicht ausreichend vorbereitet und/oder ausgebildet zu sein.
- Bei den unmittelbar betroffenen Angehörigen kommt es nicht selten zu Vermeidungstendenzen. Es werden Distanzierungstechniken entwickelt, um die eigene emotionale Balance zu erhalten, wie folgende Beispiele aus dem Klinikalltag belegen.
- Der Sohn einer Patientin, die in einer anderen Stadt wohnt, gibt an, keine Zeit zu haben, als er darüber informiert wird, dass seine Mutter im Sterben liegt, obwohl Feiertag ist. Die Tochter eines Patienten möchte von der Station informiert werden, wenn die Mutter stirbt, aber nicht, wenn das nachts sein sollte. Dem Ehemann wird angeboten, ein zweites Bett in das Zimmer seiner Frau zu stellen, damit er auch nachts bei ihr sein kann. Er lehnt ab, weil das zu belastend sei. Ein Ehepartner fühlt sich überfordert, im Wechsel mit den Kindern bei seiner Frau bis zu ihrem kurz bevorstehenden Tod zu wachen, weil er den Anblick nicht mehr ertragen kann.
- So bitter diese Beispiele sein mögen, sie zeigen doch vor allem die blanke Angst, die emotionale Überforderung oder die pure Hilflosigkeit – auch wenn sie äußerlich häufig als Ignoranz oder Kaltherzigkeit daherkommen. So ist dies Phänomen weniger ein Anlass für abfällige oder hämische Bemerkungen, sondern eher Aufruf zu einer Hilfestellung, die im doppelten Sinn greift: Zunächst natürlich für die Angehörigen selbst, dann aber auch für die Sterbenden, damit sie durch ängstliche Distanzierung vor ihrem Tod nicht isoliert werden.
- Weitergehende Hilfe für Angehörige vor und nach dem Tod kann unmöglich nur von Mitarbeitenden im Krankenhaus oder Seniorenheim geleistet werden. Hier sind viele gesellschaftliche Bereiche gefragt, egal ob sich das Hilfsangebot in Trägerschaft eines Hospizkreises, einer Volkshochschule, einer Selbsthilfegruppe oder einer Kirchengemeinde realisiert. Wichtig ist, dass etwas geschieht. Leider gehören kirchliche Gruppen nicht zu den Vorreitern, obwohl gerade hier zweifellos ihr ureigenster Ort wäre, wie ein verstorbener Professor für Pastoraltheo-

loge schreibt: »Wenn sie [die christlichen Gemeinden] sich nicht mehr an den Problemen und Bedürfnissen, Fragen und Leiden [...] der konkreten Menschen [...] orientieren [...], würden sie ihren Auftrag verraten« (Exeler 1977, S. 123 f.) Wie überaus groß das Bedürfnis ist, Hilfe für diesen Bereich zu bekommen, erlebten die Mitarbeiter eines Völkerkundemuseums. Sie hatten eine Ausstellung über Rituale und Sitten fremder Völker rund um die Themen Tod und Jenseits organisiert. Von dem Besucheransturm und den vielfältigen emotionalen Reaktionen vieler Besucher wurden sie völlig überrascht, vor allem zu Beginn der Ausstellung fühlten sie sich damit gänzlich überfordert. Offenbar bestehe ein ungeahnt starkes Bedürfnis, sich mit dem vielfach verdrängten Thema »Tod« auseinanderzusetzen, meinte eine Afrika-Expertin. Weniger als Völkerkundlerin denn als Seelsorgerin, Trösterin und Psychologin sei sie in Gesprächen mit Besuchern gefragt. Viele Besucher suchten das persönliche Gespräch und berichteten von Trauerfällen in ihrer Verwandtschaft.

- Besonders schwer fällt es allen Beteiligten, wenn Kinder oder Jugendliche sterben, die doch eigentlich ihr Leben noch vor sich haben. Auch dies ist eine der schwierigen Herausforderungen, die das Leben bereit hält für die Bewältigung durch die betroffene Familie. Häufig mehr oder weniger allein gelassen und unverstanden fühlen sich Eltern, die ihr Kind nach einer Frühgeburt, nach intrauterinem Fruchttod oder als Säugling schon nach wenigen Lebenstagen verloren haben. Es lässt sich nur ahnen, wie groß das Ausmaß an unverarbeiteten Erfahrungen und Gefühlen in diesem Bereich sein muss, vor allem wenn sie wenig hilfreiche Vertröstungen hören nach dem Muster: »Ihr könnt doch noch ein weiteres Kind bekommen.« Früher waren solche Aussagen an der Tagesordnung, weil dieser Komplex gänzlich tabuisiert wurde, geschweige denn, dass den Eltern psychosoziale Hilfe angeboten wurde. Über so etwas sprach man nicht. Gott sei Dank hat sich in diesem Bereich inzwischen vieles verändert.

Wenn sich in dieser Hinsicht – wo immer möglich – Initiativen oder Kreise entwickeln, z. B. durch die sich immer weiter ausbreitenden Hospiz-Initiativen oder Selbsthilfegruppen, die sich um Trauernde kümmern, hat das einen positiven und hoffnungsvollen Effekt. Zugleich geht es darum, die Angehörigen vor Eintritt des Todes gut zu begleiten. Zusammengefasst können die folgenden Aspekte für ein strukturiertes Vorgehen in der Todesstunde hilfreich sein.

»Aus den beschriebenen Bedürfnissen lassen sich allgemeine Empfehlungen für den klinischen Alltag ableiten, die von allen beteiligten Berufsgruppen umsetzbar sind« (Brandstätter und Fischinger 2012, S. 42).

Ziele und Wege der Intervention vor dem eingetretenen Tod

- Angehörige von Anfang an in den Sterbeprozess mit einbeziehen
- jederzeit Zugang zum Sterbenskranken ermöglichen
- Möglichkeit, im Zimmer übernachten zu können, in der Klinikküche mitversorgt zu werden

- Informationen: Ärzte sollten erreichbar sein, um Auskunft geben zu können. Klare Aussagen, eindeutige, verständliche Sprache, sodass Situationen besser zu begreifen, zu verarbeiten und zu bewältigen sind
- Angehörige bei pflegerischen Aufgaben beteiligen (z. B. beim Essen, Waschen, ...)
- Angehörige bei Entscheidungen miteinbeziehen (Behandlung, Verlauf gemeinsam planen)
- Anerkennung, Wertschätzung, Verständnis und Zuwendung entgegenbringen
- Konkrete Angebote und Hilfsmöglichkeiten anbieten
- Beziehung zwischen Patienten, Pflegepersonal/medizinischem Personal und Angehörigen muss aufgebaut werden (intensiver Beziehungsaufbau im Krankenhausalltag oft schwierig)

Dabei ist immer die Individualität des einzelnen Menschen zu berücksichtigen.

Für die erste Zeit nach eingetretenem Tod können folgende Regeln sinnvoll sein:

Ziele und Wege der Intervention nach dem eingetretenen Tod

- Hilfe, die Realität des Todes zu begreifen
- Direkte und aufrichtige Informationsvermittlung nach eingetretenem Tod
- Begleitung der Angehörigen in ihrem Tempo
- Freiheit und Raum geben, den Schmerz auszudrücken
- als »Anwalt« der Angehörigen handeln, falls nötig (gegenüber der eigenen Institution oder auch dominanten Verwandten, die sich in den Vordergrund drängen und die Szene bestimmen wollen)
- Hilfe bei der Bewältigung leisten (erste Schritte, was nun zu tun ist, wer benachrichtigt werden soll, wer Hilfestellung leisten kann ...)

6.7 Der letzte Weg in den eigenen vier Wänden – Gespräch mit Herrn D.

Am Ende dieses Kapitels stehen zwei Interviews mit Ehepartnern, die den Weg durch die letzte Lebensphase mit ihrer Partnerin bzw. ihrem Partner »hautnah« erlebt haben und aus ihrem Erleben eindrucksvoll persönlich schildern. Aufschlussreich dabei ist, dass der eine Lebensweg zu Hause in den eigenen vier Wänden endet, der andere im Hospiz. Für beide war es die jeweils richtige Entscheidung. Das ist ein Hinweis darauf, dass es *den* richtigen Sterbeort nicht geben dürfte. Jede Situation ist unterschiedlich, ebenso wie jede Persönlichkeit auch. Entsprechend individuell sollte der letzte Weg gestaltet werden.

Der Zugang zu Frau und Herrn D. war relativ leicht, da wir uns aus der Zeit der ersten Kopfoperation kannten. Diesmal war die Situation jedoch wesentlich bri-

6.7 Der letzte Weg in den eigenen vier Wänden – Gespräch mit Herrn D.

santer: Die neuerliche Operation hätte mit hoher Sicherheit weitreichende Ausfälle von Hirnfunktionen zur Folge gehabt. Deshalb diese Entscheidung, die drei Tage dauerte: Ich lasse mich nicht mehr operieren – wir stellen um auf palliative Therapie. Schon in dieser Zeit war ich gefragt als außenstehender Moderator, der half, das Für und Wider abzuwägen und dann eine definitive Entscheidung zu treffen, um sich langsam an die Gewissheit anzunähern: Ich werde nicht wieder »gesund«. Gleichzeitig besteht weiterhin die Hoffnung, dass noch etwas Zeit bleibt, wenigstens bis Ende des Jahres. Aber schließlich waren es »nur« noch zehn Wochen. Wie beide sich erst langsam, fast mühsam an die neuen Realitäten herantasten mussten, wird im folgenden Interview anschaulich beschrieben, wie ebenso, dass dies noch einmal eine Zeit intensiven Austausches und emotionaler Nähe war.

Dieser Prozess hätte nach Einschätzung des Ehemannes noch ausgeprägter sein können. Gleichzeitig beschreibt er eindringlich, dass danach die Akzeptanz des großen Verlustes leichter fiel, weil, wie er sagt, sie »eng verbunden voneinander Abschied genommen haben.« Der Fall in das ganz tiefe Loch nach dem Tod seiner Ehefrau ist ihm dadurch erspart geblieben.

Für beide war dabei wichtig, die letzten Wochen in der vertrauten heimischen Umgebung gestalten zu können. Das wäre für sie nicht im Krankenhaus und ebenfalls nicht im Hospiz möglich gewesen. Es ist ein Beispiel dafür, dass es nicht ein entweder oder gibt, sondern dass jeder und jede für sich abwägen und herausfinden muss, was für mich, für uns der richtige Ort für den letzten Weg ist.

In diesem Falle war die Einbeziehung des Ehemannes in die Pflege seiner Frau ausdrücklich gewünscht. Auch dies dürfte häufig sehr unterschiedlich von beiden Seiten erlebt werden. Das wird im zweiten Interview deutlich. Hier hat sich das Ehepaar nicht nur nach anfänglicher Pflege zu Hause für das Hospiz entschieden. Die Tatsache, dass die Ehefrau dadurch von der Rolle der »Pflegenden« entbunden wurde, war in diesem Fall die Voraussetzung dafür, dass sie wieder »Ehefrau und Partnerin« sein konnte und auf diese Weise eine neue personale Nähe mit emotionaler Intensität entstanden ist.

Therapeut: Herr D., wir sind uns zum zweiten Mal begegnet hier im Krankenhaus auf der Station der Neurologie. Ihre Frau hatte in einem früheren Stadium ihrer Erkrankung eine Kopfoperation wegen einer Metastasierung in der Uniklinik Essen machen lassen müssen, die sie sehr gut überstanden hat. Danach hatte sie eine gute Zeit. Als wir uns hier erneut trafen, hatten sich neue Metastasen gebildet. Für Sie beide war zunächst klar, dass erneut operiert werden würde. Der Chefarzt der neurologischen Abteilung erklärte Ihnen jedoch, dass es wegen der diesmal anderen Lokalisation zu massiven Ausfällen kommen könne. Er tendierte eher dazu, die Operation nicht mehr durchzuführen. Ich stelle mir das als eine unglaubliche Herausforderung vor. Können Sie einmal darstellen, wie Sie und Ihre Frau diese schwierige Entscheidung erlebt haben, an deren Ende nach drei Tagen für Ihre Frau feststand: Ich lasse mich nicht mehr operieren, weil ich nicht zu einem Pflegefall werden möchte.

Herr D.: Ja, wir waren in der Uniklinik Essen zu einer Untersuchung, einige Tage bevor wir hier zum Chefarzt gekommen sind. In der Uniklinik wurde uns gesagt, dass die erneuten Metastasen operiert werden müssten, allerdings von der Schwierigkeit der OP mit der Ersten nicht zu vergleichen, weil diese viel gefährlicher sei. Wir sollten uns das gut überlegen. Wir haben uns dann dazu entschieden, nach reiflichem Überlegen, die OP doch nicht machen zu lassen. In der Nacht, bevor meine Frau eingeliefert wurde, konnte sie morgens nicht mehr laufen. Die Essener wollten sie in diesem Zustand nicht übernehmen, so dass wir also hierhergekommen sind mit dem Gedanken, es findet noch eine OP statt. Dr. M. hat dann aber nach einigen Tagen deutlich gemacht, dass er auf keinen Fall operieren lassen würde, weil – wie sie schon sagten – die Gefahren durch eine OP ziemlich groß sein würden. Es könnten deutliche Beeinträchtigungen, wenn nicht gar Schlimmeres auftreten. Das war für uns, da wir ja eigentlich zu einer OP tendierten, nicht so einfach zu akzeptieren. Wir haben auch einige Tage gebraucht. Der Zustand meiner Frau hatte sich aber auch verschlechtert. Wir waren im ständigen Austausch darüber und haben dann gemeinsam entschieden, die OP nicht mehr durchführen zu lassen, weil meine Frau auf keinen Fall wollte, dass sie noch stärker beeinträchtigt sein würde, als das ohnehin schon der Fall war.

Therapeut: Sie haben mir im Nachhinein berichtet: Als die Entscheidung gefallen war, dass eben nicht mehr operiert, sondern auf eine palliative Behandlung umgestellt werden sollte, hatten Sie gar nicht so klar, was das für Sie bedeuten würde. Sie haben mir erzählt: Wir haben beide gedacht, wir haben noch eine ganze Zeit miteinander. Die Zeit war dann jedoch deutlich kürzer. Ihre Frau wurde zunächst hier auf die onkologische Station verlegt. Sie wurde am 16. Mai nach Hause entlassen, weil sie auf keinen Fall in ein Hospiz wechseln wollte, und Sie wollten das auch vermeiden. Das heißt, Sie haben die Rahmenbedingungen so geschaffen, dass Ihre Ehefrau zu Hause versorgt werden konnte.
Gab es dann irgendwann so etwas wie eine halbwegs normale Situation unter diesen veränderten Bedingungen? Sie haben gesagt, sie wurde sehr in den Alltag integriert. Das Krankenbett stand im Wohnzimmer und Sie haben versucht, so viel Normalität aufrecht zu erhalten, wie es eben ging.

Herr D.: Ja, zunächst zu den Wahrnehmungen ... Also mir war schon bewusst, was es heißt: Meine Frau wird jetzt nur noch palliativ betreut. Leider hat ein Austausch mit meiner Frau darüber aber kaum stattgefunden, was das jetzt im Detail heißt. Uns war gar nicht bewusst, wieviel Zeit uns noch bleibt. Ich persönlich bin davon ausgegangen, dass wir mindestens noch Zeit hätten bis Ende des Jahres.
Wir haben trotzdem zu Hause die letzten zehn Wochen eine gute Zeit miteinander gehabt. Das Krankenbett meiner Frau stand im Wohnzimmer. So ist sie ins tägliche Leben integriert gewesen und hat Besuch empfangen. Die letzten drei bis vier Wochen war meine Tochter aus Brasilien bei uns mit ihren drei Kindern. Meine Frau war trotz ihrer Einschränkungen der Mittelpunkt der Familie. Das war eine sehr schöne

	Zeit, wenn man das so sagen kann und das war auch die richtige Entscheidung, nicht in ein Hospiz zu gehen.
	Mit den Möglichkeiten, die es hier im Landkreis gibt durch die Palliativbetreuung zu Hause, war das für uns auf jeden Fall – ich wiederhole mich da – die richtige Entscheidung: Die Zeit, die uns noch blieb, zu Hause zu verbringen. Leider ist uns dann nicht mehr so viel Zeit geblieben, wie ich vermutet hatte, und wie es vielleicht meine Frau auch vermutet hat. Sonst wären wir vielleicht auch noch intensiver ins Gespräch darüber gekommen, was das jetzt bedeutet.
Therapeut:	Aber Sie haben mir gesagt, ich hatte schon die Zeit zu sehen, wie bestimmte Möglichkeiten weniger wurden. Das heißt, Sie haben von außen diesen Prozess des enger werdenden Lebenskreises bewusst wahrgenommen.
Herr D.:	Ja, ich habe das so empfunden, aber meine Frau hat das auch sehr bewusst und intensiv erlebt. Es war nicht so, dass sie es nicht mehr wahrgenommen hätte. Sie hat beispielsweise am Anfang noch selbstständig ihre Bankgeschäfte erledigen können und in den ersten Tagen auch noch einige Schritte mit Unterstützung gehen können. Das ist aber von Tag zu Tag, mindestens aber von Woche zu Woche so viel schlechter geworden, dass uns beiden bewusst war, es wird weniger. Trotzdem bleibt immer die Hoffnung: wir haben noch ein paar Monate. Und dann sind es ja insgesamt nur zehn Wochen gewesen.
Therapeut:	Sie haben mir erzählt, dass Sie nach dem Tod Ihrer Frau zunächst nur funktioniert haben. Es ist dann ja unglaublich viel zu regeln und zu organisieren. Vielleicht können Sie noch einmal kurz beschreiben, wie das war und wie – Sie sagten – dann anschließend doch so eine Zeit kam, in der sie mehr und mehr realisiert haben: Sie kommt nicht mehr zurück.
Herr D.:	Ja, die ersten Tage nach dem Tod da, funktioniert man einfach nur. Ich hatte ja auch viel Zeit, mich darauf vorzubereiten, dass meine Frau über kurz oder lang sterben wird. Ich bin wohl deshalb nach dem Tod nicht unbedingt in ein Loch gefallen, wie man das ja oft hört. Es ging mir in der ersten Zeit den Umständen entsprechend eigentlich relativ gut. Ich habe mich sehr intensiv um die ganzen Abwicklungen gekümmert vom Rentenantrag über Versicherungen etc. Ich habe mich da so ein bisschen in die Arbeit gestürzt, ins Organisieren. Vielleicht auch, um zurückzufinden in ein für mich halbwegs normales Leben. Nach einigen Wochen, vielleicht nach etwa acht Wochen, da wurde mir mehr und mehr deutlich, dass ich einen schweren Verlust erlitten habe. Ich habe es damals vermehrt gespürt: Dies ist nicht so eine Urlaubs- oder Reha-Situation, wenn meine Frau dann mal einige Wochen nicht zu Hause war. Dies ist jetzt ganz anders, eine Situation, die unwiderruflich ist. Dadurch hat sich dann mein Gefühlsleben deutlich verschlechtert.
Therapeut:	... was ja sehr nachvollziehbar ist. Da beginnt dann die eigentliche Trauer. Sie realisieren: Meine Frau wird nie wieder zurückkommen! Ich muss meinen Weg allein weitergehen, obwohl wir ein tolles Team waren

6 Die Angehörigen – das noch größere Problem?

	und obwohl wir wirkliches alles miteinander geteilt haben, auch emotional sehr eng miteinander verbunden waren. Und das ist dann ein Bewusst-werden, das – glaube ich – sehr weh tut.
Herr D.:	Ja, es tut sehr, sehr weh. Manchmal hatte ich das Gefühl, dass ich auch ein bisschen weglaufe oder die Situation nicht so sehen wollte, wie sie ist. Aber das holt einen dann irgendwann ein, wenn man feststellt: Ja, die Situation ist so wie sie ist und daran ist auch nichts mehr zu ändern.
Therapeut:	Herr D., Sie haben mir nach dem Tod geschrieben: Sie – also Sie meinten mich damit – »waren meiner Frau und mir eine große Hilfe. Vielen Dank für die guten und hilfreichen Gespräche.« Vielleicht können wir noch einmal kurz einen Blick darauf werfen: Was daran war wichtig für Sie oder was hat die Bedeutung meiner, also dieser dritten Person, wenn Sie so wollen, eigentlich ausgemacht?
Herr D.:	Wir hatten ja insgesamt so eine Odyssee über drei Jahre durch viele Krankenhäuser und hatten immer mit Ärzten zu tun, die – ich nenne das jetzt mal so – das Krankheitsbild technisch beschrieben haben, und sowohl bei dem ersten Aufenthalt schon hier im Krankenhaus als auch insbesondere beim zweiten Aufenthalt hatten wir miteinander ja dann engen Kontakt. Ich hatte schon beim ersten Aufenthalt gemerkt, dass meine Frau zu Ihnen einen besonderen Zugang hatte und mich nicht darüber gewundert, dass beim zweiten Aufenthalt dann von ihr relativ schnell der Gedanke kam, da gibt es doch den Herrn Dr. Sch., ich möchte mit dem sprechen. Und dann hat sich das so ergeben, dass ich zufällig hier war, als sie das erste Gespräch mit meiner Frau geführt haben. Ja, wie bei vielen anderen Dingen auch, wollte meine Frau mich dann auch dabeihaben.
Therapeut:	Da ging es damals um die Frage: Noch mal Operation oder eben nicht.
Herr D.:	Das war in den ersten Tagen, als es um diese Abwägung ging, und wir haben das dann so empfunden, dass Ihre Begleitung in dieser schwierigen Zeit uns sehr geholfen hat, eine Entscheidung zu treffen, aber auch dabei geholfen hat, untereinander in dieser schwierigen Situation ins Gespräch zu kommen bzw. zu bleiben über den Stand der Dinge. Darüber hinaus half es uns, bewusst zu machen: Was genau spricht für die eine, was für die andere Seite ... Was bedeutet das, jetzt auf eine OP zu verzichten.
Therapeut:	Und danach, in der Zeit, als Ihre Frau noch hier bei uns im Krankenhaus lag, habe ich sowohl mit Ihrer Frau allein als auch mit Ihnen beiden zusammen gesprochen. Darüber hinaus hatten wir beide in meiner Praxis ungestört Zeit, uns mit dieser neuen Situation auseinanderzusetzen. Vielleicht können Sie deutlich machen: Was war die Rolle des Begleiters in dieser Lage? Wie weit, wie Sie geschrieben haben, war das für Sie hilfreich, noch jemanden zu haben, der außenstehend ist? Kann man das so sagen?
Herr D.:	Ja, also das ist die absolute Stress-Situation, wenn man so weitreichende Entscheidungen treffen muss. Wenn man dann eine Begleitung hat, wie wir sie hier bekommen haben durch Sie, dann ordnet man da auch ein

6.7 Der letzte Weg in den eigenen vier Wänden – Gespräch mit Herrn D.

bisschen seine Gedanken. Es hat auch dazu geführt, die Diskussion zwischen mir und meiner Frau anzuregen. Uns war diese Begleitung, an die Hand genommen zu werden, eine große Hilfe auf dem Weg, die Entscheidung dann auch innerlich zu akzeptieren: Es findet keine zweite OP mehr statt.

Therapeut: Und sich danach weiter darüber auszutauschen, was das jetzt bedeutet und wie Sie beide damit umgehen wollen mit den Konsequenzen dieser Entscheidung.

Herr D.: Ja, genau so. Für mich war das, für meine Frau sicherlich auch, klar, was es heißt, jetzt nur noch palliativmedizinisch betreut zu werden. Allerdings bedauere ich im Nachhinein, dass da zwischen meiner Frau und mir an dieser Stelle doch zu wenige Gespräche stattgefunden haben. Da hätte ich mir, von heute aus gesehen, noch mehr Austausch darüber gewünscht, was diese Entscheidung für weitreichende und gravierende Folgen hat.

Therapeut: Was damit für jeden von Ihnen verbunden ist, äußerlich und innerlich?

Herr D.: Was das bedeutet für jeden von uns.

Therapeut: Wenn ich Sie jetzt zum Ende noch einmal frage: Was würden Sie jemandem raten, der in eine ähnliche Situation kommt? Wäre es dann genau das, was Sie gerade ausgedrückt haben?

Herr D.: Ja, ich denke, dass es ganz wichtig ist, diese Begleitung anzunehmen, vielleicht noch intensiver, wenn möglich, als wir die Begleitung genossen haben. Aber die Charaktere sind auch unterschiedlich. Ich würde schon jedem empfehlen, intensiv miteinander zu sprechen. Oft geht es sicher auch ohne Hilfe von außen. Aber wenn man eine Begleitung hat, bringt man die Dinge eher auf den Punkt, es geht direkter und man kann die verbleibende Zeit effektiver nutzen, um die Dinge dann tatsächlich noch einmal an- und direkt auszusprechen.

Therapeut: Sie würden jedoch insgesamt sagen: Auch diese letzte Lebensphase war eine sehr, sehr intensive und eine, die wir beide nicht missen möchten?

Herr D.: Ja, die letzten zehn Wochen zu Hause waren sehr intensiv. Meine Frau und ich sind uns da noch einmal sehr nahegekommen, wobei ich sie aber auch intensiv gepflegt habe und sie das auch zugelassen und ausdrücklich gewünscht hat.

Therapeut: Obwohl sie ansonsten eine sehr selbstständige Frau war.

Herr D.: Ja.

Therapeut: Eine selbstbewusste Frau auch.

Herr D.: Ihr ist das nicht leichtgefallen, so nach dem Motto: Mach mal eben dies, mach mal eben das. Ihr waren bestimmte Dinge auch eher peinlich, aber sie hat das, ich will nicht sagen eingefordert, aber sie hat das akzeptiert. Sie hat das gewünscht, dass ich so intensiv an der Pflege teilnehme. Es war dann nachher sogar so, dass sie Wert darauf legte, wenn der Pflegedienst kam, dass ich dann an der Pflege teilgenommen habe. Wobei manche Pflegekräfte größere Probleme damit hatten, dass ich da mithelfe.

Therapeut: Ja, aber Sie würden insgesamt sagen: Das Sterben war eine sehr intensive Zeit des Lebens, wo wir uns persönlich, auch emotional, sehr, sehr nahe gewesen sind?

Herr D.: Ja, wir sind uns tatsächlich emotional und auch körperlich nochmals sehr nahe gewesen. Meine Frau konnte ja nicht mehr laufen. Wir sind fast jeden Tag mit dem Rollstuhl auf die Terrasse gefahren. Ich habe ihre Füße und Beine massiert und das hat sie auch eingefordert. Hier haben auch noch einmal viele Gespräche stattgefunden, so dass wir, die letzten zehn Wochen noch, wenn man das so sagen darf, eine schöne Zeit miteinander verbracht haben, die ich nicht missen möchte. Ich denke, wenn man diese zehn Wochen im Krankenhaus verbracht hätte mit stundenweisen Besuchen, wäre das nicht ansatzweise zu vergleichen gewesen mit der Pflege zu Hause.

Therapeut: Auch der persönlichen Intensität zu Hause?

Herr D.: ... Intensität, die wir in den letzten zehn Wochen erlebt haben.

Therapeut: Insofern könnte man sagen, dieses Erleben macht es Ihnen, trotz des Schmerzes, auch ein bisschen leichter, Ihre Frau gehen zu lassen und die Erfahrung zu machen, dass sie nicht mehr da ist?

Herr D.: Ich denke, dass das vielleicht auch ein Grund dafür ist, dass ich nicht in ein tiefes Loch gefallen bin. Natürlich ist die Trauer groß und es gibt immer wieder Situationen, wo die Tränen kommen.

Therapeut: Aber es bleibt dieses positive Gefühl der Dankbarkeit, dass Sie eben doch sehr eng verbunden voneinander Abschied nehmen konnten.

Herr D.: So können wir das sagen, ja.

Therapeut: Herr D., ich bedanke mich sehr, dass Sie bereit waren, Ihr Erleben mitzuteilen. Ich finde, es war eine sehr bewusste Zeit, die Sie miteinander gehabt haben, im Austausch. Auch wenn Sie sagen, vielleicht hätte es sogar noch ein bisschen mehr sein können, habe ich Sie beide darin sehr bewundert, dass Sie sich der Realität in dieser Intensität gestellt haben.

Herr D.: Ja, spätestens nachdem man uns gesagt hatte, dass meine Frau palliativmedizinisch betreut wird, war uns beiden, aber erst mal nur vom Kopf her klar, was das bedeutet ... Dass es keine Hoffnung mehr gibt ...

Therapeut: ... wieder gesund zu werden bzw. wieder ins Leben zurückzugehen, wie nach der ersten Operation.

Herr D.: Oder wenigstens wieder laufen zu können. Aber es fehlte da so der letzte Klick zu der inneren Erkenntnis, dass das jetzt über kurz oder lang bedeutet, dass das Leben zu Ende geht.

Therapeut: Dieser Bewusstwerdungsprozess, der ist im Grunde erst langsam gewachsen. Kann man das so sagen?

Herr D.: Es ist ein Prozess, der langsam in Gang gekommen ist, weil man vielleicht doch immer noch bis zuletzt die Hoffnung hatte ... und vielleicht am Ende noch um ein paar Tage kämpft.

Therapeut: ... was sehr nachvollziehbar und menschlich ist. Man möchte einfach zusammen bleiben, man möchte nicht loslassen müssen ... man möchte einfach nicht, dass der andere geht.

Herr D.: Ja. Genauso ist das!
Therapeut: Danke, Herr D., für ihre Offenheit und dass sie bereit waren, mich und uns noch einmal an diesem beeindruckenden Weg teilnehmen zu lassen.

Frau D. ist am 24. Juli gestorben. Dieses Gespräch wurde zehn Monate danach aufgezeichnet.

Abb. 6.1: »Mach bitte einige Fotos für die Todesanzeige« – Frau D. wenige Tage nach der Diagnosestellung (Foto: privat)

6.8 »Das Hospiz hat uns wieder zusammengebracht« – Gespräch mit Frau St.

Kennengelernt hatte ich Herrn St. schon vor längerer Zeit, da er im Rahmen seines Prostatakarzinoms immer mal wieder stationär zur Behandlung kam. Zwischenzeitlich war er auch mit seiner Ehefrau zum Gespräch in meiner Praxis, als die

Symptome daraufhin deuteten, dass die Krankheit einen deutlichen Fortschritt nahm. Es entwickelte sich im Laufe der Zeit ein recht persönliches Verhältnis zu diesem Mann, der handfest und sensibel zugleich war.

Die beiden hatten sich noch einmal neu gefunden, ehe nach fünf glücklichen und sorgenfreien Jahren die Krankheit in sein Leben trat – zunächst einigermaßen erträglich, dann aber fulminant fortschreitend.

Die Schilderung seiner Ehefrau ist zutiefst beeindruckend und detailreich, was sie durchmachte und wie sie die letzte Lebensphase an der Seite ihres Mannes erlebte. Angst hatten beide. Der Abschied war absehbar und nicht immer, aber immer wieder Thema. »Weißt du wieviel Angst ich habe vor dem Tag, wenn er gehen wird?« Das war verbunden mit dem hilfreichen Hinweis der Tochter: »Dann sag es ihm.« So wurden die Gefühle nicht zum Tabu, sondern mitteilbar. Mit-teilen beinhaltet die alte Weisheit: Geteiltes Leid ist halbes Leid ... Wie sensibel diese Prozesse verlaufen, wird daran deutlich, dass er das Pflegebett nicht im Wohnzimmer, sondern im Schlafzimmer haben möchte: So viel Normalität wie möglich! Er möchte auch nachts seine Frau an seiner Seite haben und nicht allein im Wohnzimmer liegen.

Der letzte Lebensabschnitt unterscheidet sich noch einmal deutlich von dem, den Herr D. im vorangegangenen Interview schilderte. Auch hier wird die Pflege zunächst im häuslichen Umfeld organisiert. Herr St. fühlt sich darin jedoch zunehmend unwohl. Er realisiert, wie pflegeintensiv er geworden ist und was er seiner Frau damit zumutet, rund um die Uhr. Darum wechselt er zur Option: Nach vier Wochen Pflege zu Hause möchte er ins Hospiz.

In diesem Zusammenhang berichtet Frau St. einen gravierenden Paradigmenwechsel in der Beziehung zu ihrem Mann. Durch die Verlegung ins Hospiz wurde sie wieder von der Pflegerin (Schutzhose wechseln, Toilettengang) zur Partnerin. Dadurch konnte noch einmal eine ganz andere Nähe und emotionale Intimität entstehen. Im Nachhinein war es offenbar für beide genau die richtige Entscheidung.

Wie vorausschauend Herr St. dachte – trotz der Einschränkungen durch seine Krankheit – wird an zwei Aspekten deutlich:

Er bereitete seine Frau vor für die Aufgaben, die er früher in der Hand hatte: Finanzielles, Versicherungen, PC und vieles andere mehr.

Auch seine Beerdigung hat er selbst geplant. Bis ins Detail war alles vorbereitet. Ich war selbst dabei und habe erlebt: Es war genauso, wie er es bestimmt hatte und sehr beeindruckend.

Sichtbar wird dieses vorausschauende Denken ebenfalls in einem weiteren Bereich. Er wollte unbedingt, dass seine Frau auch während seines Aufenthaltes im Hospiz weiter – wenn auch eingeschränkt – berufstätig war. »Wenn ich nicht mehr da sein werde, musst du weiter dein Auskommen haben.« Er war schon sehr beeindruckend dieser Mann, der so gezielt und ganz bewusst seinen letzten Weg gegangen ist.

Auch wenn Frau St. schwer mit dem Ableben ihres Mannes zu kämpfen hatte und wir uns eine Zeit lang regelmäßig zu Gesprächen für die innere Bewältigung dieses heftigen Verlustes getroffen haben: Diese bewusst gemeinsam gegangene Wegstrecke und die Nähe, die sie noch einmal so intensiv geteilt haben, waren wohl die Voraussetzung dafür, dass zuletzt, trotz Trauer und Schmerz, diese Zeit dazu geführt hat, dass sie sagen konnte: »Das Einzige, was den Tod überdauert, ist die Liebe.« und »Was in mir bleibt, ist tiefe Dankbarkeit.«

Therapeut: Frau St., ich danke Ihnen, dass Sie sich bereitgefunden haben, den Krankheits- und vor allem auch den Sterbeprozess Ihres Mannes für uns noch einmal nachzuzeichnen.
Sie hatten sich neu gefunden, waren beide schon einmal verheiratet und hatten fünf glückliche, unbeschwerte Jahre miteinander, ehe dann plötzlich die Diagnose kam: Prostatakarzinom.

Frau St.: Ja, so war es. Diese Diagnose haben wir bekommen, als mein Mann zur Vorsorge ging, weil sein Bruder den gleichen Befund bekommen hatte.

Therapeut: Die Krankheit hat dann doch einen relativ langen Weg genommen.

Frau St.: Insgesamt waren das mehrere Jahre.

Therapeut: Wenn wir jetzt vorrangig die letzte Lebensphase in den Blick nehmen, dann war der zehnte Hochzeitstag ein deutlicher Einschnitt. Sie hatten gemerkt, dass Ihr Mann zunehmend an Kraft verloren hat und es ihm deutlich schlechter ging. Sie haben von einer Situation erzählt, als er bei seinem Urologen war und eigentlich nur zu einer Spritze kommen sollte, dann aber von ihm gehört hat: Sie haben nicht mehr lange Zeit.

Frau St.: Ja, das war im April. Das hat mich sehr geschockt, weil ich gedacht habe, es ist ihm durchaus bewusst. Aber das muss wohl doch noch einmal für ihn sehr einschneidend gewesen sein.

Therapeut: Ein richtiger Schock, kann man sagen.

Frau St.: Ja, dass er da überfordert war in dem Moment.

Therapeut: Sie sagten, dass er diese »Wahrheit« sehr belastend erlebt hat. Er stand vor der Praxis und hat bitterlich geweint, weil ihm plötzlich bewusst wurde: ich habe nicht mehr lange Zeit.

Frau St.: Ja, das trifft es genau.

Therapeut: Die Krebserkrankung hat sich dann rapide weiterentwickelt. Sie haben berichtet, dass es einen fulminanten Verlauf gab. Für mich war sehr beeindruckend, dass Sie gemeinsam noch ein Auto gekauft haben. Aber schon eine Woche später sagte er: »Vorige Woche haben wir noch einen BMW gekauft und jetzt bin ich zu Hause am Rollator und muss draußen mit dem Rollstuhl vorliebnehmen.«

Frau St.: Ja, das war schlimm für ihn. Wir haben zwar auch vorher schon mal geguckt nach einem Rollator und er hat sich auch informiert und alles, aber das war für ihn ein gravierender Schritt zu sagen: »Ich kann nicht mehr viel und ich schaffe vieles einfach nicht mehr«.

Therapeut: Das war offenbar für Ihren Mann nicht nur ein äußerer, sondern auch ein innerer Prozess, in dem er immer deutlicher gemerkt hat, wie sehr die Krankheit ihn einschränkt, wie sie ihm zunehmend Kraft raubt. In seiner Reaktion war das immer auch mal mit innerem Aufbegehren verbunden. In unseren Gesprächen habe ich erlebt, dass er oft schwer daran zu knacken hatte. Aber das führte doch fast immer dazu, dass er dann doch bereit war, die Einschränkungen zu akzeptieren.

Frau St.: Das hat ihn viel Kraft gekostet. Wir haben ja über alles reden können. Aber zwischendurch gab es Zeiten, da konnte oder da wollte er auch nicht reden. Das hat dann immer – sage ich jetzt mal – ein paar Tage gedauert, bis das Gespräch doch wieder darauf zurückkam. Ja, es war für uns beide sehr belastend. Weil es auch für mich schwer war, damit umzugehen. Ich wollte ihn ja nicht zusätzlich belasten.

Therapeut: Und Sie wollten ihn ja auch nicht verlieren.

Frau St.: Natürlich nicht. Es war nicht leicht, immer wieder diese Angst zu spüren.

Therapeut: Für Sie war es aus der anderen Perspektive ein ähnlicher Prozess, den Sie mitgemacht haben, zu sehen, wie seine Kräfte immer weiter schwinden und wie er immer weniger Eigenständigkeit verwirklichen konnte.

Frau St.: Richtig.

Therapeut: Ein wichtiger Einschnitt war – glaube ich – noch einmal die Ostsee. Sie haben Weihnachten beschlossen – ich kann mich erinnern, dass er mir davon mehrfach im Krankenhaus berichtet hat –, im März gemeinsam an die Ostsee zu fahren. Das war für ihn ein ganz wichtiges Ziel. Das will ich mit meiner Frau auf jeden Fall noch erleben. Sie sind dann im März auch gefahren, aber das Ganze war nur von kurzer Dauer.

Frau St.: Ja, wir wollten fünf Tage fahren. Aber wir sind am dritten Tag zurückgefahren, weil ich gemerkt habe, er schafft das einfach nicht mehr. Und dann habe ich mich vorgeschoben, dass ich nach Hause möchte. Denn er hätte von selbst nicht gesagt, lass' uns nach Hause fahren. Sondern ich habe gesagt: »Ich habe Angst und ich möchte gern nach Hause«. Und das Ergebnis war dann: Wir haben jeden größeren Rastplatz angesteuert für eine Pause. Und je näher wir nach Hause kamen, umso entspannter wurde er. Kurz bevor wir zu Hause waren, sagte er: »Bevor wir nach Hause fahren, gehen wir noch Pizza essen«.

Therapeut: Dann war plötzlich wieder die vertraute Umgebung da, die Sicherheit gab.

Frau St.: Ganz genau.

Therapeut: Vielleicht hat er diese Verunsicherung gespürt, in der »Ferne« zu sein. Aber wenn ich zu Hause bin, gibt mir das die nötige Sicherheit, und dann kann ich auch wieder lockerlassen.

Frau St.: Als wir die Wohnung gebucht haben, hatten wir auf »behindertengerecht« nicht so geachtet, weil er noch fit war. Wir haben kurz vor Weihnachten gebucht und da war er auch vom Laufen her relativ gut dabei. Zu Hause war alles schon ein bisschen auf »das nicht mehr ganz so Fitte« eingerichtet. Das ein oder andere haben wir dann nach und nach selbst gekauft oder gemacht. Wie auch immer.

Therapeut: Ihr Mann hat offenbar sehr deutlich wahrgenommen, dass das Ende näher rückt. Sie haben mir erzählt, dass es ihm sehr wichtig war, Sie versorgt zu wissen.

Frau St.: Ja, ich bin auf sein Drängen zur Rentenberatung gegangen, um mir ausrechnen zu lassen, was ich von seiner Rente als Witwenrente zu erwarten habe. Jetzt nicht auf Heller und Pfennig, aber so »Pi mal Dau-

	men«. Er kannte ja mein Einkommen und dann hat er gesagt: Ok, das und das hast du an Ausgaben, Miete und so. Du kannst davon leben. Du kannst das Auto halten und das war ihm alles sehr, sehr wichtig.
Therapeut:	Das hat ihn offenbar sehr entlastet.
Frau St.:	Ja.
Therapeut:	Finanziell muss sie sich keine Sorgen machen und das Andere, was ja auch in die gleiche Richtung deutet: Er hat alles minutiös geplant für den Tag, an dem er gehen müsste. Er hat seine Beerdigung genau vorbereitet.
Frau St.:	Er hat gesagt: Das und das möchte ich. Am liebsten den bestimmten Pastor und auch das und das Lied.
Therapeut:	So war er: Alles bedenken, bis ins Detail. Und das zeugt ja davon, dass er sich sehr aktiv mit seinem Ende auseinandergesetzt hat. Was durchaus nicht so selbstverständlich ist. Sie haben dann noch ihren 10. Hochzeitstag sehr schön im Kreise von Familie und Freunden feiern können.
Frau St.:	Ja, das haben wir.
Therapeut:	Da war er noch sehr aktiv und engagiert dabei. Auch seinen Geburtstag, der kurze Zeit vorher war, haben Sie noch begangen. Dann war er noch einmal drei Wochen hier bei uns im Krankenhaus.
Frau St.:	Im Krankenhaus ist er so Ende Mai für drei Wochen gewesen und dann am 16. Juni, als er Geburtstag hatte, da war er schon eine gute Woche wieder zu Hause. Also er war dann danach im Juni mehr oder weniger zu Hause.
Therapeut:	Ich erinnere mich, dass wir ihn entlassen haben unter der Maßgabe: »häusliche Pflege«. Das heißt, Sie waren bereit, ihn rund um die Uhr zu versorgen, natürlich mit Unterstützung eines Pflegedienstes. Das war schon eine große Herausforderung.
Frau St.:	Ja, in der Zeit, als er hier im Krankenhaus war, habe ich die Unterstützung vom Sozialdienst bekommen, dass ich das zu Hause alles für ihn herrichten konnte. Aber das Pflegebett musste mit im Schlafzimmer stehen. Er wollte das nicht im Wohnzimmer haben, sondern er wollte, dass wir zusammen in einem Zimmer schlafen. Da wir Boxspringbetten haben, ließ sich das gut auseinander bauen. Im Wohnzimmer hatte er sein Sofa, auf dem er über Tag gesessen und oft auch gelegen und geschlafen hat.
Therapeut:	Also so viel Normalität wie möglich, nicht: Ich bin 24 Stunden im Krankenlager, sondern ich wechsle zwischen Schlafzimmer und Wohnzimmer und habe so viel Normalität, wie es eben geht.
Frau St.:	Ja, genau.
Therapeut:	Das ist dann wie lange genau gegangen?
Frau St.:	Also, er ist Anfang Juni nach Hause gekommen und am 28. Juni sind wir dann ins Hospiz nach Paderborn gewechselt.
Therapeut:	Das ist eine für mich beeindruckende Entscheidung gewesen, denn sie kam von Ihrem Mann und nicht von Ihnen. Er sagte: »Ich möchte, dass du nicht überfordert wirst durch mich«. Ihrem Mann war natürlich nicht entgangen, wie kräftezehrend es ist, rund um die Uhr für ihn da zu

	sein. Vielleicht können Sie noch einmal schildern, wie er zu dieser Entscheidung gekommen ist.

Frau St.: Es war ja so, dass ich ihn zu Hause gepflegt habe, ihn auch weitestgehend allein gewaschen habe usw. Aber es gab auch Sachen, wo er gesagt hat: »Nein, es gefällt mir eigentlich gar nicht, dass du das machen musst, dass du jetzt meine Pflegerin bist. Denn er konnte ja nicht mehr allein auf die Toilette gehen und wenn ich ihm dann die Schutzhosen wechseln musste, dann war das so gar nicht seine Sache.

Therapeut: Das war eher peinlich für ihn.

Frau St.: Ja, und dann habe ich zu ihm gesagt: »Augen zu und durch. Ich kann dich jetzt nicht hier liegen lassen, bis die Schwester kommt«. Und das war wohl auch mit einer der Gründe, weshalb er sich darüber Gedanken gemacht hat.

Therapeut: Aber das bedeutete dann als Konsequenz, dass er nicht bis zum Schluss zu Hause bleiben konnte und wollte, sondern für sich eine klare Entscheidung getroffen hat, wenn ich Sie richtig verstanden habe, um Sie zu entlasten.

Frau St.: Unser Hochzeitstag war sonntags und freitags vorher hat er mir dann gesagt: »Am Montag rufst du an und fragst, ob es eine Möglichkeit gibt, ins Hospiz zu kommen.«

Therapeut: Und dienstags war schon ein Platz frei, so dass er dann sehr kurzfristig von zu Hause ins Hospiz gewechselt ist. Vielleicht können Sie uns einmal diesen, für mich sehr zentralen Unterschied aus Ihrer Sicht schildern. Sie waren ja vorher seine »Pflegerin«. Der Wechsel in das Hospiz war die beste Entscheidung, die wir miteinander getroffen haben, weil ich dann wieder von der Pflegerin in die Rolle der Ehefrau wechseln konnte.

Frau St.: Ja, genauso war es.

Therapeut: Ein klarer Rollenwechsel, der aber nur möglich war, weil er sich für das Hospiz entschieden hatte.

Frau St.: Es ging auch darum, wenn ich die Urinflasche holen musste oder ihm dabei helfen musste. … Im Hospiz hat er mich dann nicht geweckt. Natürlich bin ich wach geworden, aber er hat immer gesagt: »Du tust so, als wenn du schläfst. Die Schwestern kommen schon. Die helfen mir«. Sie haben mir später erzählt, sie wussten natürlich, dass ich wach war. Ich habe hinterher im Hospiz immer mal wieder Handreichungen in diese Richtung gemacht, aber was Waschen und Pflegen anging, das war ihm ganz wichtig, dass ich das nicht machen musste, sondern dass sie das gemacht haben. Ich dagegen habe mit ihm zusammen gegessen und auch sein Essen kleingeschnitten. Das war ok.

Therapeut: Noch ein anderer Aspekt, der Sie betraf, war ihm wichtig: »Ich möchte, dass du zu mindestens wieder Teilzeit arbeitest, damit du deine Arbeit behältst. Denn wenn ich nicht mehr da bin, ist das für dich weiterhin ein wichtiges Standbein.«

Frau St.: Ja, das war so. Und nach einer guten Woche hat er das dann gesagt, als wir im Hospiz waren: »Ich habe mich jetzt eingelebt und ich möchte,

6.8 »Das Hospiz hat uns wieder zusammengebracht« – Gespräch mit Frau St.

dass du dich jetzt kümmerst, dass du ab nächster Woche wieder arbeiten kannst«.
Ich hatte das große Glück, dass ich von Kollegen und vom Chef sehr unterstützt worden bin. Ich bin mittags von Paderborn zurück zur Arbeit gefahren. Ich habe zeitweise auch zu Hause noch mal geschlafen und bin erst am nächsten Tag zurück. Habe dann nur ein um den anderen Tag gearbeitet. Nach zwei Wochen hat er mich abends angerufen, ich war noch im Laden und dann hieß es: »Ich möchte, dass du heute Abend kommst und nicht morgen früh. Also ganz bestimmt«. Und da habe ich gesagt, »Ja, aber lass' mir etwas Zeit. Ich muss mich noch kurz umziehen und ein paar Sachen holen. Ok?« Und dann bin ich um 21:00 Uhr dagewesen und dann hat er gesagt: »Warum kommst du jetzt erst?« »Ich kann nicht fliegen«, habe ich geantwortet.

Therapeut: Da war es plötzlich wichtig, dass Sie da waren.

Frau St.: Ja, und dann hatte ich, weil er ja nur noch Cola trank, die in den Kühlschrank gebracht und gesagt: »Ich bringe die jetzt eben in den Kühlschrank in die Küche.« Als ich zurückkomme ins Zimmer, ist er fest am Schlafen. Jetzt war alles gut, ich war ja bei ihm.

Therapeut: Er hatte sehr auf Sie gewartet, aber dann waren seine Kräfte auch am Ende.

Frau St.: Er hat dann auch am nächsten Morgen ziemlich lange geschlafen. Als die Schwester reinkam, um obligatorisch den Puls zu fühlen, meinte sie: »Ja, er schläft wirklich nur. Machen Sie sich jetzt keinen Kopf, er schläft wirklich nur.« Aber da waren wohl seine Kräfte in dem Moment weg.

Therapeut: Sie haben gesagt, dass dies noch einmal eine ganz intensive Zeit für Sie beide gewesen ist und dass Sie sich noch mal sehr nahe gekommen sind unter diesen Bedingungen. Für alles andere war gesorgt. Sie hatten einfach Zeit miteinander und von beiden Seiten in dem Bewusstsein: Es bleibt uns nicht mehr viel Zeit, aber die Zeit, die wir haben, ist kostbar. Und wir nutzen jede Stunde.

Frau St.: Ja, das war auch wirklich so. Er konnte nach ungefähr drei Wochen, wenn ich mich richtig erinnere, nicht mehr klar und deutlich sprechen. Aber der Kopf, der war noch klar und er wollte dann was sagen. Und dann hat er immer gesagt: »Du weißt, was ich meine.« Ich wusste das manchmal gar nicht und dann habe ich ihm irgendwann auch gesagt: »Dass wir zwei uns noch mal kennengelernt haben, das war das Beste, was mir passieren konnte. Unsere Zeit, die war – trotz und auch mit den Kindern von beiden Seiten – so schön und so intensiv. Es war das Beste, das mir in meinem Leben noch passieren konnte.

Therapeut: Sie haben ihm noch mal eine Liebeserklärung auf dem Totenbett gemacht. Und umgekehrt auch.

Frau St.: Dann hat er gesagt: »Hach, du weißt das doch.«

Therapeut: … Und auch, wenn wir auseinander gehen müssen, das ist das, was bleibt. Deshalb heißt es ja: Die Liebe ist das Einzige, was den Tod überdauert. Und das ist in Ihrem Falle nicht nur ein Spruch gewesen, sondern eine ganz intensiv erlebte Wirklichkeit.

Frau St.:   Das war genau so.
Therapeut: Sie haben Ihren Mann buchstäblich bis zum letzten Atemzug im Hospiz begleiten können.
Frau St.:   Ja, ich war dabei. Es waren morgens seine Söhne da, da war er ganz unruhig. Die sind mittags gefahren, und dann habe ich zu den Schwestern gesagt: »Ich hätte mir eigentlich gewünscht, dass jemand von ihnen hierbleibt.« Dann haben die mir gesagt: »Er wird heute gehen, aber er will seine Kinder vermutlich nicht dabeihaben.« Dann habe ich es mir bequem gemacht im Sessel und habe geschlafen und bin wach geworden, als er sich auf einmal aufrichtete. Er konnte das eigentlich gar nicht mehr. Er richtete sich beinahe zum Sitzen auf und es sah aus, als wenn er mit jemandem spricht, der am Fußende steht. Dann hat er sich zurückgelehnt, hat noch einmal – hört sich dumm an – er hat wirklich noch einmal tief ausgeatmet …
Therapeut: … und dann nicht mehr eingeatmet.
Frau St.:   Und dann war er weg.
Therapeut: Das war buchstäblich der letzte Atemzug.
Frau St.:   Ja, und in dem Moment kommt eine Schwester herein und sagt zu mir nur: »Bleiben Sie sitzen, er geht«.
Therapeut: Ein unglaublich intensiver Augenblick, den Sie nie vergessen werden.
Frau St.:   Nein, das ist – wenn ich jetzt davon erzähle, dann sehe ich ihn wieder vor mir. Ich fühle alles wieder. In dem Moment ist meine Welt stehen geblieben.
Therapeut: Sie haben das mal gesagt: »Die Welt bleibt stehen, und wenn sie sich weiterdreht, ist sie eine Andere«. Und damit wollen Sie sagen: Es gibt ein Leben mit ihm und ein Leben nach ihm. Und ich weiß – wir haben oft darüber gesprochen – die Zeit danach war sehr, sehr heftig und sehr schmerzhaft für Sie.
Frau St.:   Das war sie schon, ja. Es kommt vieles jetzt im Moment wieder hoch.
Therapeut: Weil Sie so intensiv miteinander gelebt haben, sind natürlich auch der Verlust und der Schmerz so groß und immer wieder auch die Erinnerung an bestimmte Szenen, an bestimmte Situationen, auch zu Hause … was dann immer wieder hoch kommt, das, was man als Trauerarbeit bezeichnet: Dieses … lernen zu leben, ohne dass Ihr Mann an Ihrer Seite ist.
Frau St.:   Das war unheimlich schwer. Es hat Momente gegeben, wo ich gedacht habe, du kannst das nicht, du packst das nicht. Und dann wiederum hatte ich das Gefühl, er steht hinter mir und sagt: »Komm, du packst das!«
Therapeut: Ungefähr, als wenn er Ihnen die Hand auf die Schulter legen würde und sagen würde …
Frau St.:   »Das geht schon, das wird schon.«
Therapeut: So etwas wie innere Ermutigung … Aber in der Tat hat man manchmal das Gefühl: Ich kann einfach nicht mehr.
Frau St.:   So ein Gefühl hatte es im ersten Winter, kurz vor Weihnachten gegeben. Da haben meine Kinder auch viel Angst um mich gehabt. Und nicht nur die, auch eine meiner Schwestern. Die haben gedacht …

6.8 »Das Hospiz hat uns wieder zusammengebracht« – Gespräch mit Frau St.

Therapeut: Sie wird das kaum packen. So heftig und so tief geht das.
Frau St.: Ja.
Therapeut: Und heute würden Sie sagen: Ich bin sehr intensiv durch diese Phase hindurch gegangen, durch Schmerz und Trauer. Und, Sie haben gesagt, das was jetzt bleibt, sei eine tiefe Dankbarkeit.
Frau St.: Die Zeit, die wir zusammen hatten, das ist etwas, was mir niemand nehmen kann. Egal was kommt. Die Erinnerung ist immer da und das Gefühl, dass er irgendwo an meiner Seite ist, auch heute, ist immer noch da.
Therapeut: Sie fühlen sich immer noch begleitet von ihm?
Frau St.: Ich weiß, ich habe ganz lange gebraucht, um aus diesem Loch herauszukommen. Ich glaube, ich war an seinem zweiten Todestag auch noch mal hier bei Ihnen und ich war so was von »im Keller«. Es gibt auch heute immer noch Tage, wo ist denke: Hängst aber wieder ganz schön durch.
Therapeut: Aber dann geht es auch wieder weiter?
Frau St.: Ich weiß aber auch, wie ich rauskommen kann und eben auch, dass ich sage, ich bin dankbar für all das, was ich gehabt habe.
Therapeut: Und das ist einfach auch ein großes Geschenk, dass Sie sich noch mal gefunden haben und dass Sie diese Zeit miteinander leben durften. Ich denke, diese Dankbarkeit macht es ein bisschen leichter, mit dem Schmerz der Trennung zu leben.
Frau St.: Die Schwestern haben mir gesagt: »Sehen Sie es einfach als großes Geschenk an und sehen Sie, wie viel Vertrauen er zu Ihnen hat und weiß, dass Sie das alles überwinden werden.« Und das hat er mir auch immer gesagt: »Ich weiß, du schaffst es irgendwann. Du musst auch dein Leben wieder selbst in deine Hand nehmen.«
Therapeut: Das fand ich immer sehr beeindruckend, dass er nicht nur an sich in der Krankheit gedacht hat in diesem ganzen Prozess, sondern Sie ganz stark mit einbezogen hat und immer auch den Blick auf Sie hatte. So nach dem Motto: Was macht es ihr aus oder was bedeutet das für sie … Und auch darin wird ja noch einmal diese enge Gemeinsamkeit deutlich.
Frau St.: Obwohl er auch mit meinen, ich sage mal »Ausrasten« manches Mal zu kämpfen hatte. Er hat irgendwann mal meine Tochter gefragt: »Was ist los mit deiner Mutter?« Da hat sie gesagt: »Lass' ihr ihre fünf Minuten; die beruhigt sich gleich schon wieder.«
Und dann hat meine Tochter mich gefragt, was los war. Da habe ich gesagt: »Was soll ich denn machen? Kannst du dir eigentlich vorstellen, was ich für eine Angst habe vor dem Tag, an dem ich ihn verliere?« Dann hat sie gesagt: »Dann spricht mit ihm. Sag' ihm das.« Das habe ich ihm dann auch gesagt.
Therapeut: Und sogar das haben Sie miteinander teilen können. Und auch darin liegt ja im Grunde etwas Tröstliches und etwas Versöhnliches, dass man auch den Schmerz der kommenden Trennung miteinander teilen kann.

	Frau St., ich bedanke mich sehr für die Offenheit und die Bereitschaft, uns noch einmal teilnehmen zu lassen an diesem Weg, der sicher kein einfacher war.
Frau St.:	Einfach war der Weg nicht, aber ich habe ihn geschafft.
Therapeut:	Und Sie machen vielleicht vielen anderen Mut, ihn genauso zu gehen oder in ähnlicher Weise.
Frau St.:	Das hoffe ich. Auch wenn es nur einem hilft, darüber hinwegzukommen oder zu sagen: Ok, ich versuche auch mal diesen Weg. Vielleicht hilft das anderen, die in einer ähnlichen Situation sind.
Therapeut:	Ja.
Frau St.:	Es gibt keinen optimalen, keinen einfachen Weg.
Therapeut:	Nein, jeder muss seinen eigenen finden. Ich danke Ihnen sehr für das Gespräch.

Abb. 6.2: Herr S. vor seiner Erkrankung (Foto: privat)

6.8 »Das Hospiz hat uns wieder zusammengebracht« – Gespräch mit Frau St.

Abb. 6.3: Trotz Behandlung hat Herr S. die Lebensfreude nicht verloren (Foto: privat)

Abb. 6.4: Herr S. im Hospiz (Foto: privat)

7 Gute Sterbebegleitung – was macht sie aus?

7.1 Die Bedeutung von Kommunikation und Beziehung

Bevor ich explizit auf das Thema »Kommunikation« eingehe, möchte ich deren immense Bedeutung, hier speziell für den Arzt-Patienten-Kontakt, an einem Beispiel verdeutlichen.

Frau T. war vor einigen Jahren an der Schilddrüse operiert worden, weshalb sie zu jedem Jahresanfang ihre Werte überprüfen ließ. Dabei fiel der Tumormarker auf – er war viel zu hoch. Die anschließenden Untersuchungen ergaben einen massiven Befund in der Leber, der sich später als Lebermetastasen herausstellte. Als Primärtumor wurde ein Mammakarzinom identifiziert. Der Internist drängte auf schnelles Handeln und vereinbarte einen baldigen Termin beim Onkologen.

»Das Gespräch war eine einzige Katastrophe«, erklärte Frau T. »Ich kam mir vor wie eine Nummer. Er spulte seine Aussagen herunter, als wenn er einen Anamnesebogen vor sich hätte.«

»Wir haben Sie gestern bei der Tumorkonferenz besprochen. Also: Ein massiver Befund, der eine ebenso massive Behandlung nach sich ziehen muss. Wenn Sie die machen, gebe ich Ihnen zwei Jahre – ohne Therapie sind es sechs bis neun Monate. Die Nebenwirkungen kennen Sie ja: Übelkeit, Erbrechen und Sie werden ihre Haare verlieren. Das dürfte nicht schlimm sein, denke ich. Die Perücke können Sie sich schon mal aussuchen, die rezeptiere ich Ihnen.«

Frau T. war wie vor den Kopf geschlagen. »Wie einen nassen Waschlappen hat er mir die Diagnose um die Ohren gehauen. Kein Blick auf mich, kein einfühlendes Wort, keine Nachfragen, ob ich alles verstanden habe … Für mich war nach zehn Minuten klar: Von dem lasse ich mich sicher nicht behandeln! Da war nicht der Hauch von Empathie oder menschlicher Zuwendung. Der hat sein Ding einfach durchgezogen und es war offenbar egal, wer ihm da auf dem Stuhl gegenüber saß. Ich war ganz sicher: So nicht, zumal ich als Palliativschwester wusste, was mit dieser massiven Therapie auf mich zukam. Aber da war nicht der Hauch von Vertrauen. Für mich war klar: Dann werde ich versuchen, meine Dinge zu regeln, die letzten Monate einigermaßen über die Bühne zu bringen und dann war's das eben! Aber von dem lasse ich mich nicht behandeln. Auf keinen Fall!«

Sie war schon dabei, sich mit dem Ende abzufinden, als ihr ein Bekannter anbot, den Kontakt zu einem anderen Onkologen herzustellen. »Der war mir auf Anhieb sympathisch, hat mir eine Behandlung mit einem anderen Präparat angeboten, einer

Immuntherapie, die noch bis vor einem halben Jahr Off-Label war, mit dem er aber gute Erfahrungen gemacht habe, gerade bei Lebermetastasen«.

Die Therapie begann im März. Nach Abschluss der Behandlung mit einem umfassenden Screening im September bekam sie die Nachricht, dass es keinerlei Leberbefund mehr gebe. »Alle konnten das kaum glauben, aber mehrmalige Untersuchungen bestätigten das Ergebnis auch bei unterschiedlichen Ärzten. Es ist fast wie ein Wunder. Hätte es die Alternative nicht gegeben, wäre ich gar nicht mehr unter den Lebenden. Er hatte ja gesagt: Sechs bis neun Monate ohne Therapie – und die wären jetzt bereits zu Ende.«

An diesem Beispiel wird deutlich, wie wichtig, in diesem Fall darf man sogar sagen, wie lebenswichtig eine gute Arzt-Patienten-Kommunikation ist. Sie ist die Basis für Verständigung und die Voraussetzung für ein vertrauensvolles Miteinander, dieses so wichtige Gut in der Behandlung. Das wiederum kann nur aufgebaut werden, wenn nicht nur die Sachebene vorherrscht, sondern ein persönlicher Kontakt und, wenn es gut läuft, sogar eine persönliche Beziehung aufgebaut werden.

Die Patientin hatte ein sensibles Gespür dafür. Ihr Gegenüber war nur auf der sachlichen Ebene unterwegs. Sie fühlte sich in keiner Weise »abgeholt« oder »mitgenommen« bei all den Informationen, die sie aufnehmen sollte. Und das in der Kürze der Zeit. Die gefühlsmäßige, die emotionale Seite spielte keinerlei Rolle. Deshalb fühlte sie sich »abgehängt«. »Für mich als Person mit meinen Nöten und Ängsten hat er sich überhaupt nicht interessiert.« Und deshalb kam auch an keiner Stelle ein Wir-Gefühl zustande. »Aber ohne das kam für mich keine Behandlung in Frage, weil das entsprechende Vertrauen komplett fehlte.«

Eine ähnliche Erfahrung schilderte eine Patientin im Krankenhaus: Die Visite kam herein. Der Arzt sagte mir: »Die Diagnose ist jetzt klar, Sie haben Lungenkrebs. Die weitere Behandlung übernimmt der Onkologe. Der kommt dann zu Ihnen und bespricht alles Weitere.« Und damit wandte er sich auch schon der Patientin im Nachbarbett zu: »Ich lag da, total geschockt und komplett fertig. Jetzt ist alles aus, habe ich gedacht. Das war's, obwohl ich doch nie geraucht habe.« Für den Arzt war es nur eine Mitteilung, eine nüchtern sachliche Information.

Es gab keine Aufmunterung, keinen Hinweis auf die Möglichkeit von Behandlung, nicht den Hauch von Lichtblick oder »Wir kümmern uns um Sie …«. »Nichts davon! Im Nachhinein dachte ich, der hat vielleicht Angst vor meiner Reaktion und deshalb will er schnell weg zum nächsten Bett, ist er wie auf der Flucht.«

Dass er als Gegenüber einen Menschen hat, eine Frau mit Gefühlen, für die eine solche Mitteilung emotional einer Katastrophe gleichkommt, dass sich ihr Leben von einem Augenblick auf den anderen damit komplett ändert, das spielte in dieser Art von Mitteilung keine Rolle. Als wenn er all das komplett ausblenden und ignorieren würde. Kurz gesagt: »Was das für dich bedeutet, interessiert mich nicht. Dafür fühle ich mich nicht zuständig.« Dadurch, dass man klare Informationen vorenthält oder auch dem Gegenüber die Möglichkeit vorenthält, nachzufragen, entzieht man ihm wesentliche Informationen, die zumindest Anhaltspunkte oder eine Struktur geben würden. Die Folge ist, dass die Patienten mit ihrem »Kopfkino« alleingelassen sind und sich möglicherweise zum hoffnungslosen Fall deklassiert fühlen.

Mögliche Alternativen

Ein alternatives Verhalten könnte möglicherweise folgendermaßen aussehen:

Arzt: Liebe Frau Y. Wir haben nach den Untersuchungen jetzt einen eindeutigen Befund. Ich muss Ihnen leider mitteilen, dass Sie einen Tumor in der Lunge haben, und das an mehreren Stellen. Wir haben das gestern in der Tumorkonferenz miteinander besprochen. Leider kann man nicht operieren, weil er über zu viele Stellen verteilt ist.

Patientin: Aber Herr Doktor, das kann doch gar nicht sein. Ich habe nie geraucht, regelmäßig Sport getrieben und wir haben uns außerdem immer gesund ernährt. (sieht ihn fragend an)

Arzt: Sie haben schon Recht. Die meisten Lungentumore finden wir bei Rauchern. Aber es gibt auch einen kleineren Anteil bei Menschen, die ihr Leben lang nie geraucht haben.

Patientin: Dass da was nicht stimmt, habe ich ja schon seit einiger Zeit gemerkt. Aber ich habe gedacht, das ist vielleicht eine verschleppte Erkältung, aber doch nicht so was Schlimmes. (beginnt zu weinen)

Arzt: Frau Y., ich kann verstehen, dass das jetzt erst einmal ein ziemlicher Schock für Sie ist. Damit hätten Sie im Traum nie gerechnet.

Patientin: (etwas ruhiger) Nein, das stimmt. An so etwas hätte ich nicht gedacht. Aber wenn das jetzt über die Lunge verteilt ist und wenn man nicht operieren kann, heißt das, daran muss ich sterben, oder vielleicht sogar ersticken?

Arzt: Frau Y., dass es sich bei Ihnen um eine ausgeprägte Erkrankung handelt, das ist wohl so. Da müssen wir nicht darum herumreden. Aber das heißt ja nicht, dass es keine Behandlungsmöglichkeiten gibt. In Ihrem Fall kann man mit einer Chemotherapie versuchen, die weitere Ausbreitung des Tumors zu verhindern oder ihn im besten Fall sogar zu verkleinern.

Patientin: Das heißt, wenn das funktioniert: Ich kann wieder gesund werden?

Arzt: Frau Y., es handelt sich schon um einen gravierenden Befund. Wir versuchen, die Tumorzellen am Wachstum zu hindern. Aber die Krankheit wird Ihnen bleiben. Gesund im bisherigen Sinne werden Sie leider nicht mehr. Sie werden mit der Krankheit leben lernen. Unser Ziel ist, Ihre Lebenszeit zu verlängern, ebenso wie Ihre Lebensqualität zu verbessern.

Patientin: Also gesund werde ich nie wieder?

Arzt: Nein, das ist leider so. Es handelt sich um eine bösartige Erkrankung, die man nicht einfach so wegmachen kann.
(Pause)

Patientin: Und wie geht es jetzt weiter?

Arzt: Die Onkologen waren ebenfalls bei der Tumorkonferenz dabei und haben sich die Bilder mit angeschaut. Morgen wird ein Kollege oder eine Kollegin bei Ihnen vorbeikommen und mit Ihnen das weitere Vorgehen besprechen. Die wissen Bescheid und werden sich weiter um Sie kümmern. Wir lassen Sie ganz sicher nicht allein, darauf können Sie sich

	verlassen. Und trotz dieses Befundes gibt es viele Möglichkeiten, Sie hilfreich zu unterstützen. Vielleicht mal so weit?
Patientin:	Danke Herr Doktor, dass Sie mir das so gut erklärt haben. Jetzt brauche ich erst einmal Zeit, das zu verdauen. Ich muss überlegen, wie ich das meinem Mann beibringen kann und unserem Sohn und unserer Tochter.
Arzt:	Wenn Sie noch Fragen haben, können Sie sich gerne an mich wenden. Morgen früh bei der Visite komme ich ja auf jeden Fall noch einmal bei Ihnen vorbei, ehe die Kollegen der Onkologie Sie übernehmen. Auf Wiedersehen Frau Y.
Patientin:	Auf Wiedersehen Herr Doktor, und vielen Dank für alles.

Dass sich die Patientin nach einem solchen Gesprächsverlauf anders fühlt, liegt auf der Hand. Der Arzt hat ihr nicht nur die Diagnose mitgeteilt, sondern auch sie als Person mit einbezogen. Sie konnte erste Fragen stellen und fühlte sich ganz sicher nicht als Nummer, die abgehakt wird.

Der entscheidende Punkt: Der Arzt behielt die Patientin im Blick, er wollte nicht nur eine sachliche Information weitergeben. Er bezog die Patientin mit ihrer Reaktion und ihren Emotionen ein. Und er versuchte, positiv zu bleiben. Andererseits macht er ihr aber keine unangemessenen Hoffnungen. Er macht Mut, aber beschönigt nichts.

Das scheint genau die Gradwanderung zu sein, die der aktuellen Situation und damit der Patientin gerecht wird. Das Gespräch hat nur wenige Minuten länger gedauert als im ersten Fall. Aber es lässt die Patientin in einer sehr viel positiveren Weise zurück. Als Erstkontakt scheint das ein guter Einstieg zu sein.

7.2   Gespräch auf der Intensivstation

Im folgenden Beispiel geht es um das Gespräch einer Krankenschwester mit der Ehefrau eines noch jungen Mannes.

Der Patient ist vor zwei Tagen bei uns mit einem Hirnstamminfarkt eingeliefert worden (ein Schlaganfall mit besonders schwerwiegenden Folgen). Er klagte seit mehreren Tagen über heftige Kopfschmerzen. Morgens war er noch beim Hausarzt, der einen grippalen Infekt diagnostizierte. Bei zunehmender Schmerzintensität und wegen erster neurologischer Ausfälle rief die Ehefrau später den Notarzt, der den Patienten in die Neurologie einlieferte. Der Patient wird inzwischen bei uns auf der Intensivstation behandelt. Die Aussichten sind völlig unklar. Eine Kommunikation ist mit ihm z. Z. nicht möglich.

Die Ehefrau, 32 J., steht auf der einen Seite des Bettes, ich auf der anderen:

Frau L.:   Ich kann es einfach nicht begreifen.
Sr. K.:   Ja, Frau L., das ist auch wirklich nicht zu fassen.

Frau L.: Schwester K., können Sie mir nicht irgendetwas sagen über die Krankheit meines Mannes und was er für Aussichten hat? Der Neurologe hat ja mit mir gesprochen, aber verstanden habe ich gar nichts. Ich war so aufgeregt.

Sr. K.: Frau L., Ihr Mann hat einen Stammhirninfarkt. Man vermutet, dass dem ein entzündlicher Prozess vorausgegangen ist und es dadurch zu dieser Kaskade von Komplikationen gekommen ist.

Frau L.: Kann er mich eigentlich verstehen, wenn ich mit ihm rede?

Sr. K.: Das kann man im Moment schwer sagen. Aber vermutlich ist er noch tief bewusstlos. Trotzdem reden Sie einfach ganz normal mit ihm. Wenn er etwas mitbekommt, wird ihm Ihre vertraute Stimme sicher guttun.

Frau L.: (sie nimmt seine Hand, beugt sich zu ihm herunter)
Markus, du kannst mich doch nicht einfach allein lassen! Markus!
(es ist mehr ein Schrei, in dem sie ihre ganze innere Spannung nach außen bringt. Sie wirft sich mit ihrem Oberkörper über ihren Mann und schluchzt immer wieder tief)
Markus!

Sr. K.: (ich lege ihr meine Hand auf die Schulter. Sie ist so verzweifelt und dieser emotionale Ausbruch macht mich selbst ganz hilflos. Ich stehe einfach nur bei ihr und weiß gar nicht, was ich sagen soll …)
(schließlich richtet sich Frau L. wieder auf und sagt mit tränenerstickter Stimme)

Frau L.: Wissen Sie, wir haben erst vor kurzem geheiratet. Unsere kleine Tochter ist erst drei Jahre alt. Und er ist ein so liebevoller Vater für sie … und wenn ich mir vorstelle, dass Anna ohne ihren Vater aufwachsen muss, das wäre einfach schrecklich!

Sr. K.: (ich nicke nur und sage gar nichts)

Frau L.: Und um alles Finanzielle hat er sich auch gekümmert. Er arbeitet in der IT-Branche. Ich kenne nicht einmal das Passwort für seinen PC, mit dem er das ganze Online-Banking abgewickelt hat.

Sr. K.: Das ist ja oft so, dass jeder das macht, was er kann und man sich so gegenseitig ergänzt.

Frau L.: Ja, so war das auch bei uns. Ich kenne mich mit dem ganzen Verwaltungskram gar nicht aus, das hat alles er gemacht. Und ich weiß auch nicht, wie das jetzt alles weitergehen soll. Ich habe ja nur ein paar Stunden in meinem alten Beruf gearbeitet, wenn er auf unsere Tochter aufgepasst hat. Und wie das jetzt alles finanziell werden soll, das ist mir völlig schleierhaft.

Sr. K.: Wissen Sie, wir haben hier im Haus eine Sozialarbeiterin, die kennt sich aus mit so etwas. Soll ich Ihnen da mal einen Termin machen?

Frau L.: Das wäre nett. Ich fühle mich im Moment so völlig hilflos. Ich kann keinen klaren Gedanken fassen. Es ist alles wie ein Alptraum, aus dem ich einfach aufwachen möchte und alles wäre nur ein böser Traum …

Sr. K.: Frau L. kann Ihnen da bestimmt weiterhelfen. Vielleicht kann ich sie noch erreichen, bevor sie ins Wochenende geht.

Frau L.: (sie nickt – hält dabei die ganze Zeit die Hand ihres Mannes mit beiden Händen umschlossen)

Sr. K.:   Ich verlasse das Zimmer und bin froh über diese Entlastung. Der Anblick dieses jungen gutaussehenden, großgewachsenen Mannes und der Gedanke an die kleine Tochter und die unsichere Prognose machen mich ganz fertig.
Hätte ich der Ehefrau in ihrem Schmerz und ihrer Verzweiflung noch anders helfen können?

Ende des Gesprächs

Ich finde, die Schwester hat fürs Erste in dieser für beide schwierigen Situation gut reagiert. Sie hat die Fragen der Ehefrau aufgenommen und verständlich beantwortet. Auch der heftige, dramatisch-emotionale Ausbruch ist gut bei ihr aufgehoben. Sie legt behutsam ihre Hand auf die Schulter – so wie man ein Kind tröstend zu beruhigen versucht.

Zwar fühlt sie sich in diesem Augenblick ganz hilflos, wie sie schreibt, aber das ist ja nur allzu verständlich. Sie zieht sich immerhin nicht zurück oder wirkt versteinert. Sie ist im Gegenteil im besten Sinne des Wortes mit-fühlend angesichts des schlimmen Schicksals, das diese junge Familie getroffen hat.

Und was wichtig und hilfreich ist: Sie lässt der Ehefrau die Möglichkeit, all das auszudrücken, was sie im Moment so sehr beschäftigt, ja bedrängt: Wie soll es bloß weitergehen – ich fühle mich komplett überfordert mit allem.

Ich finde in diesem Augenblick den Hinweis auf die Sozialarbeiterin durchaus angemessen. Damit gibt sie ihr zusätzlich jemanden an die Hand, die hilfreich sein könnte in dem ganzen Gefühlschaos. Viel mehr ist für's Erste gar nicht möglich: Der Ehefrau von Mensch zu Mensch zu begegnen, ihr zuzuhören in ihrer Angst und ihrem Schmerz und zusätzlich noch ein Hilfsangebot zu machen. Viel mehr geht in dieser Situation wohl wirklich nicht. Also ein Beispiel für eine gute Gesprächsführung.

7.3   Die Sorge etwas falsch zu machen

Aufgrund von Verunsicherung im Umgang mit schwerkranken und sterbenden Menschen fühlen sich professionelle Helfer oft irritiert und fragen: Wie mache ich es richtig? Was darf ich sagen, wie soll ich mich verhalten? Ich möchte nichts falsch machen!

Die große Gefahr liegt nicht darin, einen Fehler zu machen; weitaus schlimmer ist es, aus Angst, etwas falsch zu machen, sich gar nicht mehr zu verhalten, indem man sich aus dem Kontakt mit einem oder einer Sterbenden zurückzieht, wie es so oft geschieht. Der Kranke spürt sehr schnell, wenn man sich wirklich für ihn »interessiert« und sich an ihm orientiert. Das wird für so viel Vertrauen in der Beziehung sorgen, dass man sich ruhig auch Fehler leisten kann. In der Sterbebegleitung geht es nicht darum, perfekt zu sein, sondern »Mensch« zu bleiben. Wenn jeder

Fehler das »Aus« des Kontaktes wäre, hätten wohl viele Gespräche zu Ende sein müssen, ehe sie überhaupt begonnen haben.

Man kann lernen – sicher mit Mühe und gegen innere Widerstände –, die eigene Angst zu bestehen und sich nicht von ihr beherrschen zu lassen. Und das ist dann schon sehr viel: Hinzugehen und da zu sein. Ich habe nur sehr langsam verstanden, inwieweit Sterben zum Leben dazugehört, ein intensiver Teil des Lebens sein kann, der es wert ist, gelebt zu werden, häufig als sehr lebendiges Geschehen. Ich habe dabei für mich immer wieder erlebt: Wie sehr ich an die Grenzen meiner Möglichkeiten stoße, wie wenig ich das Geschehen in der Hand habe. Aber ebenso habe ich erfahren: Wenn ich bereit bin, meine eigenen Grenzen in den Kontakt zu Patienten mit einzubringen, dann kann daraus eine ganz neue Gemeinsamkeit und Solidarität entstehen, weil das genau die Gefühle sind, die auch die Kranken erleben. Der Unterschied besteht nur darin, dass sie sehr viel schwerer flüchten können. So geht es weniger darum, alles Mögliche zu »machen«, aktiv zu tun. Mit Aktivitäten versuchen wir gewöhnlich nur, unsere Unsicherheit oder unsere Ängste zu überspielen. Viel wichtiger ist es, in einem umfassenden Sinn da zu sein: Dem Anderen als der Mensch gegenüberzutreten, der ich bin, mit meinem wachen Bewusstsein, mit meinem Empfinden auch meiner Unsicherheit und dann offen zu sein dafür, wie wir uns – von Mensch zu Mensch – begegnen können. Allein darauf kommt es an: Dass wirkliche Begegnung möglich wird – solange sie aus physischen Gründen möglich ist.

Diese Gesetzmäßigkeiten gelten nicht nur für Menschen, die bei Angehörigen oder Freunden den Verlauf einer schweren, zum Tod führenden Erkrankung miterleben, sondern ebenso für alle Mitarbeiter im Krankenhaus. Auch für sie wünscht man sich zunächst einen einfach »menschlichen« Umgang mit ihren Patienten. Allerdings macht der regelmäßige und dauernde Kontakt mit Menschen im Sterben auch besondere Haltungen und Verhaltensweisen notwendig. Mitarbeiterinnen und Mitarbeiter im Krankenhaus brauchen im guten Sinne des Wortes professionelle Fähigkeiten für die Kommunikation, weil ihnen ansonsten nur die Wahl bleibt, nach einiger Zeit selbst »krank« zu werden durch so viel äußere und innere Belastung, oder sie müssen sich innerlich abschotten – was ebenfalls nicht sinnvoll sein kann. Gerade bei Krebspatienten werden die Mitarbeiter durch die lange Krankheitsdauer und die immer wieder notwendig werdenden Krankenhausaufenthalte häufig zu festen Bezugspersonen der Patienten. Wenn sie mitansehen müssen, wie sich der Zustand bis zum Tod immer mehr verschlechtert, ohne wirkungsvoll helfen zu können, bedeutet das für sie neben der physischen auch eine starke psychische Belastung. Sterbende haben häufig andere Wünsche und Bedürfnisse, als wir das als Gesunde vermuten. Im Vordergrund steht jedoch immer der Wunsch nach Verständnis, in der Beziehung menschlich aufgehoben zu sein.

7.4 Kommunikation kann man lernen

Was macht es gerade Ärzten so schwer, eine auf die Patienten zentrierte gute Gesprächsführung zu praktizieren?

1. Die meisten Ärzte in Deutschland haben nie ausdrücklich gelernt, mit chronisch kranken oder schwerstkranken Patienten angemessen zu sprechen. Dabei ist das die Voraussetzung für den Aufbau von Vertrauen.

Eine Forsa-Umfrage im Auftrag der Kaufmännischen Krankenkasse aus dem Jahr 2016 ergab: Wenn Ärzte über Diagnosen und Behandlungsmethoden sprechen, haben 30 % der Patienten gelegentliche Verständigungsschwierigkeiten.

Bei der Frage, welche Informationen ihnen nach der Diagnose einer chronischen Erkrankung besonders wichtig waren, wurde immerhin mit 36 % die Möglichkeit einer begleitenden psychotherapeutischen Behandlung genannt (Forsa 2016, S. 8).

Bei der Frage nach bedeutenden Faktoren eines Therapieerfolgs wurde genannt zur Aussage: »Gutes Verhältnis zum behandelnden Arzt auf menschlicher Ebene«:
sehr wichtig: –58 %
wichtig: –36 %
weniger wichtig: –5 %

In diesen Zahlen, immerhin 94 % zur ersten Kategorie, spiegelt sich eindrücklich die Aussage, dass Medizin keine reine Naturwissenschaft ist, sondern umfassender als »Heilkunst« zu verstehen und zu praktizieren ist, die es mit lebendigen Menschen mit Leib und Seele und zusätzlich mit einem sozialen Kontext zu tun hat.

2. Ärzte sind angetreten zu helfen und zu heilen. Wie zufriedenstellend ist es, positive Nachrichten zu überbringen wie etwa im oben geschilderten Fall der Patientin, bei der nach ihrer Behandlung von der Metastasierung der Leber nichts geblieben war.

Das Überbringen schlechter Nachrichten dagegen bringt viele Ärzte in eine regelrechte Stresssituation, der sie sich ungern stellen und möglichst schnell entledigen möchten. Es ist nicht selten eine Anfrage an die eigene Kompetenz, die eigene Unzulänglichkeit, helfen zu können, das Gefühl, zu versagen. Außerdem fürchten viele eine »dramatische« emotionale Reaktion auf Seiten der Patienten.

Das »Selbst-Bild« des Arztes ist häufig damit verbunden, selbstbewusst, fachlich kompetent und souverän aufzutreten. Im Kontakt mit schwerkranken oder sterbenden Patienten entstehen jedoch nicht selten Gefühle von Ohnmacht und Hilflosigkeit, Gefühle, denen man gerne ausweichen möchte.

3. Ein großes Problem sind die klinischen Abläufe. Das Krankenhaus verdient daran, aktive Therapien durchzuführen. Die Möglichkeit, das durch eine kürzere Visite wieder herauszuholen, was eine Untersuchung oder Operation länger gedauert hat, liegt nahe. Außerdem sind Abschlussberichte zu schreiben und eine Unmenge an Dokumentationen zu bearbeiten. Ein Röntgenbild oder ein MRT

kann man vorweisen, nicht aber, wenn ich mir für ein Patientengespräch 20 oder gar 30 Minuten genommen habe. Das geht in keine Statistik ein.

Hinzukommt, dass Gesprächszeit immer noch schlechter honoriert wird als technische Leistungen. Es ist der Gesundheitspolitik bisher immer noch nicht gelungen, »adäquate Rahmenbedingungen für die sprechende Medizin zu schaffen« (Pfaffinger 2021, S. 66).

Mäulen (2008) sieht spezifische Stressoren, denen Ärzte in ihrer Berufstätigkeit ausgesetzt sind, die sie erschöpfen und müde werden lassen. So sind dies im Krankenhaus z. B. ungünstige organisatorische Rahmenbedingungen, Schichtdienst, Schlafmangel und massive Arbeitsverdichtung.

> »Eine große Rolle scheint auch die Hierarchie in deutschen Kliniken zu spielen [...] gleichzeitig müssen herausfordernde emotionale Belastungen bewältigt werden, z. B. der Tod von Patienten nach langer Behandlung, infauste Prognosen und Umgang mit schwierigen Patienten« (Vogelsänger und Herrmann 2021, S. 81).

Dabei ist »ein sorgfältiger und respektvoller Umgang mit den Patienten und Angehörigen – insbesondere ein achtsamer und gleichzeitig präziser Umgang mit den in Sprache gefassten Hoffnungen und Erwartungen – unabdingbar. Das erfordert neben sprachtechnischem Geschick, Knowhow und Fertigkeiten genauso auch Geduld und Ausdauer« (Poimann 2021, S. 93; vgl. auch Poimann 2010).

Dazu ein Beispiel aus der Praxis.
Die Schwester sprach mich an, als ich aus einem Patientenzimmer kam.

> *Schwester:* Das ging mir alles viel zu schnell, eben bei der Visite. Frau K. hat sich sehr verschlechtert. Die drei Minuten waren mir viel zu kurz in diesem Falle. Er hat mir an ihrem Bett zugeflüstert: »Hospiz« – und »Bestrahlungen absagen«. Und dann war er auch schon bald wieder draußen. Da ist so viel offengeblieben, was hätte geklärt und besprochen werden müssen. Ich glaube, die Patientin hat Gesprächsbedarf.«

Hatte sie in der Tat! Mein Gespräch mit ihr dauerte mehr als eine Stunde. Auf meine Frage, wie ihr zumute sei, antwortete sie:

> *Patientin:* Mir geht es schlecht und seit zwei Wochen werde ich jeden Tag weniger.
> *Therapeut:* Sie können das so genau datieren?
> *Patientin:* Ja, das kann ich. Es war genau vor zwei Wochen und drei Tagen, als ich gemerkt habe, dass meine Kräfte nachlassen und mein Körper nicht mehr mitmacht. Es wird Tag für Tag schlechter.
> *Therapeut:* Sie haben keine Kraft mehr?
> *Patientin:* Genau. Die Kräfte schwinden immer mehr. Das merke ich ja Tag für Tag. Ich selbst kann praktisch nichts mehr, als im Bett zu liegen.
> *Therapeut:* Da können Sie nicht mehr dagegen an, mit noch so viel Disziplin nicht?

Patientin:	Nein. Da geht nichts mehr – gar nichts!«
Therapeut:	Haben Sie schon eine Idee, wie es weitergehen soll?
Patientin:	Ja, das habe ich mit meinen Söhnen schon besprochen. Ich möchte ins Hospiz.
Therapeut:	Oder erstmal in die Kurzzeitpflege, um zu sehen, wie sich alles entwickelt?
Patientin:	Nein, für mich ist das Hospiz die richtige Adresse. Die Kurzzeitpflege möchte ich nicht. Das ist nur eine Art von Aufbewahrung. Und ich möchte jetzt auch keine Therapie [Bestrahlung] mehr, das bringt mir nichts. Das spüre ich ganz genau.

Und dann folgte eine quasi Lebensbilanz, in der sie noch einmal ihr ganzes Leben ausbreitet, vor allem auch die Verluste, die sie nie wirklich verkraftet hat:

Der Tod des ältesten Sohnes, der bei einem Motorradunfall ums Leben kam, der Tod ihres Ehemannes, der mit 60 Jahren an Krebs verstorben ist und die eigene Dialysepflicht, die ihr viele Einschränkungen auferlegt hat.

Aber sie freut sich auch jeden Tag über den guten Draht zu den Familien ihrer beiden Söhne und wie sehr sie Anteil nimmt an der Entwicklung ihrer Enkel.

Als ich mich verabschiede, da ist mir diese Frau mit ihrem Leben sehr nahegekommen. Sie bedankt sich für das gute Gespräch. Aber ich danke ihr ebenso für ihr großes Vertrauen, mir, dem bis dahin Fremden gegenüber. Wieder einmal ist dies für mich ein Zeichen dafür, wieviel Nähe und intensive Begegnung, trotz – oder sollte ich sagen: auch gerade wegen – der kurzen, noch verbleibenden Zeit, möglich ist. Da bleibt kein Raum mehr für Small Talk!

Deshalb ist es eine oft so intensive Zeit! Ich habe nichts anderes getan, als da zu sein, ihr meine Aufmerksamkeit – die allerdings uneingeschränkt – zur Verfügung zu stellen. Und ich habe einfach die Einladung dazu eröffnet mit den Worten: »Wie ist Ihnen zumute?«

Ihre Antwort darauf war klar und schnörkellos. Sie war sich ihrer Situation mehr als bewusst ohne jede Einschränkung.

Ich berichte an dieser Stelle von diesem Gespräch, weil es wieder einmal deutlich macht, dass das »Wissen« der Professionellen und das der Patienten häufig viel näher beieinanderliegt, als wir denken. Nicht hier die unwissende Patientin und auf der anderen Seite diejenigen, die im Besitz der »Wahrheiten« sind. Hier hätte es das Flüstern nicht geben müssen: »Therapie absagen – Hospiz«. Gemeint war: Die Sozialarbeiterin solle sich um einen Hospizplatz kümmern.

Die Patientin war schon viel weiter. Sie war ganz klar, hatte das Hospiz als letzten Lebensabschnitt mit ihren Söhnen schon besprochen. Sie wusste, was auf sie zukam. Dazu brauchte es nicht erst der Aufklärung durch den Arzt. Was fehlte war die eindeutige »An-sprache«, die »Wahrheit« ihr gegenüber an- und auszusprechen.

Dazu hätte es zwei mögliche Ansätze gegeben.

Erstens: Klare Informationen durch den Arzt. Aber wie sich hier zeigte, gibt es auch noch diesen anderen Weg und der ist ganz im Sinne der personenzentrierten Gesprächsführung:

Zweitens: Ganz einfach zu fragen, wo die Patientin sich selbst sieht, was sie selbst weiß – um dann genau daran anzuknüpfen mit Behutsamkeit und Empathie. Dadurch überlässt man der Patientin die Initiative des Gesprächs, der ich dann folge, einfühlsam und ganz auf sie zentriert.

Das hat den Vorteil: Kein Tuscheln hinter ihrem Rücken, keine »Spielchen« zwischen zwei Erwachsenen, sondern Kommunikation auf Augenhöhe. Mit der »Gefahr«, dass diese direkte Art auch mich berührt: Wenn ich mit dem oder der Anderen innerlich mitschwinge, dann löst das auch bei mir etwas aus, kommt auch bei mir etwas in Bewegung in dieser Begegnung von Mensch zu Mensch.

Immer wieder brauchen wir eine im besten Sinne professionelle Distanz. Sie ist häufig nötig zum Selbstschutz. Wenn ich mich auf diese persönliche Ebene einlasse und glaubwürdig bleiben will, darf auch ich meine Gefühle zeigen. In diesem Falle kamen mir die Tränen, als ich mich für ihre Offenheit und ihr Vertrauen bedankte. Sie waren aufrichtig und kamen von Herzen.

7.5 Voraussetzung für eine personenzentrierte Gesprächsführung

Eine gute Gesprächsführung ist weniger schwierig, als viele denken. Zwei Dinge braucht es als Voraussetzung:

1. Mut, sich auf ein unsicheres Terrain einzulassen.
2. Training und Übung für ein angemessenes Verhalten.

Wie an dem eben dargestellten Beispiel deutlich wurde, ist die Dynamik, die ein Gespräch nimmt, nie im Vorhinein abzusehen. Die größte Sorge macht uns immer wieder die Unberechenbarkeit einer solchen Situation. Soll ich buchstäblich alles aus der Hand legen, was mir als Professionellem Sicherheit gibt, woran ich mich halten kann, zur Not auch festhalten kann, dann ist das nicht so einfach: Das Stethoskop, das Blutdruckmessgerät, das Anlegen einer Infusion ... Damit setze ich mich einem Menschen aus, dessen Abgründe, dessen tiefe Ängste, Irritationen und Enttäuschungen und zugleich Hoffnungen, Wünsche und Stärken ich im Vorhinein mit letzter Sicherheit nie ermessen kann. Und das ist immer wieder die größte Sorge: Was soll ich sagen, wenn ...? Wie soll ich reagieren? Was machen, wenn eine lastend peinliche Stille entsteht?

Es ist also in erster Linie unsere eigene Angst, stecken zu bleiben, nicht weiter zu wissen oder mein Gegenüber noch tiefer ins Loch zu stürzen. Was ist, wenn er oder sie zu weinen beginnt? Bin ich dann schuld?

In dieser Hinsicht gibt es keine »Patentrezepte« für eine gelungene Gesprächsführung. Doch es gibt so etwas wie »Grundhaltungen«, die wie Leitlinien wirken können.

Nicht ich, sondern mein Gegenüber bestimmt den Gang der Dinge. Ich eröffne vielleicht das Gespräch, aber letztlich lenke ich es nicht. Das sollte mein Gegenüber tun. Ich eröffne ihm oder ihr mit meiner ganzen Aufmerksamkeit die Möglichkeit, was auszusprechen oder anzusprechen ist. Ich überlasse der anderen Seite die Initiative. Denn ich möchte ja den Raum geben und die Initiative überlassen, womit er oder sie diesen Raum zwischen uns füllen möchte. Von der Tendenz her gehe ich immer einen halben Schritt hinter dem Anderen. Ich lasse ihm/ihr buchstäblich den »Vortritt«. Nicht ich bestimme, wie tief wir einsteigen, welche Themen und Inhalte wir besprechen, an welcher Stelle wir verweilen, in welchem Tempo wir in welche Richtung gehen. Ich versuche, möglichst nahe daran zu bleiben, den inneren Faden immer wieder aufzunehmen, emotional an dem zu bleiben, was mein Gegenüber gerade jetzt gefühlsmäßig beschäftigt. Gefühle sind das Persönlichste, was wir haben. Und wenn wir einen Menschen wirklich verstehen wollen, müssen wir nachvollziehen, was ihn im Tiefsten bewegt.

Die meisten Menschen haben ein Bedürfnis, genau darüber zu sprechen, was sie beschäftigt, wenn sie spüren, dass wir uns für genau das interessieren, wenn wir an ihrem Erleben Anteil nehmen.

Wie früher schon angedeutet, dürfen wir ruhig mal Fehler machen oder danebenliegen. Die Patienten werden uns helfen, noch einmal wiederholen, was sie »eigentlich« gemeint haben. Dazu brauchen sie ein aufmerksames Gegenüber, die Bereitschaft, uns selbst zurückzunehmen und nicht initiativ die Gesprächsführung an uns zu reißen. Unser Gegenüber bestimmt den Gang der Dinge. Lieber noch einmal nachfragen, ob ich ihn oder sie richtig verstanden habe.

Es nützt nichts, das eigene Erleben mit den weißen Wänden zu teilen. Die antworten nicht, von da ist keine Rückmeldung zu erwarten. Ich werde gebraucht als lebendiger, aufmerksamer Zuhörer, der Resonanz gibt auf das, was mir entgegenkommt. Schließlich sind wir soziale Wesen. Darin ereignet sich das eigentlich Wichtige: Die Möglichkeit, uns mit-zu-teilen.

Dieses Wort ist sehr vieldeutig. Schreibt man es in der Mitte mit zwei Bindestrichen, entfaltet es seine tiefgründige Bedeutung. Es geht um mit – und um – teilen. Und dann sind wir ganz nah an dem eben schon zitierten Sprichwort: »Geteiltes Leid ist halbes Leid, geteilte Freude ist doppelte Freude.« Und darin zeigt sich unser tiefes Bedürfnis, uns als personale Wesen anderen mitzuteilen.

7.6 Die personenzentrierte Gesprächsführung nach Rogers

Die personenzentrierte Gesprächsführung ist eine wissenschaftlich fundierte Grundlagenmethode und Therapieform. Für seinen Begründer, Carl Rogers, steht im Mittelpunkt der Mensch, der vieles an Ressourcen in sich trägt, um schwierige Situationen oder Krisen zu bewältigen, seine persönliche Situation zu analysieren und eine Lösung für seine Probleme zu erarbeiten (Rogers 2009; Rogers et al. 2021). In der humanistischen Psychologie liegt der Schwerpunkt ganz bei diesem spezifischen Menschen, der mir gegenübersitzt oder liegt. Rogers fand heraus, dass die entscheidende Voraussetzung die Herstellung eines optimalen Klimas ist.

Als Grundhaltung gelten für Rogers dafür folgende Voraussetzungen:

1. *Kongruenz:*
   Sie steht für Echtheit des Therapeuten. Das bedingt ein offenes Wahrnehmen des Erlebens meines Gegenübers, um eine tragfähige Beziehung zum Patienten aufbauen zu können.
2. *Positive Wertschätzung:*
   Sie steht für eine vorurteilsfreie Haltung gegenüber den Patienten mit all ihren Eigenheiten und Problematiken.
3. *Empathie:*
   Sie dient als Werkzeug, um einen einfühlsamen und verständnisvollen Zugang zur Welt meines Gegenübers zu ermöglichen.

Für Rogers stehen nicht Ratschläge oder Bewertungen von therapeutischer Seite im Vordergrund. Ihm geht es darum, in einer wertschätzenden und auch Vertrauen aufbauenden Atmosphäre Zugang zum Gegenüber zu ermöglichen, zu seinen Gefühlen, seinen Wünschen und seinen Wertvorstellungen. Voraussetzung dafür ist auf Seiten der Therapeuten, der Ärzte, der Schwestern, aktives Zuhören, Empathie und eine nicht direktive Gesprächsführung.

Das ist die Art von Kontakt, die meinem Gegenüber Raum gibt, das, was ihn innerlich zutiefst beschäftigt, thematisieren und aussprechen zu können. Das ist eine Haltung, die ich vorher schon beschrieben habe: Ich bleibe immer einen halben Schritt dahinter und überlasse dem anderen die Entscheidung, wie viel Offenheit er wagen will oder auch nicht. Ich dränge und bedränge nicht. Ich lasse ihm oder ihr den Vortritt, bleibe innerlich aber ganz nahe dran bei den Inhalten und den emotionalen Bedeutungen des Gesagten, des verbal Ausgedrückten.

Das dahinterstehende Menschenbild von Rogers lässt sich in wenigen Grundaussagen zusammenfassen

- Jeder Mensch ist einzigartig.
- Jeder Mensch ist eine Einheit von Körper, Geist und Seele.
- Der Mensch ist ein Beziehungswesen – alles menschliche Existieren vollzieht sich in zwischenmenschlichen Beziehungen.
- Der Mensch kann Bewusstheit über sich selbst erlangen.

7.7 Abgrenzung ist wichtig

Eine Mitarbeiterin der Onkologischen Station bat mich um eine Supervisionssitzung. Es sind zwei Wochen vergangen, seit eine gute Bekannte von ihr auf der Station verstorben ist. Zunächst hatte man gehofft, ihr mit einem weiteren Zyklus

Chemotherapie helfen zu können. Aber dann kam es zu einem fulminanten Verlauf, in dessen Zusammenhang der Chefarzt der Patientin und ihrem Ehemann erklärte, dass die Chemotherapie keinen Erfolg bringe und er diese absetzen müsse.

Kurz nach diesem Gespräch bat mich die Station um eine Möglichkeit, den Ehemann psychisch zu stabilisieren. Er habe einen kompletten Zusammenbruch erlitten. Es wurde eine Art Krisenintervention, die in meiner Praxis stattfand. Seine Frau sei immer die Stärkere gewesen in ihrer Beziehung. Er könne einfach nicht weiterleben ohne sie. Das müsse unter allen Umständen verhindert werden! Er wisse nicht, wie er das seinen Kindern vermitteln solle. Der Sohn werde seine Ausbildung abbrechen und seine Tochter in der Schule versagen.

Wie sich herausstellte, fand beides nicht statt. Die Kinder der Patientin kamen mit der neuen Situation deutlich besser zurecht als der Ehemann selbst. In der Sterbestunde kniete er vor ihrem Bett, weinte und schluchzte und konnte sich einfach nicht beruhigen.

Schon während der letzten Zeit, nachdem klar wurde, dass es kein Zurück mehr geben würde, sprach der Ehemann die Mitarbeiterin, die gut bekannt war mit der Patientin, immer wieder an – immer mit dem Tenor, wie denn so etwas möglich sei, wer denn hier versagt habe? Man habe ihm doch lange Zeit Hoffnung gemacht. Die Mitarbeiterin fühlte sich häufig als Prellbock gegenüber seinen Anfragen und Anklagen. Aber sie sei immer wieder in das Zimmer gegangen und habe versucht, sowohl sie als auch ihn mit allem zu versorgen, was ihr möglich war.

Sie habe dann sehr überlegt, ob sie mit auf die Beerdigung gehen solle, habe sich aber dagegen entschieden, weil ihr das zu nahegekommen sei.

Drei Wochen später bekam sie einen Anruf vom Ehemann der verstorbenen Patientin. Er möchte sich mit ihr auf einen Kaffee treffen und noch einmal über alles reden können. Jetzt befand sich die Mitarbeiterin in einer Zwickmühle, weshalb sie mich um ein Gespräch bat. Sie erzählte noch einmal von der Zeit auf der Station, wie leid ihr die Bekannte getan habe, wie nahe ihr ihr Schicksal gegangen sei, wie erschrocken sie gewesen sei über die plötzliche Verschlechterung und die kurze Zeit bis zu ihrem Tod.

Sie wollte das noch einmal besprechen können und dann den Konflikt thematisieren, in dem sie sich im Moment befand. Sie wollte den Ehemann nicht vor den Kopf stoßen. Aber die Einladung zum Kaffee ginge ihr doch zu weit. Sie habe Angst, dass er sie zu sehr an sich binden wolle. Das sei ihr einfach zu viel.

Wir haben verschiedene Möglichkeiten der Reaktion besprochen, wobei ich ihr sehr deutlich gemacht habe, dass ihr Gefühl der entscheidende Maßstab für ihr Verhalten sei. Authentisch zu sein bedeute, zu ihrem Empfinden zu stehen und das dem Gegenüber auch deutlich zu vermitteln. Letztendlich entschied sie sich für eine Mittelposition. Sie wollte ihm vorschlagen, sich auf dem Friedhof mit ihm zu treffen, das Grab zu besuchen und sich dafür auch genügend Zeit zu nehmen. Sie wollte ihm aber auch unmissverständlich deutlich machen, dass ihr weitere Treffen zu viel seien und sie die nicht möchte.

7.8 Selbstfürsorge und Stressprophylaxe

Dem Anspruch auf Selbstfürsorge versuchte der Weltärztebund mit der 2017 in Chicago revidierten Fassung der Deklaration von Genf mit folgendem Passus gerecht zu werden.

> »Ich werde auf meine eigene Gesundheit, mein Wohlergehen und meine Fähigkeiten achten, um eine Behandlung auf höchstem Niveau leisten zu können« (Vogelsänger und Herrmann 2021, S. 81).

Eine ähnliche Aussage kann man auch für den Pflegedienst unterschreiben. Schon die Bibel weist hin auf eine notwendige Balance zwischen eigenen Ansprüchen und Bedürfnissen und denen der anderen Seite.

> »Du sollst den Nächsten lieben, wie dich selbst.«

Häufig ist in der religiösen Sozialisation, vor allem auch der Krankenpflegeorden, der zweite Teil einfach unter den Tisch gefallen. Mit dem Anspruch: Die anderen sind wichtig, um die muss man sich kümmern, aber nicht um sich selbst. Im Zweifel bleibe ich dabei auf der Strecke. Im Rahmen der Stressprophylaxe sind sogenannte Antreiber identifiziert worden, die dazu führen, den Anspruch an sich selbst so hochzuschrauben, dass man ihnen kaum mehr gerecht werden kann. Ein Hinweis auf die Struktur der »depressiven Persönlichkeitstendenz« (▶ Kap. 6) beleuchtet die innere Logik, die im Extrem zur völligen Erschöpfung oder zum Burnout führen kann.

Folgende Stressverstärker hat Kaluza (2011) identifiziert:

- *Sei perfekt!*
  Hintergrund: Der Wunsch nach Erfolg und Selbstbestätigung
- *Sei beliebt!*
  Hintergrund: Der Wunsch nach Zugehörigkeit und Anerkennung
- *Sei stark!*
  Hintergrund: Der Wunsch nach Autonomie und Selbstbestimmung
- *Sei vorsichtig!*
  Hintergrund: Der Wunsch nach Sicherheit und Kontrolle
- *Ich kann nicht!*
  Hintergrund: Der Wunsch, unangenehmen Aufgaben oder Anstrengungen aus dem Wege zu gehen und die Flucht in die Hilflosigkeit anzutreten

Grundsätzlich sind diese Strebungen in jedem von uns mehr oder weniger angelegt. Auch hier wird eine solche Haltung zum Problem, wenn eine Strebung oder Tendenz so in den Vordergrund tritt, dass sie übermächtig wird.

Bei der Tendenz zur Perfektion bildet sich z. B. eine erhöhte Stressanfälligkeit, wenn Misserfolg oder Hilflosigkeit drohen, was in palliativen Situationen jedoch immer wieder vorkommen wird. Entsprechend wird eine solche Person alles tun, um Patienten jeden Wunsch von den Augen abzulesen. Auch der Misserfolg bestimmter Behandlungsoptionen wird jemandem mit dieser Grundstruktur erheblich zu schaffen machen. Das entsteht allein aus dem Gefühl heraus, ob es nicht doch noch eine andere Möglichkeit im Rahmen der Behandlung gegeben hätte. Unabänderliches zu akzeptieren, fällt solchen Menschen ausgesprochen schwer, weshalb bestimmte Patienten – wie es dann häufig heißt – »mit nach Hause genommen werden«.

Selbsterkenntnis ist auch hier der erste Weg zur Veränderung. Denn verändern kann ich nur das, was mir bewusst ist. Solange innere Impulse unbewusst bleiben, funktioniere ich nach diesem inneren Prinzip, weil ich davon ausgehe, dass mein Verhalten »normal« ist. In diesem Sinne kann es sinnvoll sein, die Einseitigkeit im Denken und Verhalten durch alternative Impulse abzumildern, etwa im Sinne bei »Sei perfekt« von:

- Ich gebe mein Bestes *und* achte auf mich.
- Auch ich darf einen Fehler machen.
- Ich lasse auch mal Fünfe gerade sein.
- Ich unterscheide zwischen wichtig und unwichtig.

Insgesamt geht es beim Thema »Selbstfürsorge« um eine Balance zwischen dem beruflichen Einsatz für unsere Patienten und den achtsamen Blick auf die Grenzen der eigenen Person. Es geht nicht um weniger als darum, durch eine solche innere Haltung die Leidenschaft und Freude am eigenen Beruf nicht zu verlieren.

Hilfreich als psychosoziale Wirkfaktoren sind deshalb:

- Selbstfürsorge
- Soziale Unterstützung
- Das Bewusstsein für Selbstwirksamkeit
- »Sinnerleben«

Im Folgenden werden noch einmal problematische Verhaltensweisen im Sinne der nicht ausreichend vorhandenen Selbstfürsorge aufgeführt, vor allem dann, wenn sie als überstarke Prinzipien in den Vordergrund drängen. Die folgende Auflistung kann bei einer kritischen Selbstreflektion helfen, sich und den eigenen Einseitigkeiten auf die Spur zu kommen.

Problematische Verhaltensweisen (als überstarke Prinzipien)

- Überhöhte Leistungsanforderungen (auf Biegen und Brechen)
- Keine Ruhe und Erholung (→ Ruhe = Schlaffheit und Vergeudung)
- Ehrgeiz bis zur Erschöpfung
- Durchhalten unter allen Umständen
- Überstarke Hilfsbereitschaft
- Überhören körpereigener Warnsignale
- Körper ist eine Maschine (mit »Ersatzteilen«)
- Nicht-nein-sagen können (sich ausnutzen lassen)

- Alle Arbeiten an sich ziehen, nicht delegieren können
- Keinen Zugang zu den eigenen Gefühlen haben

Hier können sie notieren, welche dieser oder weiterer kritischen Gesichtspunkte am ehesten auf Sie zutreffen.

Meine eigenen Prinzipien

_____
_____
_____
_____
_____
_____
_____

Als hilfreiche Botschaft möchte ich Ihnen folgenden Satz mit auf den beruflichen Weg geben:

Suche danach, was Dir guttut, und mache mehr davon.

7.9 Wesentliche Erkenntnisse für Angehörige, Pflegende, Ärzte, Mitarbeiter in Hospizen oder ambulanten Hospizdiensten

Ich möchte mein Buch schließen mit einigen zusammenfassenden Aussagen zu grundlegenden Prinzipien, die nach meiner Einschätzung in der Sterbebegleitung wesentlich sind:

- Die innere Bereitschaft zum Sterben (das Ja zum Tod) ist grundsätzlich in jedem Menschen vorhanden, in unserem Kulturkreis allerdings bei vielen nicht unmittelbar zugänglich.
- Jeder todkranke Mensch hat die Möglichkeit, zu einer bewussten Annahme seines Todes zu reifen.
- Dieser Reifeprozess ist nicht als gradlinige Entwicklung auf der Bewusstseinsebene zu verstehen, sondern spielt sich hauptsächlich im Unterbewussten ab.
- Die Ausrichtung auf das innere Erleben meines Gegenübers bedeutet: Zugang zu bekommen zu dem, was ihn/sie emotional zum aktuellen Zeitpunkt beschäftigt.
- Die Patienten zu verstehen heißt also primär, ihre Gefühle zu verstehen und darauf angemessen zu reagieren.

7.9 Wesentliche Erkenntnisse für Angehörige, Pflegende, Ärzte, Mitarbeiter

- Dabei sind bei den meisten Patienten bestimmte Stadien der Entwicklung zu beobachten, die durch entsprechende Einstellungsveränderungen gekennzeichnet sind.
- Das Verhalten der Begleiter beeinflusst diesen mehr oder weniger bewussten Reifungsprozess wesentlich.
- Den sterbenden Patienten ist selten eindeutig klar und bis ins Letzte bewusst, was innerlich in ihnen vorgeht. Ihr innerer Zustand äußert sich häufig in »verschlüsselten« Botschaften (Signalen).
- Begleiter sollten in der Lage sein, diese Signale zu erkennen, zu verstehen und in ihr Verhalten einzubeziehen.
- Die Kenntnis und die Wahrnehmung dieses mentalen und emotionalen Prozesses ist Voraussetzung für hilfreiches Verhalten.

Literatur

Adler RH, Hemmeler W (1992) Anamnese und Körperuntersuchung. 3. Aufl.: Gustav Fischer.
Ariés PH (1982) Geschichte des Todes. München: dtv.
Binder E (2020) Stress und Epigenetik. In: Egle UT, Heim C, Strauß B, Känel R (Hrsg) Psychosomatik – neurobiologisch fundiert und evidenzbasiert. Stuttgart: Kohlhammer Verlag. S. 139–146.
Bok S (1980) Sollen Ärzte lügen dürfen? Psychologie Heute 7: 57–63.
Borasio GD (2017) Über das Sterben: Was wir wissen, was wir tun können, wie wir uns darauf einstellen. 8. Aufl. München: dtv.
Borasio GD (2020) Selbst bestimmt sterben: Was es bedeutet, was uns daran hindert, wie wir es erreichen können. 4. Aufl. München: dtv.
Brandstätter M, Fischinger E (2012) Angehörige in der Palliativversorgung: Erwachsene, Kinder und Jugendliche. In: Fegg M (Hrsg) Psychologie und Palliative Care: Aufgaben, Konzepte und Interventionen in der Begleitung von Patienten und Angehörigen. Stuttgart: Kohlhammer Verlag. S. 38–47.
Brünahl CA, Hoeck J, Hinding B, Hollinderbäumer A, Buggenhagen H, Reschke K, Schultz J-H, Jünger J (2021) Kommunikation lernen und lehren. Ärztliche Psychotherapie 16: 69–76.
Büdenbender, E., Nagel, E. (2022) Der Tod ist mir nicht unvertraut. 2. Aufl. Berlin: Ullstein.
Bundesärztekammer (2011) Grundsätze der Bundesärztekammer zur ärztlichen Sterbebegleitung. Deutsches Ärzteblatt 108: 346–348.
Butow PN, Dowsett S, Hagerty R, Tattersall MHN (2002) Communicating prognosis to patients with metastatic disease: What do they really want to know? Support Care Cancer 10: 161–168.
Clark D (2002) Between hope and acceptance: The medicalisation of dying. BMJ 324: 905–907.
Clark D (2007) From margins to centre: A review of the history of palliative care in cancer. Lancet Oncology 8: 430–438.
Corr CA (1993) Coping with dying: Lessons that we should and should not learn from the work of Elisabeth Kübler-Ross. Death Studies 17: 69–83.
Draguhn A (2012) Der Beginn des Sterbens aus pathologischer Sicht. In: Anderheiden M, Eckart WU (Hrsg) Handbuch Sterben und Menschenwürde: Band 1–3. Berlin: De Gruyter. S. 73–85.
Dürckheim K von (1965) Die anthropologischen Voraussetzungen jeglichen Heilens. In: Sborowitz A (Hrsg) Der leidende Mensch. Personale Psychotherapie in anthropologischer Sicht: Ein Sammelbuch. Darmstadt. S. 157–173.
Egle UT, Heim C, Strauß B, Känel R (2020) Das bio-psycho-soziale Krankheitsmodell. In: Egle UT, Heim C, Strauß B, Känel R (Hrsg) Psychosomatik – neurobiologisch fundiert und evidenzbasiert. Stuttgart: Kohlhammer Verlag. S. 39–48.
Ermann M, Frick E, Kinzel C, Seidl O (2006) Einführung in die Psychosomatik und Psychotherapie. 1. Aufl. Stuttgart: Kohlhammer Verlag.
Exeler A (1977) Die Gemeinde: Vorlesungsmanuskript WS 1977/78.
Feneberg A, Nater C, Urs M (2020) Sterbensforschung. In: Egle UT, Heim C, Strauß B, Känel R (Hrsg) Psychosomatik – neurobiologisch fundiert und evidenzbasiert. Stuttgart: Kohlhammer Verlag. S. 155–170.
Finke JB, Schächinger H (2020) Central Sympathetic Nervous System Effects on Cognitive-Motor Performance. Experimental Psychology 67: 77–87.

Forsa (2016) Das Arzt-Patienten-Verhältnis und dessen Rolle für den Therapieerfolg. forsa Politik- und Sozialforschung.
Freud A (1973) Das Ich und die Abwehrmechanismen. München: Fischer.
Freud S (1894) Die Abwehrneuropsychosen. In: Freud S (Hrsg) Gesammelte Werke. London (1950).
Goleman D (1980) Im Gespräch: Richard Lazarus. Psychologie Heute 6: 60–67.
Grote-Westrick M, Volbracht E (2015) Palliativversorgung: Leistungsangebot entspricht (noch) nicht dem Bedarf – Ausbau erfordert klare ordnungspolitische Strategie. Spotlight Gesundheit 10.
Hahn A (1968) Einstellungen zum Tod und ihre soziale Bedingtheit. Stuttgart: Ferdinand Enke Verlag.
Hancock K, Clayton JM, Parker SM, Wal S, Butow PN, Carrick S, Currow D, Ghersi D, Glare P, Hagerty R, Tattersall MHN (2007) Truth-telling in discussing prognosis in advanced life-limiting illnesses: A systematic review. Palliative Medicine 21: 507–517.
Heim E (1975) Psychisches Verhalten bei terminalen Krankheiten. Schweizerische Medizinische Wochenschrift 105: 321–329.
Heim E, Augustiny K, Blaser A (1983) Krankheitsbewältigung (Coping) – ein integriertes Modell. Psychotherapie-Psychosomatik Medizinische Psychologie 33: 35–40.
Heller A, Pleschberger S (2015) Geschichte der Hospizbewegung in Deutschland. Hintergrundfolie für Forschung in Hospizarbeit und Palliative Care. In: Schnell MW, Schulz C, Heller A, Dunger C (Hrsg) Palliative Care und Hospiz: Eine Grounded Theory. Wiesbaden: Springer. S. 61–74.
Hinding B, Deis N, Gornostayeva M, Götz C, Jünger J (2019) Patient handover – the poor relation of medical training? GMS journal for medical education 36.
Hodges LJ, Humphris GM, Macfarlane G (2005) A meta-analytic investigation of the relationship between the psychological distress of cancer patients and their carers. Social Science & Medicine 60: 1–12.
Imhof AE (1981) Die gewonnenen Jahre: Von der Zunahme unserer Lebensspanne seit dreihundert Jahren oder von der Notwendigkeit einer neuen Einstellung zu Leben und Sterben. München: C.H. Beck.
Imhof AE (1984) Die verlorenen Welten: Alltagsbewältigung durch unsere Vorfahren – und warum wir uns heute so schwer damit tun. München: C.H. Beck.
Imhof AE (1986) Statistiker, Historiker – und die anderen: Ein Kapitel angewandter Berliner Bevölkerungsstatistik. In: Ribbe W (Hrsg) Berlin-Forschungen. Berlin. S. 296–332.
Isermann M (2006) Krankheitsverarbeitung und Lebensqualität. In: Ditz S, Diegelmann C, Isermann M (Hrsg) Psychoonkologie – Schwerpunkt Brustkrebs: Ein Handbuch für die ärztliche und psychotherapeutische Praxis. Stuttgart: Kohlhammer Verlag. S. 136–142.
Jakoby N, Thönnes M (Hrsg) (2017) Zur Soziologie des Sterbens: Aktuelle theoretische und empirische Beiträge. Wiesbaden: Springer.
Jox RJ (2014) Sterben lassen: Über Entscheidungen am Ende des Lebens. 1. Aufl.: edition Körber-Stiftung.
Kakari S (2020) Mitgefühl: Was ist menschlich? (https://www.zeit.de/2020/16/mitgefuehl-menschlichkeit-altruismus-indien, Zugriff am 18.02.2022).
Kaluza G (2011) Stressbewältigung. 2. Aufl. Berlin – Heidelberg: Springer.
Kastenbaum R (1986) Death, society and Human Experience. 3. Aufl.: Columbus.
Kiziela A, Viliūnienė R, Friborg O, Navickas A (2019) Distress and resilience associated with workload of medical students. Journal of Mental Health 28: 319–323.
Köhle K (2017) Sprechen mit unheilbar Kranken. In: Uexküll T von, Adler RH, Herrmann J. H., Köhle K., Langewitz W, Schonecke O, Wesiack W (Hrsg) Psychosomatische Medizin. München – Wien – Baltimore: Urban & Fischer. S. 989–1008.
Krohne HW (2010) Psychologie der Angst: Ein Lehrbuch. 1. Aufl. Stuttgart: Kohlhammer Verlag.
Kruse A (2021) Vom Leben und Sterben im Alter. Wie wir das Lebensende gestalten können. Stuttgart: Kohlhammer Verlag.
Kübler-Ross E (1969) On Death and Dying. London: Routledge.
Kübler-Ross E (1973) Interviews mit Sterbenden. Stuttgart: Kreuz Verlag.

Langewitz W (2017) Patientenzentrierte Kommunkation. In: Uexküll T von, Adler RH, Herrmann J. H., Köhle K., Langewitz W, Schonecke O, Wesiack W (Hrsg) Psychosomatische Medizin. München – Wien – Baltimore: Urban & Fischer. S. 338–346.
Lazarus R, Folkman S (1984) Stress, Appraisal, and Coping. New York: Springer.
Lazarus RS (1981) Stress und Stressbewältigung. In: Filipp SH (Hrsg) Kritische Lebensereignisse. Stuttgart: Kohlhammer Verlag. S. 198–232.
Lazarus RS (1992) Coping with the stress of illness. WHO regional publications. European series 44: 11–31.
Lazarus RS, Launier R (1981) Stressbezogene Transaktion zwischen Person und Umwelt. In: Nitsch RS (Hrsg) Stress: Theorien, Untersuchungen, Maßnahmen. Bern – Stuttgart – Wien: Hans Huber. S. 213–259.
Leist M (1985) Das Sterben bewältigen. In: Wehoswky S (Hrsg) Sterben wie ein Mensch. Gütersloh: Gütersloher Verlagshaus Gerd Mohn. S. 10–26.
Leuenberger R (1971) Der Tod: Schicksal und Aufgabe. Zürich: Theologischer Verlag.
Löfmark R, Nilstun T (2000) Not if, but how: One way to talk with patients about forgoing life support. Postgraduate medical journal 76: 26–28.
Lückel K (1985) Begegnung mit Sterbenden: Gestaltseelsorge in der Begleitung sterbender Menschen. München.
Maio G (Hrsg) (2014a) Ethik der Gabe: Humane Medizin zwischen Leistungserbringung und Sorge um den Anderen. Freiburg im Breisgau – Basel – Wien: Herder.
Maio G (2014b) Medizin ohne Maß?: Vom Diktat des Machbaren zu einer Ethik der Besonnenheit. 1. Aufl. Stuttgart: Trias Verlag.
Mäulen B (2008) Ärzte als Patienten – Ärzte als Behandler von Ärzten. Deutsche Medizinische Wochenschrift 133: 30–33.
Meyer JE (1979) Todesangst und das Todesbewusstsein der Gegenwart. Berlin – Heidelberg – New York.
Muthny FA (1989) Freiburger Fragebogen zur Krankheitsverarbeitung. Weinheim: Beltz Test.
Muthny FA (2001) Tod und Sterben aus medizinpsychologischer Sicht. In: Hucklenbroich P, Gelhaus P (Hrsg) Tod und Sterben: Medizinische Perspektiven. Münster: Lit Verlag.
O'Mahony S (2016) The way we die now. 1. Aufl. London: Head Of Zeus.
Pfaffinger I (2021) Editorial. Ärztliche Psychotherapie 16: 66–67.
Poimann H (2010) Idiolektik. Richtig fragen. 1. Aufl. Würzburg: Huttenscher Verlag.
Poimann H (2021) Evidenzbasierte Kommunikation in der Gesundheitsversorgung. 2. Aufl. Würzburg: Huttenscher Verlag.
Putz W, Gloor E (2011) Sterben dürfen. Hamburg: Hoffmann und Campe Verlag.
Randall F, Downie RS (2014) Philosophie der Palliative Care: Philosophie – Kritik – Rekonstruktion. 1. Aufl. Bern: Huber.
Rauers A, Knoll N (2020) Krankheitsbewältigung. In: Egle UT, Heim C, Strauß B, Känel R (Hrsg) Psychosomatik – neurobiologisch fundiert und evidenzbasiert. Stuttgart: Kohlhammer Verlag. S. 238–244.
Riedel C (2017) Psychological Care am Lebensende: Psychotherapie in der Sterbe- und Trauerbegleitung. 1. Aufl. Stuttgart: Kohlhammer Verlag.
Riemann F (2021) Grundformen der Angst. 46. Aufl. München: Ernst Reinhardt Verlag.
Rilke RM (1966) Die Aufzeichnungen des Malte Laurids Brigge. In: Rilke Archiv (Hrsg) Sämtliche Werke. Wiesbaden. S. 706–978.
Rilke Archiv (Hrsg) (1966) Sämtliche Werke. Wiesbaden.
Ringel E (1975) Sterben und Tod als Problem des medizinischen Unterrichts. Dynamische Psychiatrie: 143–158.
Rogers CR (2009) Eine Theorie der Psychotherapie, der Persönlichkeit und der zwischenmenschlichen Beziehungen. 1. Aufl. München, Basel: Reinhardt.
Rogers CR, Dorfman E, Gordon T, Hobbs N (2021) Die klientenzentrierte Gesprächspsychotherapie. 21. Aufl. Frankfurt am Main: Fischer Taschenbuch Verlag.
Rottmann D (2021) Wir – Du – Ich: Persönlichkeitsstrukturen erkennen, verstehen und ausbalancieren. 1. Aufl. Hohenwarsleben: Westarp Science Fachverlag.
Saunders C, Hoerl C, Meyer C (Hrsg) (1999) Brücke in eine andere Welt: Was hinter der Hospiz-Idee steht. Freiburg im Breisgau: Herder.

Schadewaldt H (1969) Der Arzt vor der Frage von Leben und Tod. Klinische Wochenschrift 47: 557–568.

Schipperges H (1982) Die moderne Medizin und der Tod. In: Lüth P (Hrsg) Sterben heute?: Hippokrates Verlag. S. 37–47.

Schirach A (2016) Ich und du und Müllers Kuh: Kleine Charakterkunde für alle, die sich selbst und andere besser verstehen wollen. 1. Aufl. Stuttgart: Klett-Cotta.

Schmidbauer W (2007) Das Buch der Ängste. 1. Aufl. München: Blumenbar.

Schmidbauer W (2018) Die Geheimnisse der Kränkung und das Rätsel des Narzissmus: Seelische Verletzbarkeit in der Psychotherapie. Stuttgart: Klett-Cotta.

Schulz R (2021) So sterben wir: Unser Ende und was wir darüber wissen sollten. 5. Aufl. München: Piper.

Schwarz R (1985) Aufklärung über die Tumordiagnose und Vorwissen bei Patientinnen unter Brustkrebsverdacht. In: Bräutigam W, Meerwein F (Hrsg) Das therapeutische Gespräch mit Krebskranken: Fortschritte der klinischen Psychoonkologie: Hans Huber. S. 81–89.

Schweitzer J (2021) Intensivmedizin: Wie viel soll man machen? (https://www.zeit.de/2021/13/intensivmedizin-gesundheitssystem-ueberversorgung-geld-patienten, Zugriff am 18.02.2022).

Seitz T, Gruber B, Preusche I, Löffler-Stastka H (2017) Rückgang von Empathie der Medizinstudierenden im Laufe des Studiums – was ist die Ursache? Zeitschrift für Psychosomatische Medizin und Psychotherapie 63: 20–39.

Senn HJ (1981) Wahrhaftig am Krankenbett. In: Meerwein F (Hrsg) Einführung in die Psycho-Onkologie: Hans Huber. S. 64–83.

Shneidman ES (1984) Formen des Sterbens und Thanato-Therapie. In: Spiegel-Rösing I, Petzold H (Hrsg) Die Begleitung Sterbender. Paderborn: Junfermann. S. 237–258.

Siegrist J (1986) Aufklärung in Grenzsituationen. In: Kruse T, Wagner H (Hrsg) Sterbende brauchen Solidarität: Überlegungen aus medizinischer, ethischer und juristischer Sicht. München: Beck. S. 25–40.

Speth A (2020) Angst-Patienten-Kommunikation: So gelingen gute Gespräche. Deutsches Ärzteblatt 117.

Sporken P (1981a) Die Sorge um den kranken Menschen. Grundlagen einer neuen medizinischen Ethik. Düsseldorf: Patmos Verlag.

Sporken P (1981b) Hast du denn bejaht, dass ich sterben muss?: Eine Handreichung für den Umgang mit Sterbenden. Düsseldorf: Patmos Verlag.

Sterbebücher der Kirchengemeinde zu Dorotheenstadt in Berlin. West-Berlin.

Stolberg M (2013) Die Geschichte der Palliativmedizin: Medizinische Sterbebegleitung von 1500 bis heute. Frankfurt am Main: Mabuse Verlag.

Storm G (1913) Theodor Storm – ein Bild seines Lebens. Berlin.

Streeck N (2020) Jedem seinen eigenen Tod: Authentizität als ethisches Ideal am Lebensende: Campus.

Thieme F (2016) Bestattung zwischen Wunsch und Wirklichkeit: Eine soziologische Studie zum Wandel des Bestattungsverhaltens in Deutschland. 1. Aufl. Düsseldorf: Fachverlag des deutschen Bestattungsgewerbes.

Thieme F (2019) Sterben und Tod in Deutschland: Eine Einführung in die Thanatosoziologie. Wiesbaden: Springer.

Trachsel M (Hrsg) (2019) End of Life Care: Psychologische, ethische, spirituelle und rechtliche Aspekte der letzten Lebensphase: Hogrefe.

Uexküll T (1973) Das Verhältnis der Heilkunde zum Tode. In: Sudnow D (Hrsg) Organisiertes Sterben. Stuttgart: Fischer Verlag. S. 11–20.

van Loenen G (2015) Das ist doch kein Leben mehr!: Warum aktive Sterbehilfe zu Fremdbestimmung führt. 2. Aufl. Frankfurt am Main: Mabuse Verlag.

Vogelsänger P, Herrmann M (2021) Strategische Selbstfürsorge, Achtsamkeit und Stressprophylaxe in einer beziehungsorientierten hausärztlichen Praxis. Ärztliche Psychotherapie 16: 79–84.

Vollmann J (2019) Die Galle auf Zimmer 7: Welche Medizin wollen wir? Berlin: Klaus Wagenbach Verlag.

Weisman AD (1972) On Dying and Denying. A psychiatric study of terminality. 1. Aufl. New York: Behavioral Publications.
Weisman AD (1974) The Realisation of Death: A Guide for the psychogolical autopsy. New York: Jason Aronson.
Weisman AD (1979) Coping with Cancer. New York: McGraw-Hill.
Weisman AD, Worden JW (1976) The existential plight in cancer: Significance of the first 100 days. International journal of psychiatry in medicine 7: 1–15.
Welsh C, Ostgathe C, Frewer A, Bielefeldt H (Hrsg) (2017) Autonomie und Menschenrechte am Lebensende: Grundlagen, Erfahrungen, Reflexionen aus der Praxis. Bielefeld: transcript.
Wittkowski J (1978) Tod und Sterben: Ergebnisse der Thanatopsychologie. 1. Aufl. Heidelberg: Quelle & Meyer.
Wittkowski J (2011) Sterben – Ende oder Anfang. In: Wittkowski J, Strenge H (Hrsg) Warum der Tod kein Sterben kennt: Neue Einsichten zu unserer Lebenszeit. Darmstadt: WBG. S. 29–104.
Yalom ID, Yalom M, Yalom RS (2021) Unzertrennlich: Über den Tod und das Leben. 1. Aufl. München: btb.25